人民币国际化进程中
货币竞争与危机防范策略

何　燕　著

中国金融出版社

责任编辑：童祎薇
责任校对：孙　蕊
责任印制：丁淮宾

图书在版编目（CIP）数据

人民币国际化进程中货币竞争与危机防范策略/何燕著 . —北京：中国
金融出版社，2020. 12
ISBN 978 – 7 – 5220 – 0979 – 7

Ⅰ. ①人…　Ⅱ. ①何…　Ⅲ. ①人民币—金融国际化—研究　Ⅳ. ①F822

中国版本图书馆 CIP 数据核字（2020）第 270411 号

人民币国际化进程中货币竞争与危机防范策略
RENMINBI GUOJIHUA JINCHENG ZHONG HUOBI JINGZHENG YU WEIJI
FANGFAN CELÜE

出版
发行　**中国金融出版社**

社址　北京市丰台区益泽路 2 号
市场开发部　（010）66024766，63805472，63439533（传真）
网上书店　www.cfph.cn
　　　　　（010）66024766，63372837（传真）
读者服务部　（010）66070833，62568380
邮编　100071
经销　新华书店
印刷　保利达印务有限公司
尺寸　169 毫米 × 239 毫米
印张　20
字数　316 千
版次　2021 年 1 月第 1 版
印次　2021 年 1 月第 1 次印刷
定价　62. 00 元
ISBN 978 – 7 – 5220 – 0979 – 7
如出现印装错误本社负责调换　联系电话（010）63263947

前　　言

21 世纪以来，中国经济持续保持增长态势，习近平总书记提出的"一带一路"倡议正引领中国经济以崭新面貌走向世界，构建新型经济全球化和推动全球治理体系的变革。在此背景下，人民币国际化进程不断加快且已进入关键时期。2015 年 12 月开始的美联储新一轮加息引起大量国际资本由新兴市场经济体回流美国，加剧了国际资本市场风险，加大了我国维护金融安全的难度。传统的国际货币格局正在发生动摇，深入探索货币竞争的新特点和可能途径，对包括中国在内的新兴市场经济体防范货币危机至关重要，也为本研究带来新的挑战。

本书立足当前乃至今后国内外经济金融发展中的热点问题，从理论到实际、从定性到定量、从国外到国内，以中国未来发展为着力点，提出人民币国际化进程中提升人民币竞争力水平、有效防范货币危机的对策建议。本书共分 7 章，通过对人民币国际化进程中货币竞争与货币危机二者关系的研究，揭示出 21 世纪货币竞争的新特点和可能途径，提出货币竞争是引发货币危机的重要原因，并结合主要发达经济体和新兴市场经济体的历史及现状，通过理论探索和实证研究，依据境内货币竞争→区域货币竞争→全球货币竞争的分析框架，创设了货币竞争力指数（MCI）模型，对人民币及全球主要支付货币竞争力指数进行测度，分析制约人民币竞争力的主要因素。本书进一步分析了 20世纪 90 年代以来历次货币危机形成的原因，对各个危机国家的货币竞争力指标进行比较研究，并设计出"五因素模型"，用于分析资本异动对本币汇率波动的影响程度，为提升人民币国际竞争力、防范货币危机提供新的可操作的预警工具，通过对世界主要货币竞争力指数及其变化趋势进行实证研究，预测各经济体发生货币危机的可能性，在推进人民币国际化战略和共建"一带一路"美好未来的进程中，为提升人民币竞争力、有效防范货币危机提供有针对性的、可操作的对策建议。

虽然国内外学者对货币竞争和货币危机这两个方面的理论和实证研究取得了一定的进展，但真正把货币竞争与货币危机相联系、深入研究二者关系的文献十分少见，而且对货币竞争的分析处于初级阶段，缺乏系统的理论框架和量化指标。本书的学术价值主要体现在以下两个方面：第一，国内外关于货币竞争的概念提出较晚，现有文献的研究还处在初级阶段，尚未形成完整的理论研究框架。为解决这一理论体系缺陷，本书根据竞争范围不同，将货币竞争划分为境内、区域、全球三个层次，力求使货币竞争的理论研究边界更加清晰、研究内容更加完整和深入；第二，在境内货币竞争的理论与实证研究方面，国内外相关文献更多站在货币替代角度加以分析，对于反货币替代的文献相对较少。本书将货币替代上升到境内货币竞争层面，从货币替代与反货币替代两个维度，分别选取主要发达经济体和新兴市场经济体两个层面进行实证分析，并对中国货币竞争状况加以研究，从货币竞争的角度加深对现代货币替代理论的认识。

在上述理论研究创新的基础上，本书还运用了比较分析法、实证分析法、案例分析法等多种研究方法，书中涉及的国家和地域范围十分广泛，几乎涵盖了世界主要发达经济体和新兴市场经济体，时间跨度也非常大，在数据采集和图表制作与分析方面完成了大量工作，使本研究具有较好的实际应用价值。

首先，国内外文献中关于区域货币合作方面的理论和实证研究比较多，但往往从单一货币区进行分析，极少结合全球主要货币区加以综合比较研究，且涉及区域货币竞争的文献极少。本书以各货币区为主线，搜集最新数据信息进行区域货币竞争方面的实证分析，并在"一带一路"倡议下横跨欧亚提出了"泛人民币区"的新概念，阐述区域内货币竞争与货币合作二者的关系，从分析各个区域内货币竞争现状入手，研究加强"一带一路"区域货币合作的基本路径，更加丰富了现有区域货币合作的研究成果。

其次，国内外关于全球货币竞争方面的研究比较浅显，且以研究美元与欧元之间的竞争为主，尚未提出有代表性的衡量货币竞争力的指标。本书创立了货币竞争力指数（MCI）模型，并对近年来前20位的全球支付货币竞争力指数分别进行测度和排名，观察各国或地区的货币竞争力变化趋势，有助于货币当局制定更加积极、有效的经济政策，提升人民币的全球竞争力。

最后，经济竞争的最高形式是货币竞争。传统经济大国正在面临新兴市场经济体的竞争，这加剧了传统经济大国与新兴市场经济体间的矛盾与冲突，导致 20 世纪 90 年代以来货币危机频发，给新兴市场经济体发展带来极大危害。本书在对历次货币危机研究的基础上，提出了关于国际资本异动的"综合测算法"及"五因素模型"，为货币危机预警提供科学工具，提出人民币国际化进程中有效防范货币危机的对策建议。

本书在梳理货币竞争与货币危机理论模型的基础上，将货币竞争划分为境内、区域、全球三个层次，力求使货币竞争的理论研究边界更加清晰、研究内容更加完整和深入。本书在研究"一带一路"背景下人民币区域化问题时提出了横跨欧亚"泛人民币区"的新概念，从分析"一带一路"区域内货币竞争现状入手，研究加强区域货币合作的基本路径，更加丰富了现有区域货币合作的研究成果。因时间及篇幅所限，有关三个层次的货币竞争研究仍有很大的理论和实践探索空间，并且货币竞争力指数（MCI）模型以及货币危机预警的"五因素模型"还需经过进一步检验，有待在今后的研究中不断探索与完善。

笔者历经三年的时间，完成了本书从立意到构思再到最终成稿的整个过程，其间几经搜集和更新数据，使结论更具时效性和前瞻性。在本书的写作过程中，深深感谢我的爱人长期默默支持我从事科学研究，是亲人的鼓励和帮助不断激励我在探索科研的道路上砥砺前行！此外，笔者也借鉴、吸收了国内外专家学者的著作及研究成果，在此一并表示衷心的感谢和敬意！由于本人水平所限，书中纰漏在所难免，恳请各位读者和同行专家批评指正！

何 燕
于山东财经大学金融学院
2020 年 11 月 30 日

目　　录

1 导 论

当今世界经济环境下，货币竞争已经成为不争的事实。国家之间经济竞争的最高形式就是货币竞争。货币竞争不但受到国际经济的影响，还将成为平衡全球政治的核心。布雷顿森林体系瓦解后，国际货币体系呈现出多元化的格局，美元的霸主地位受到巨大挑战，发达国家之间的货币竞争从未停止。20世纪90年代后，新兴市场经济体的经济快速增长，推动其货币地位不断提高，加剧了同西方国家之间的货币竞争与摩擦，导致货币危机频繁爆发，国际金融市场动荡不安，也给发生危机的国家（或地区）的经济、政治带来严重影响。美元在过去的70多年中一直占据着世界经济的主导地位，而未来全球货币竞争无论在国际经济还是国际政治领域都将更加激烈，美元的国际地位虽然不会被快速削弱，但欧元和人民币也将找到属于自己的全球货币地位。

自2009年4月跨境贸易人民币结算业务开展以来，人民币国际化已经走过了十多年的发展历程，取得了丰硕成果。2013年9月和10月，国家主席习近平在哈萨克斯坦和印度尼西亚分别提出了共建"丝绸之路经济带"和"21世纪海上丝绸之路"（"一带一路"）的倡议。历经几年的发展，"一带一路"建设秉持共商、共建、共享原则，逐渐从理念转化为行动，从愿景转变为现实，造福沿线国家和人民，推动构建人类命运共同体，取得了举世瞩目的成就。2017年4月25日，习近平总书记在中共中央政治局第四十次集体学习中强调，金融安全是国家安全的重要组成部分，是经济平稳健康发展的重要基础。金融活，经济活；金融稳，经济稳。2019年1月，中国人民银行提出坚持稳中求进的工作总基调，坚持实行供给侧结构性改革，保持稳健的货币政策，重视市场预期引导，加强逆周期调节，防范和化解重大金融风险。货币是金融安全的第一维度。因此，保持经济和金融平稳健康发展，稳步开放资本市场，以服务实体经济、促进贸易投资便利化为导向，继续深化"一带一路"投融资合作，完善跨境资本流动的"宏观审慎＋微观监管"的金融管理框架，成为提高我国货币竞争力、维护金融安全的必然选择。

1.1 研究目的、背景与意义

1.1.1 研究目的

我国正处在人民币国际化的关键时期,2015 年 12 月开始的美联储新一轮加息引起国际货币政策发生变化,导致大量国际资本由新兴市场经济体流入发达国家,加剧了国际资本市场风险,加大了我国维护金融安全的难度。从2018 年 7 月起,美国前总统特朗普对中国加征包括钢铁、铝等商品在内的进口关税,给中方利益造成严重损害,我国政府果断予以强硬对等还击,中美经贸摩擦迅速升温。本书结合当前国内外经济金融形势,设计并运用货币竞争力指数(MCI)对世界主要货币竞争力水平及其变化趋势进行实证研究,预测引发货币危机的可能性,为推进人民币国际化战略进程中提升人民币竞争力、有效防范货币危机提供有针对性的、可操作的对策建议。

1.1.2 研究背景与意义

进入 21 世纪以来,在互联网 + 、云计算、大数据、物联网等创新驱动下,中国经济迎来了巨大的发展机遇。人民币国际化程度不断加深,传统的国际货币格局发生动摇,深入探索当前货币竞争的新特点和可能途径,对包括中国在内的新兴市场经济体防范货币危机是至关重要的,也为本研究带来一定挑战。

1.1.2.1 研究背景

第一,人民币国际化进入关键时期。进入 21 世纪,中国经济继续保持快速增长的态势。2010—2019 年我国已连续 10 年成为全球第二大经济体,越来越多的国家和地区使用人民币进行贸易支付和结算,人民币在国际上的声望不断提高。与此同时,美元在国际上的地位不断下降。美国常常滥用其金融市场霸主地位,使得越来越多的国家开始寻求新的替代货币。中国、俄罗斯、印度、巴西等新兴市场国家正在试图建立新的国际金融秩序,通过经济、政治力量的上升而在国际社会获得相应的话语权,逐渐摆脱以美元为主导的西方霸权货币的控制。

近年来，我国的资本项目开放已取得显著成绩。在国际货币基金组织（IMF）定义的七大类 43 个子项的资本项目中，除了非居民参与国内货币市场、基金信托市场以及买卖衍生工具等 4 个项目以外，我国在其他资本项目中已实现了完全或部分可兑换。2014 年下半年至今，沪港通开通、存款保险制度实施、大额存单推出、亚投行成立、人民币汇率中间价定价机制调整、人民币加入 SDR、深港通开通、原油和铁矿石等期货市场对外开放、沪伦通开通等一系列金融改革措施，表明我国在后金融危机时代继续开放资本项目的决心并没有动摇。今后，更多的境外投资者将参与到我国资本市场和经济发展中来，境内投资者也将有更多机会参与全球竞争，为人民币国际化提供信心支持。虽然国际上使用人民币结算的深度和广度在进一步提高，但是在全球 GDP 排名前 5 位的国家中，中国却是唯一在国际结算中主要使用外币的国家。当前，如何使我国摆脱"经济大国、货币小国"的问题显得更为突出。

2013 年 9 月，国家主席习近平首次在国际社会提出了"一带一路"倡议，我国将加强与"一带一路"沿线国家和地区的金融合作，促进资金融通，在贸易、资本往来中广泛使用人民币计价、结算，发挥人民币的国际货币功能，为人民币"走出去"提供更广阔的机遇和平台，这有望成为推进人民币国际化的契机。

2015 年"8·11"汇改以来，由于国内经济尚未完全企稳，国际金融市场动荡不安，使得我国资本市场和外汇市场的价格波动明显（见图 1.1）。从 2015 年 11 月起，受美联储新一轮加息预期的影响，美元持续升值，2016 年 1 月 A 股首次实行的熔断机制引发国内股市暴跌。2017 年 1 月至 2018 年 3 月，人民币对美元汇率出现较大幅度升值，由 6.94 元人民币/美元上升到 6.29 元人民币/美元，国内股市波动较为平稳。2018 年 4 月至 2018 年 11 月，受中美经贸摩擦的影响，人民币汇率和国内股市双双大幅回落。2018 年 12 月至 2019 年 4 月，国内汇市和股市又出现小幅回升。从总体趋势看，人民币汇市与国内股市波动的同步性正在增强。未来，中国的金融改革步伐会进一步加快，引入更多合格的境外投资者、放松外资银行及证券交易限制、进一步开放资本账户的举措都会依照市场的反应和宏观经济形势适时推出。2019 年 3 月 15 日，第十三届全国人大二次会议正式通过了《中华人民共和国外商投资法》，该法自 2020 年 1 月 1 日起开始实施。这是我国对外商投资企业管理的立法化，也是对境内所有企业平等适用法律的体现，充分展示了我国进一步鼓励外商投资和对外开放的决心。

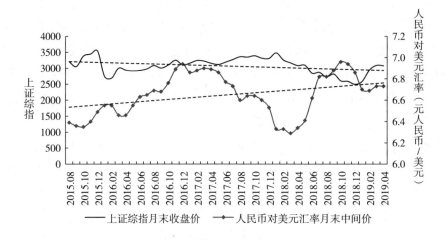

图 1.1 我国股市和汇市价格波动趋势（2015. 08—2019. 04）

（数据来源：中经网统计数据库）

目前，我国已成为世界金融大国，还需要向金融强国迈进。金融改革牵一发而动全身，改革的同时更要重视防控金融风险。在当前形势下，我国货币当局应掌握好资本项目开放节奏和力度，通过利率和汇率市场化改革，完善资产价格市场化形成机制，从而有效规避资本项目开放带来的双向波动风险。此外，我国还应借鉴国外先进经验，有步骤地参与全球市场竞争，积极推进上海金融市场的发展和开放，把上海建设成为新的国际金融中心。与此同时，香港作为传统的国际金融中心仍将发挥重要作用，并充分发挥上海与香港两地的金融市场衔接功能。中央银行应提高通过公开市场调控人民币汇率的能力，稳中有进，有序开放资本项目，有效防范货币危机，确保金融安全。

第二，中国宏观经济缓中趋稳。2001 年以来，我国经济经历了高速增长→过热→偏冷→企稳回升→缓中趋稳的发展历程（见图 1.2）。2001—2007年，我国经济高速增长，国内生产总值（GDP）在 2003 年之后保持 10% 以上的增长速度，2007 年更是高达 14.2% 。由于受到全球流动性过剩及食品、能源等价格上涨的影响，2007 年 11 月我国居民消费价格指数（CPI）上涨6.9% ，股票、住房等资产价格也都呈现出泡沫化倾向，实体经济和虚拟经济双双趋热。2008 年受国际金融危机的影响，我国 GDP 较上年增长 9.6%，第四季度增长仅为 6.8%，宏观经济由"过热"转向"偏冷"。2009 年四个季度的 GDP 增速分别为 6.2%、7.9%、9.1% 和 10.7%，与 2008 年逐季回落形成鲜明对比，表明我国经济正逐步恢复正常，企稳回升。2010 年 GDP 增速回升至 10.6%。2011 年我国经济继续保持较高的增速，全年 GDP 比上年增长 9.5%。2012 年，中国经济增长开始步入下行通道，GDP 增速出现非预期性回落。2015—2019 年我国 GDP 增速跌破 7%，分别为 6.9%、6.7%、6.9%、6.6% 和 6.1%，与世界 GDP 增速之间的差距正逐步缩小，根据国际货币基金组织（IMF）的预测，未来三年内我国 GDP 增速仍将保持在 6% 以上。2018 年以来，受内外部诸多不利因素的影响，中国经济运行面临下行压力，但从总体上看，中国经济发展依然保持在合理的区间内，缓中趋稳，政府采取积极的财政政策和稳健的货币政策加快经济结构调整，并且将在 2019 年下半年甚至更长远发挥其独到的作用。

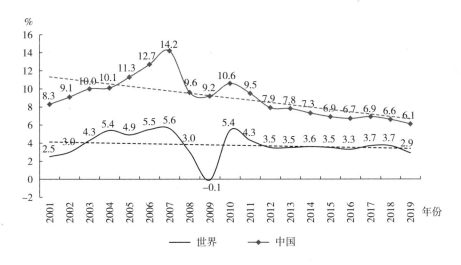

图 1.2　我国与世界 GDP 增速比较（2001—2019 年）

（数据来源：国际货币基金组织 WEO 数据库）

第三，美欧政策变化加剧了世界经济金融的不确定性。一方面，2008 年下半年爆发的国际金融危机使美欧为刺激经济恢复，从 2008 年 12 月起大幅下调利率，将利率维持在接近零的水平上，实行量化宽松的货币政策。直至 2015 年 12 月 17 日美联储宣布实行新一轮加息，将美国联邦基金利率上调

0.25个百分点至0.25%～0.5%，并将视经济的表现来调整策略。这一政策变化使搅动全球市场7年之久的零利率时代就此终结，此次加息的目标一是增加投资、创造就业，二是控制通货膨胀率。2016年第二季度以来，美国就业率持续增强，经济活动温和扩张，家庭消费有所增长，通货膨胀率自2016年初以来上升，但仍低于美联储2%的目标。基于美国就业市场及通货膨胀率的表现和预期，2016年12月14日，美联储又一次宣布将联邦基金利率上调0.25个百分点至0.5%～0.75%。这一因素导致美国当天的股票指数下跌，其中道琼斯工业平均指数下跌了0.6%，标准普尔500指数下跌了0.81%。同时美元对其他主要货币的汇率皆上涨，原油、黄金、国债等期货价格也受到不同程度的影响。鉴于美联储对美国经济前景和就业市场的预测持乐观态度，2017—2018年美联储进一步加息，将联邦基金利率目标区间上调至2.25%～2.50%。2015年12月至2018年12月，美联储共加息9次，而且一年比一年加得厉害，仅2018年就加息4次。此外，2017年9月20日美联储决定自2017年10月起启动渐进式被动缩表。美联储发布的利率决议声明，2019年底联邦基金利率为1.59%，2020年11月底联邦基金利率为0.11%，美国经济所面临的最大风险在于财政的不确定性，股市上涨可以从减税中获得支撑，但减税前景有可能出现逆转。

另一方面，美国政策的不确定性加剧了全球市场的不稳定性。2016年11月9日，美国共和党总统候选人唐纳德·特朗普战胜民主党总统候选人希拉里·克林顿，当选为美国第45任总统。但商人出身的特朗普在美国总统大选中所提出的主要经济政策有：减税、美国贸易保护、增加基础设施投资5500亿～10000亿美元。美国实施的经济政策对其未来经济的走向和世界经济的影响是巨大的。IMF前副总裁朱民在2016年腾讯财经年会风云对话环节的精彩演讲中指出，"这个世界面临的最大的不确定性是特朗普的经济政策和他的全球影响"。除了上述三项政策外，特朗普还会出台其他新的政策，这将给国际贸易和投资带来很大风险和不确定性。特朗普上台后，一改以往美国政府延续的外交和经济政策，奉行美国优先，非常任性地退出各种"群"［跨太平洋伙伴关系协定（TPP）、巴黎气候协议、伊核协议等］。特朗普之所以推行孤立主义政策，其实质是为了使美国完成再工业化的进程，打击对美贸易中占据优势的工业国，并通过加息政策吸引美元回流，完成对新兴市场国家（包括中国、印度、巴西、阿根廷等国在内）的"剪羊毛"行动。特朗普发动的贸易争端逼迫主要贸易国对美国让利，国内实行减税政策，鼓励海外企业回美国办厂，又退出气候协议和TPP等来解除对美国恢复制造业的束缚。未来3年美国经济金融政策的不确定性仍将继续存在，这是所有的国家、企业和居民需要密切关注的事件。

此外，欧洲政局动荡也引发市场风险。受移民问题和欧债危机的影响，英国国内疑欧情绪不断发酵，对以德国、法国为主的欧盟政策表示不满。2016年6月23日，英国举行"脱欧"公投并确认"脱欧"。2017年3月29日，英国首相致函欧盟，正式开启英国的"脱欧"程序。英国退出欧盟，有利之处是可以省下每年需缴纳给欧盟财政的80亿英镑，使英国中小企业摆脱欧盟规章制度的钳制，增加就业机会；不利之处是直接导致金融市场出现严重利空，英镑大幅度贬值，全球股市和汇市出现剧烈震荡，长远来看对英国与欧盟贸易将带来负面冲击，可能导致英国经济陷入衰退，但同时也增强了英国经济、外交政策的自主性。2019年3月21日，欧盟同意将英国"脱欧"延期至2019年5月22日。10月17日，欧盟委员会与英国政府就英国"脱欧"达成协议。2020年1月31日，英国正式脱离欧盟。

继英国"脱欧"事件发生后，2017年5月8日，埃马纽埃尔·马克龙在2017年法国总统选举第二轮投票中以超过65%的选票，战胜极右翼政党"国民阵线"候选人玛丽娜·勒庞，当选法国新一任总统。这一事件标志着欧盟目前不会解体，而且在法国和德国的协同作用之下会更加巩固，欧盟的改革进程也将加速，其货币政策会更加务实，2017年下半年欧元汇率出现较大幅度上涨。2018年第二季度以来，尽管欧元区的增长预期有所上升，但利率仍保持稳定，美国开始发动全球贸易争端，致使欧元汇率大幅下挫。此外，欧元区内政治方面变数较大，德国政局不稳主要是对移民问题的分歧较大，意大利在右翼政党、民粹主义逐渐掌握优势的情况下，"脱欧"的可能性正迅速递增。欧元区受利率和政局不稳因素的影响，尽管2019年1月欧元对美元汇率有所回升，但2019年2—3月，欧元对美元汇率又小幅回落，未来欧元走势的不确定性依然较大。

综上所述，2015年7月至2019年3月，美欧政局变动和政策变化引发了全球大规模资本流动，引起全球汇市的剧烈波动，英镑和欧元对美元的汇率风险加大，且汇率走势相反，英镑对美元贬值 – 15.79%，而欧元对美元升值 2.25%（见图 1.3）。

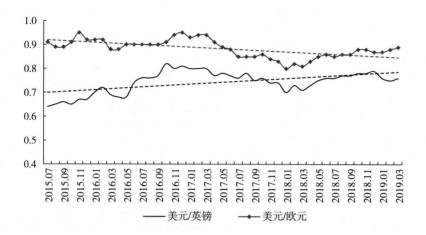

注：汇率值为月末收盘中间价，均采用美元标价法。

图 1.3　英镑、欧元对美元汇率走势（2015. 07—2019. 03）

（数据来源：国际货币基金组织 IFS 数据库）

1. 1. 2. 2　理论价值

虽然国内外学者对货币竞争和货币危机这两方面的理论和实证研究已经取得一定进展，但真正把货币竞争与货币危机联系在一起加以研究的文献并不多见，且以定性分析为主，定量分析较少。本书立足于将二者相结合，从定性和定量两个角度系统考察货币竞争与货币危机的关系，着重回答以下三个问题：（1）21 世纪货币竞争的新特点和可能途径是什么？（2）发达国家与发展中国家在应对货币危机的策略上有何不同？（3）货币竞争引发货币危机如何加以防范？为进一步解答上述问题，本书将创立货币竞争力指数（Monetary Competitiveness Index，MCI）模型，从定量角度比较不同货币的竞争力现状及其变化趋势，为研究货币危机预警提供一个新的可操作的科学工具，具有独到的理论意义和学术价值。

1. 1. 2. 3　实践意义

2015 年 12 月，人民币纳入特别提款权（SDR）货币篮子，标志着人民币正式成为国际货币，并将正式参与国际货币竞争。2016 年 1 月以来，中国经济下行压力继续加大，汇市和股市正面临着诸多国际金融大鳄的做空压力，人民币汇率、利率、股票指数等主要金融指标均出现较大幅度下降。对于决策部门来说，当前乃至今后一段时期，应如何规避国际金融风险、防范货币危机，显得尤为重要。本书通过研究 21 世纪货币竞争的新特点和可能途径，从经济发展角度，综合考虑全球市场需求、货币对外信心和可持续获利三个层面，探索创立货币竞争力指数（MCI）模型。该指数模型包含三大类共 15 个指标，运用计量分析方法对主要国家或经济体的历史数据进行实证检验，设定合理的权重范围和安全警戒线，对货币危机的形成提供预警信号，为我国在人民币国际化进程中提升货币竞争力、防范货币危机提供及时、有效的对策建议，具有独到的实践意义和应用价值。

1.2　国内外相关学术史梳埋及研究动态

1.2.1　国内外相关学术史梳理

1.2.1.1　货币竞争的历史变迁

随着货币的产生及其历史演变，货币竞争经历了三个发展阶段。第一阶段：金属货币时代的币材竞争。这一阶段金银等贵金属货币以其天然优势胜出。1559 年，英国金融家托马斯·格雷欣（Thomas Gresham）发现了"劣币驱逐良币"的特殊现象，1858 年被亨利·麦克劳德（Henry Macleod）命名为"格雷欣法则"（Gresham's rule）。我国西汉大臣贾谊（公元前 175 年）用"奸钱日繁，正钱日亡"形象地描述了"劣币驱逐良币"的现象，比托马斯·格雷欣早 1700 年。第二阶段：信用货币时代的自由银行竞争。信用货币诞生初期，西方国家的银行发行不同的私人货币（银行券），这一阶段的货币竞争表现为自由银行竞争。Fricdman（1959）指出自由货币容易造成超量发行和产生巨大交易成本[1]。Akerlof（1970）认为由私人发行货币容易产生欺骗、伪造和逆向选择问题[2]。Hayek（1975）、Fama（1980）则认为自由银行竞争能够促进效率的提高[3][4]。最终，中央银行垄断了货币发行权，国内货币竞争基本不存在了。第三阶段：全球化时代的货币竞争。20 世纪 30 年代后，生产、贸易、金融等活动在全球范围内不断扩展，这一阶段的货币竞争表现为国际货币竞争，包括货币替代和货币合作。V. K. Chetty（1969）首次提出"货币替代"

的概念[5]。此后，众多学者从价值贮藏（Kenen，1983）、价值尺度（Mckin-non，1985；Sachs，1989）、交易媒介（Cuddington，1984；Calvo & Vegh，1992）等方面解释了外币替代本币的现象[6][7][8][9][10]。Guidotti & Rodriguez（1992）认为本币重新替代外币的反替代在现实中几乎不可能[11]。Cohen（1998）提出了"货币金字塔"，将国际货币分为七个等级[12]。李扬、黄金老（1999）表示有关国家或经济体可能在货币金融领域进行协调与合作，最终实现区域内的统一货币[13]。Mundell（2000）提出了"世元"的概念，并提出统一国际货币的对策建议[14]。

1.2.1.2 国际货币竞争力的决定因素

国内外文献在研究国际货币竞争力的决定因素时，主要从以下三个方面入手：第一，货币特性。Grassman（1973）、D. E. Allen & S. Carse & K. Fujio（1987）等研究发现，发达国家与发展中国家的贸易多采用发达国家货币结算，发达国家之间的贸易结算货币与贸易品种有关[15][16]。George Tavlas & Yu-zuru Ozeki（1991）认为币值越稳定，货币竞争力越强，币值稳定包括对外价值稳定（汇率）和对内价值稳定（通货膨胀率）[17]。Frankel & Wei（1998）认为货币价值与该货币的交易网络密切相关[18]。第二，经济因素。Michael Woodford（1991）指出金融市场的深度、广度和开放度直接影响国际货币地位，其相似度接近的国家之间容易建立货币联盟[19]。Rey（1999）认为与经济规模相比，贸易规模对一国货币国际化更具有决定性作用[20]。第三，政治因素。Cipolla & Goodwin（1995）指出发行国政治稳定在货币跨境使用初期可支撑对该货币未来价值的信心[21]。Mundell（1999）认为强有力的政治力量创造了强有力的货币[22]。

1.2.1.3 货币危机理论模型

伴随货币危机的爆发，已形成三代货币危机理论模型。首先，第一代货币危机理论模型。从20世纪70年代末起，墨西哥、阿根廷等国家爆发货币危机，Krugman（1979）建立了固定汇率制下的投机冲击模型[23]，Flood & Gar-ber（1984）用线性模型加以扩展和简化，合并产生了KFG模型[24]。其次，第二代货币危机理论模型。1992年爆发了欧洲货币危机，Obstfeld（1994）开创了第二代货币危机理论模型[25]。Drazen & Masson（1994）、Ozkan & Sutherland（1995）、Bensaid & Jeanne（1997）通过扩展性研究发现投机行为不是经济基础恶化，而是贬值预期所导致的[26][27][28]。最后，第三代货币危机理论模型。1997 年亚洲金融危机爆发，货币危机伴生银行业危机，形成了以道德风险理论（McKinnon & Pill，1998 等）、流动性危机理论（Chang & Velasco，1998）和资产负债表理论（Krugman，1997；Krugman，1999）为代表的第三代货币危机理论模型[29][30][31][32]。

1.2.2　国内外研究动态

1.2.2.1　国外研究动态

21 世纪以来，国外最新研究主要围绕三个问题展开讨论：（1）欧元与美元的竞争及其对国际货币体系的影响。Lawrence H. White（2003）指出货币竞争走向货币统一的过程应是自发的，政府推行的美元化对宏观经济和铸币税都将带来弊端[33]。Anthony M. Endres（2009）强调货币竞争是现行国际货币体系的重要特征[34]。Cheol S. Eun&Soo‐Hyun Kim & Kyuseok Lee（2015）使用计价货币独立测度法确定 25 种实行浮动汇率制的货币在 1999—2013 年分别与欧元和美元之间的距离，结果表明使用美元的汇率风险加大，使用欧元的汇率风险下降[35]。Siow Yue Chia（2017）以东盟经济共同体（AEC）为例，阐述了东盟国家货币与美元建立固定汇率制度容易招致美元冲击，欧洲货币一体化的经验并不完全适合发展中国家群体[36]。（2）货币危机的国际传染途径。Amil Dasgupta & Roberto Leon‐Gonzalez & Anja Shortland（2011）运用贝叶斯模型平均法对 1992—1998 年的货币危机进行实证分析，结果显示贸易竞争、金融联系和制度相似性极为接近的发展中国家间容易引起货币危机传染，其中制度相似性尤为显著[37]。Jamal Ibrahim Haidar（2015）结合 2009 年以来的欧洲危机，采用三个国家的动态一般均衡模型分析贸易效应是如何产生溢出效应以及在国家间传播货币危机的[38]。Todd Keister（2016）在不完全信息框架模型的基础上加以扩展，通过实证研究表明自我实现预期在货币危机国际传染中起到重要作用[39]。（3）货币竞争与货币危机的关系。André Azevedo Alves（2011）以葡萄牙货币危机为例，指出欧元区缺乏有效的内部运作机制，进一步实施货币竞争是当前欧洲走向更大统一的路径选择[40]。Napoleon Pop & Ioan‐Franc Valeriu（2015）认为完全的全球化是经济、环境、社会责任和生活质量四个因素再平衡的结果，货币全球化首先被认为是一个全球化的政治计划[41]。C. Fred Bergsten & Joseph E. Gagnon（2017）结合2003—2013年的美国经济，指出必须停止广泛的货币操纵，因为这一操纵行为会导致大规模的全球失衡，这违反了最基本的国际经济体系规则，破坏了经济增长和就业[42]。Jacek Pera（2018）采用倾向评分匹配法对当代汇率波动进行研究，结果证实了第三次货币战争正在进行，货币战争的风险会给国际和本国金融市场、对外贸易乃至国家经济带来危害[43]。

1.2.2.2　国内研究动态

国内最新研究动态主要涉及以下三个问题：（1）货币竞争与人民币国际化。陈雨露等（2005）指出人民币国际化的进程中难免会出现国内外政策协调困难、国内金融市场容易受到冲击等不利影响，货币当局应全面考虑利弊，客观、审慎地制定货币政策，不断推进人民币国际化进程[44]。陆磊、王颖（2008）提出建立人民币离岸市场是人民币国际化的重要途径，推进资本账户可兑换可以规避中央银行在货币竞争中平准汇率所造成的交易成本[45]。刘锡良、王丽娅（2008）指出所谓货币竞争实际上是各经济体之间综合实力的较量。人民币国际化事关我国金融安全和国家利益，必须提前制定出参与国际竞争的战略规划[46]。石巧荣（2011）通过实证研究认为国际货币竞争格局从根本上说取决于影响国际货币占比的各种经济因素，如国际经济和金融地位、汇率波动及实际利率等，推进人民币国际化的关键在于进一步提高我国金融市场的广度、深度和开放度[47]。甄峰（2014）将货币竞争问题归结为核心竞争力、基础竞争力和环境竞争力三个角度，并从货币竞争角度研究人民币国际化的脉络[48]。于恩锋（2018）认为特朗普冲击影响了欧盟支持美元的潜在意愿，刺激了欧盟防务和外交独立，未来欧元同美元的竞争将更具主动性[49]。（2）货币危机的形成和预警研究。乔桂明（2006）从理论和实证角度比较五种最新的货币危机预警模型的预警效果、优缺点，并对我国进行模拟应用[50]。韩振国（2008）运用数理方法设计出一个货币危机发生机制的宏观模型，只要货币当局把资本流动控制在临界值以内，就可以防止货币危机[51]。李志辉等（2012）通过研究新兴市场国家近40年的货币危机，认为货币危机由多种脆弱性因素共同引发，实际货币升值和国内信贷扩张是有效预测货币危机的最重要指标[52]。郑璇、罗明铭（2016）利用新兴市场经济体的样本数据进行实证研究，发现新兴市场经济体的国际资本流动突然中断对货币危机发生有显著的驱动作用[53]。王振齐、龙文（2018）通过构建"介稳球内接三棱椎"预警模型研究三棱锥的失稳特征以及对应的货币系统稳定性变动规律，并对 1997 年亚洲金融危机进行实证研究，发现几乎所有国家在发生货币危机前都处于稳定性平衡，危机发生时趋于失稳[54]。（3）人民币国际化指数研究。中国人民大学国际货币研究所（2012）构建出人民币国际化指数（RII），可以用来综合反映人民币国际化程度以及变化趋势[55]。苏治等（2014）通过对东盟区域以及我国香港地区人民币的使用情况加以分析，构建出人民币区域接受程度指数，接着进行了影响因子计量分析[56]。中国人民银行上海总部跨境人民币业务部课题组（2015）基于国际货币基金组织新修订的 SDR 储备资产标准，研究编制了包括人民币国际化发展指数、动态指数和信心指数在内的人民币国际化指数体系，从横向和纵向分别反映人民币国际化的现状和趋势[57]。景健文、吴思甜（2018）首先利用主成分分析法构建人民币国际化动态指数，然后基于 FA-VAR 模型实证分析人民币国际化对中国宏观经济的影响[58]。

1.2.3　进一步研究意义

虽然国内外学者对货币竞争和货币危机这两方面的理论和实证研究分别取得了一定的进展，但真正把货币竞争与货币危机相联系、深入研究二者关系的文献十分少见，而且对货币竞争的分析处于初级阶段，缺乏系统的理论框架和量化指标。本书在梳理货币竞争与货币危机理论模型的基础上，着手从以下几个方面进行进一步研究：

（1）国内外关于货币竞争的概念提出较晚，现有文献的研究还处在初级阶段，尚未形成完整的理论研究框架。为解决这一理论体系缺陷，本书根据竞争范围不同，将货币竞争划分为境内、区域、全球三个层次，力求使货币竞争的理论研究边界更加清晰，研究内容更加完整和深入。

（2）在境内货币竞争的理论与实证研究方面，国内外相关文献更多站在货币替代角度加以分析，对于反货币替代的文献相对较少。本书将货币替代上升到境内货币竞争层面，从货币替代与反货币替代两个维度，分别选取主要发达经济体和新兴市场经济体两个层面进行实证分析，并对中国货币竞争状况加以研究，从货币竞争的角度加深对现代货币替代理论的认识。

（3）国内外文献中关于区域货币合作方面的理论和实证研究比较多，但往往从单一货币区进行分析，极少结合全球主要货币区加以综合比较研究，且涉及区域货币竞争的文献极少。本书以各货币区为主线，搜集最新数据信息进行区域货币竞争方面的实证分析，并在"一带一路"倡议下横跨欧亚提出了"泛人民币区"的新概念，阐述区域内货币竞争与货币合作二者的关系，从分析各个区域内货币竞争现状入手，研究加强区域货币合作的基本路径，更加丰富了现有区域货币合作的研究成果。

（4）国内外关于全球货币竞争方面的研究比较浅显，且以研究美元与欧元之间的竞争为主，尚未提出有代表性的衡量货币竞争力的指标。本书创立了货币竞争力指数（MCI）模型，并对近年来前20位的全球支付货币竞争力指数分别进行测度和排名，观察各国（地区）的货币竞争力变化趋势，有助于货币当局制定更加积极、有效的经济政策，提升人民币的全球竞争力。

（5）经济竞争的最高形式是货币竞争。传统经济大国正面临新兴市场经济体的竞争，这加剧了传统经济大国与新兴市场经济体间的矛盾与冲突，导致20世纪90年代以来货币危机频发，给新兴市场经济体发展带来极大危害。本书在对历次货币危机研究的基础上，提出关于国际资本异动的"综合测算法"及"五因素模型"，为货币危机预警提供科学工具，提出人民币国际化进程中有效防范货币危机的对策建议。

1.3　研究内容与研究方法

1.3.1　研究内容

本书共7章，具体研究内容如下：

第1章：导论。本章提出本书的研究背景、目的和意义（理论价值和实践意义），论述了国内外的研究动态，并说明主要研究内容、研究方法、相关研究的技术路线以及本研究的创新之处。

第2章：货币竞争与货币危机关系的理论分析。界定货币竞争与货币危机的内涵，依据不同货币形态下货币竞争的特点，着重揭示21世纪货币竞争的新特点，提出货币竞争是引发货币危机的重要原因。

第 3 章：境内货币竞争现状及其发展趋势。运用货币替代理论，结合发达经济体和新兴市场经济体的境内货币竞争状况展开分析，阐明境内货币竞争的发展趋势及其特征，并对中国的货币竞争状况进行了实证研究，得出相应结论。

第 4 章：区域货币竞争与合作框架。纵观世界主要货币区的形成及发展，深入探究东亚地区货币竞争新格局，为"一带一路"合作框架下的"泛人民币区"建设提供合理构想。

第 5 章：全球货币竞争与指数设计。运用计量经济学方法，选取三大类 15 种指标的国际排名，利用面板数据，创立货币竞争力指数（MCI）模型，对国际支付中位居前 20 的国家或经济体的货币竞争力指数进行测度，分析制约人民币竞争力的主要因素，为货币当局提供政策调整的方向。

第 6 章：国际竞争中的货币危机形成及预警。通过分析 20 世纪 90 年代以来历次货币危机形成的原因及危害，采用经验判断法及对危机国货币竞争力指标的深入研究，设计出"五因素模型"，用于分析资本异动对本币汇率波动的影响程度，提出货币危机预警新方法及其安全警戒线，为提升人民币国际竞争力、防范货币危机提供新的可操作的预警工具。

第 7 章：结论与对策建议。总结各章的研究结论，并为推进人民币国际化战略进程中，如何提升人民币竞争力水平、有效防范货币危机提出对策建议。

1.3.2　研究方法

本书抓住当前乃至今后国内外经济金融发展中的热点问题，从理论到实际、从定性到定量，逐层推进，以中国未来发展为着力点，分析人民币国际化进程中，加强对货币竞争的理解和测度，并通过深入研究货币危机理论与实践，提出提升人民币竞争力水平、有效防范货币危机的对策建议。本书的具体研究方法如下：

（1）比较分析法。本书在梳理 20 世纪 90 年代以来历次货币危机历史教训的基础上，详细比较发达国家与发展中国家在应对货币危机时所采取的不同策略和方法，为我国推进人民币国际化、有效防范国际金融风险提出理论依据和政策启示。

（2）实证分析法。本书选取三大类 15 个指标，利用面板数据模型非线性回归方法，包括主成分分析、VAR 模型、协整检验等实证方法，创立货币竞争力指数（MCI）模型，并通过美国、欧元区、英国、日本、韩国、俄罗斯、印度等国家或经济体的数据，检验货币竞争力指数（MCI）模型及其安全警戒线的有效性。

（3）案例分析法。本书以20世纪90年代以来发生的日元危机、欧洲货币危机、亚洲金融危机、俄罗斯货币危机、阿根廷货币危机、巴西货币危机等为案例，深入研究历次货币危机的成因及各国应对策略，为我国防范货币危机提供宝贵的经验借鉴。

1.3.3　技术路线

本书的技术路线如图1.4所示。

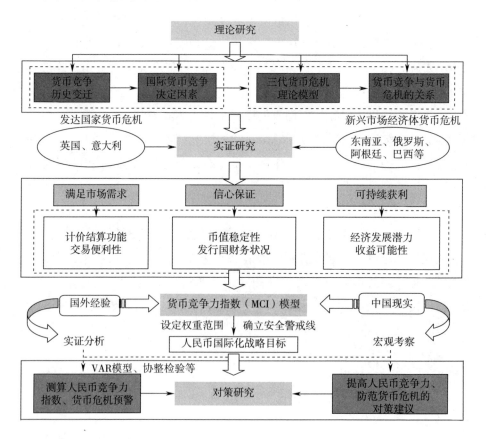

图1.4　本书的技术路线

1.4 本书的创新之处

本书的创新之处主要体现在以下三个方面：

第一，学术思想的创新。本书立足将货币竞争与货币危机相结合，从定性和定量两个角度系统考察二者之间的关系，提出货币竞争可能引发货币危机的学术思想，为完善货币危机理论模型提供新的研究思路。

第二，学术观点与内容的创新。本书强调指出 21 世纪货币竞争具有新特点和新途径，新兴市场经济体的崛起将打破传统的国际货币格局，货币竞争引发货币危机的概率会进一步加大。结合上述独到的学术观点，本书在内容上提出了货币竞争的二个层次，即境内货币竞争、区域货币竞争和全球货币竞争，并对发达国家和发展中国家应对货币危机所采取的不同策略有所创新。

第三，研究方法的创新。本书创设了货币竞争力指数（MCI）模型，通过对世界主要国家或经济体的数据进行实证分析，设定合理的安全警戒线，预测近期内人民币竞争力指数的变动趋势和引发货币危机的可能性，为防范货币危机提供了一个新的可操作的科学预警工具，使对策建议更具有针对性。

2　货币竞争与货币危机关系的理论分析

本章从货币竞争与货币危机的内涵入手，将货币竞争与货币危机相关理论结合，试图从货币竞争角度研究货币危机的形成，为探索不完全开放经济条件下如何提高我国货币竞争力、防范货币危机奠定理论基础。

2.1　货币竞争与货币危机的内涵

2.1.1　货币竞争的概念界定

随着货币的产生及其历史演变，货币竞争已经历了三个发展阶段，即货币材质竞争→国内货币竞争→国际货币竞争。货币产生之初，金银等贵金属以其天然优势成为国际货币。随着信用货币的诞生，西方国家的银行发行不同的私人货币（银行券），导致形成国内货币竞争，最终中央银行垄断了货币发行权，取代私人银行发行国家统一的主权货币，国内货币竞争基本不存在了。20世纪 30 年代后，伴随着生产和贸易的国际化发展，金融活动也在全球范围内开展，此后的货币竞争表现为国际货币竞争。从目前世界格局来看，经济金融全球化的趋势不可逆转，在全世界没有实现统一货币的情况下，国际货币竞争从来就不会终止。本书所研究的货币竞争仅指信用本位下的国际货币竞争。

西方经典货币理论通常认为一国货币具有交易媒介、计价单位和价值贮藏三大职能。当一国货币走出国界，在国际市场上行使上述全部或部分职能时，便成为国际货币。在此基础上，Cohen（1971）和 Kenen（1988）进一步将国际货币按照交易媒介、计价单位和价值贮藏三大职能，又细分为私人和官方两个部门，共计 6 个分项[59][60]。而一国货币从国内货币发展成为被世界普遍接受的国际货币的过程，即为货币国际化。科恩曾经指出，国际货币竞争实际上是理性经济主体对不同货币的选择，它是贯穿斗争的过程。Philipp Hartmann（1998）将国际货币竞争定义为"决定不同国家的货币在何种程度上被非居民所使用这一过程"[61]。陈雨露（2003）指出国际货币竞争其实是不同国家主权货币之间的激烈竞争[62]。修晶（2012）认为国际货币竞争指一种货币替代另一种货币成为被广泛使用的国际货币的过程[63]。Barry Eichengreen（2017）指出事实上国际货币竞争的过程决定了储备货币竞争的过程[64]。

在当前经济全球化、储备货币多元化的大格局下，国际层面的货币竞争实际上是国际货币之间通过相互竞争不断扩大自身的流通使用范围，达到最终占据国际货币顶层位置的目的。Greenspan（2001）指出与国内货币不同，国际货币尤其是主导型国际货币的产生是市场选择的结果，而不是依靠国家力量垄断发行的，而主导型国际货币地位一旦形成，便具有垄断趋势，因为转向使用其他货币的成本很高[65]。

综合以上分析，本书所定义的货币竞争可以分为两个层次：一是低层次的货币竞争，指一种货币成为被非居民较为广泛使用的国际货币的过程，即实现货币国际化，这是货币竞争的初级阶段；二是高层次的货币竞争，指一种国际货币替代其他货币成为主导型国际货币的过程，这是货币竞争的高级阶段。目前，包括中国在内的新兴市场国家正处在货币竞争的初级阶段，努力使本国货币发展成为被世界较为普遍接受和使用的国际货币，即正处在本币国际化的进程中。

那么什么样的货币才能成为国际货币呢？从历史数据看，一国货币要成为国际货币，该国经济总量在全球经济总量中所占的比例一般不低于5%，而要发展为主导型国际货币，这一比例应达到10%甚至更高。1870年，英国经济步入鼎盛时期，英国GDP占当时全球GDP的9.1%，英镑处在国际货币的巅峰时期；到1950年，美国GDP占当时全球GDP的27.3%，美国成为世界经济最发达的国家，同期美元也取得了国际货币的霸主地位；到1973年，美国、日本和联邦德国的GDP分别占当时全球GDP的22%、7.7%和5.9%，并形成了美元、日元、联邦德国马克三足鼎立的国际货币格局；随着1999年欧元启动，欧元区经济总量不断增长，2016年全球GDP总量达到75.278万亿美元，美国、欧元区和日本的 GDP 占全球 GDP 的比例分别为 24.67%、15.78% 和 6.56%。①尽管近年来中国、印度、巴西等新兴市场国家的经济迅速增长，对世界经济的贡献度越来越大，但依然难以改变以美元、欧元、日元为主导的多元化国际货币格局。

2.1.2 货币危机的内涵

金融理论与实践着重围绕的是如何以最小的金融风险获取最大的投资利润，因此有关金融风险的研究一直以来都是专家学者及政策制定者关注的焦点。20 世纪 80 年代以来愈演愈烈的金融危机，正呈现出加速爆发的趋势。金融危机是国际金融风险集聚到一定程度的必然产物，是金融脆弱性的极端表现。

从历史上看，金融危机可以独立于经济危机发生，也可先于经济危机或者与经济危机同时发生。根据产生危机的原因不同，金融危机通常划分为货币危机、债务危机、银行业危机、系统性金融危机四种类型，并且呈现出混合发生状态。其中，货币危机是发生频率最高的金融危机，例如 1992 年的欧洲货币危机、1994 年的墨西哥金融危机、1997—1999 年的亚洲金融危机、1998 年的俄罗斯金融危机、2001 年的阿根廷金融危机等。货币危机的频繁爆发，不仅对危机国家的经济造成巨大的负面影响，而且对世界经济的影响也是极其深刻的。

关于货币危机的定义，国外学者从定性和定量两个角度给出了多种解释。《新帕尔格雷夫货币金融大辞典》 （*New Palgrave Dictionary of Money and Finance*）将货币危机定义为：某一国（或多国）的货币要兑换成他国货币，使前者面临巨大的货币贬值压力，最终货币大幅贬值。②国际货币基金组织（IMF，1998）认为货币危机是受国际投机性资金冲击导致某种货币的币值急剧下滑。Frankel & Rose（1996）指出如果一种货币的名义汇率年贬值 25% 以上，且比上年贬值 10% 以上，则认为该国发生货币危机[66]。Eichengreen、Rose & Wyplosz（1996）认为判断货币危机的标准是外汇投机行为使汇率、外

---

① 数据来源：根据国际货币基金组织 WEO 数据库整理得到。

② 约翰·伊特韦尔（John Eatwell）、默里·米尔盖特（Murray Milgate）、彼得·纽曼（Peter New-man）著. 新帕尔格雷夫货币金融大辞典 [M]. 胡坚等译. 北京：经济科学出版社，2000.

汇储备、利率的加权变动达到各自均值 2 个标准差以上[67]。Esquivel & Larrain
（1998）的观点是如果一国货币实际汇率累计 3 个月贬值达到 15% 以上，就说
明该国爆发了货币危机[68]。

综上所述，从定性来看，货币危机通常被理解为短期内本币汇率的贬值幅
度超出了一国可以承受的范围这一现象。货币危机具有传染性，它可能蔓延到
更多的国家或地区。一般认为，实行固定汇率制的国家被动转变为浮动汇率制
时，由市场决定的本币汇率远远低于之前维护的固定汇率水平，极易引发货币
危机。实行浮动汇率制的国家虽然较少发生货币危机，但由于世界主要货币通
常实行浮动汇率制，因此一旦这些货币引发危机，对世界经济金融的影响会更
加广泛而深刻。

2.2　国际货币竞争法则——"反格雷欣法则"

英国经济学家托马斯·格雷欣发现了一种奇特的现象，当名义价值相同、
实际价值不同的两种货币同时流通时，实际价值较高的一种货币（良币）肯
定退出流通，实际价值较低的另一种货币（劣币）却在市场上充斥泛滥。此
种现象被称作格雷欣法则，也称作"劣币驱逐良币"规律。

格雷欣法则的提出是在实行金银复本位制条件下，虽然"良币"比"劣
币"的铸造成本高，但二者能获得的收益却是相同的，即实际价值不同而名
义价值相同，因此人们会更愿意选择使用实际价值偏低的"劣币"，放弃使用
"良币"。实际上，这里"劣币"只是代替"良币"执行部分支付手段和流通
手段职能，而"良币"却更多地执行价值尺度、贮藏手段和世界货币职能。
假如把使用货币的市场分为国内和国际两个市场，国内市场出现"劣币驱逐
良币"现象是因为国内没有充分的货币竞争和合理的定价机制，把两种实际
价值不同的货币规定了相同的购买力，因此人们会把"良币"贮藏起来，以
备他用，并非"劣币"真正驱逐了"良币"。

在纸币流通的条件下，特别是牙买加体系下，黄金实现非货币化，与国
内货币制度不同，国际市场上存在多种货币可供选择使用，具有充分的货币
竞争和合理的定价机制，因此，国际货币竞争能够遵循"良币驱逐劣币"的
规律，这被称为"反格雷欣法则"。由于世界各国都已使用不可兑换的纸币，

纸币仅作为货币符号，无法比较其实际价值，那么两种纸币的良劣又如何区分呢？只有当纸币购买商品时，通过纸币的实际购买力来反映纸币的实际价值，其理论依据就是一价定律，即：在商品经济中，如不考虑交易费用，同一种商品在各地应以同一价格出售。换句话说，如不考虑交易费用，同一价值的货币应在各地买到等量的商品。由一价定律可以推导出购买力平价理论，即两国货币购买力之比决定两国货币的汇率。根据汇率的高低就能判断出两国货币的良劣。

在当前的国际货币竞争下，汇率、利率波动频繁，国际金融风险日益加大，涉外企业和个人更愿意持有币值较为稳定的货币（良币），各国央行也希望持有币值稳定或有升值趋势的货币作为储备货币，而那些长期趋于贬值的货币（劣币）无论是作为交易媒介，还是作为价值贮藏手段，都是不受欢迎的。总之，对于国际金本位制下的黄金以及信用本位制下的国际货币来说，货币竞争力都依赖于货币发行国的实力和保持币值稳中有升的良好信誉，"良币驱逐劣币"在国际货币竞争中得以充分体现，它遵循了优胜劣汰的自然规律。

2.3　国际货币竞争模型

在国际货币竞争过程中，到底有多少种主导型国际货币同时并存才是最恰当的，这引起了国际学者们的广泛关注。其中，克鲁格曼（Krugman）、哈特曼（Hartmann）经过研究，提出并扩展了单极、双极和多极货币模型，以下分别加以阐述。

2.3.1　单极货币模型

如果一国货币能够在国际市场上兑换成其他货币，说明该货币在其他国家有需求，则这种货币与其他货币就存在竞争关系。Krugman（1984）、Alogosk-oufis & Portes（1992）提出本币由本国居民的需求支配，而国际货币由非居民的需求支配。一国居民所持有的国际货币越多，说明该国居民使用本币购买的本国商品、服务和金融资产越少，而使用国际货币购买的外国商品、服务和金融资产越多。由此可以得出，非居民对本币的需求数量与本国能够提供给非居民的实际资源和金融资产数量密切相关，它是决定何种货币能够充当国际货币的决定因素[69][70]。

Krugman 列举了一个实例，采用三个模型说明美元通过货币竞争成为单一媒介货币的过程。假设有 3 个国家：美国、荷兰、厄瓜多尔，这 3 个国家的货币分别是美元（α）、荷兰盾（β）、厄瓜多尔苏克雷（γ），三国之间的贸易结算可以采用直接兑换（如 αβ、αγ、βγ）方式，但事实上相对于荷兰和厄瓜多尔两国之间的贸易量来看，美国却是这两国更为重要的贸易伙伴，那么在荷兰与厄瓜多尔两国之间进行贸易往来时，可用 β 或 γ 先与美元（α）进行间接兑换（即 βα→αγ，或 γα→αβ），这会比 βγ 直接兑换的交易成本低，并且 βγ 之间也不存在一个外汇市场（见图 2.1）。由此例推广得出，美国的经济和贸易地位决定了美元（α）的竞争优势不断增强，美元（α）在全球贸易中的国际货币地位更加巩固。

图 2.1　Krugman 单极货币模型

Hartmann（1998）认为尽管从理论上讲很难有单一货币被全球大多数国家的居民接受和使用，然而历史上由一种货币充当媒介货币（Vehicle Currency）的情况确实存在。这种单极货币模式从第一次世界大战前英镑和第二次世界大战后美元的货币地位中均得以验证（见图 2.2）[61]。

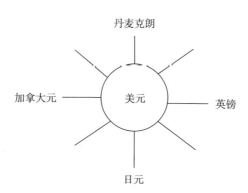

图 2.2　Hartmann 单极货币（美元）模型

2.3.2 双极货币模型

两次世界大战之间，英镑和美元同时成为媒介货币，形成了双极货币体系。20 世纪 80 年代，日本经济迅速增长推动了日元国际化进程，形成美元与日元并存的双极货币体系。Krugman 进一步研究得出双极货币模型。他假设存在 5 个国家（A、B、C、D、E）及其 5 种货币（α、β、γ、δ、ε），其中，双极媒介货币为 α 和 β，则这 5 国的双极货币模型如图 2.3 所示。

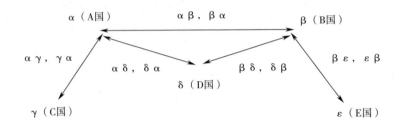

图 2.3 Krugman 双极货币模型

由图 2.3 可以看出，两大国际货币 α 和 β 将 5 个国家划分为两大货币区：α 货币区（含 A、C 两国）和 β 货币区（含 B、E 两国）。其中，α 货币区内的一切支付均通过与 α 货币兑换才能完成，β 货币区内的一切支付均通过与 β 货币兑换才能完成。而 D 国货币 δ 既不属于 α 货币区，也不属于 β 货币区，δ 可以通过与 α 或 β 进行货币兑换，直接完成 D 国与 A、B 两国间或间接完成 D 国与 C、E 两国间的贸易往来。

Hartmann 在 Krugman 的双极货币模型基础上添加约束条件，如果双极货币的网络外部效应强大，每种货币只能和一种媒介货币兑换，那么不同货币区的货币兑换只能通过两种媒介货币完成兑换。这样，图 2.3 中 D 国货币 δ 可与 α 和 β 进行兑换的情形就不存在了，增加外部约束条件后的双极货币模型如图 2.4 所示。

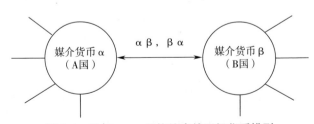

图 2.4 Hartmann 严格约束的双极货币模型

2.3.3 三极货币模型

单极和双极货币模型在国际货币史的发展长河中均已成为现实，随着20世纪90年代欧洲货币一体化进程的不断推进，特别是1999年统一货币欧元产生后，形成了美元、欧元、日元三足鼎立的国际货币格局。按照 Hartmann 的观点，三极货币模型从理论上是可能的（见图2.5）。

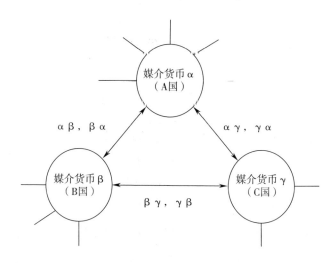

图2.5　Hartmann 严格约束的三极货币模型

在图2.5中，媒介货币 α、β 和 γ 形成三大货币区，三种货币的网络外部效应强大，每种货币只能与一种媒介货币兑换，不同货币区的货币只能通过三种媒介货币完成兑换。值得注意的是，由图2.5可以看出，三种媒介货币所支配的货币区内部的国家规模并不相同，例如 α 货币区的规模大于 β 货币区的规模，β 货币区的规模大于 γ 货币区。那么规模偏小的媒介货币（如 γ）能够通过减小汇率波动克服规模小带来的缺陷。当前的国际货币体系普遍被认为是由美元和欧元为主导、日元次之的不对称寡头垄断货币格局，未来有可能出现美欧亚三大货币区鼎立的局面，即所谓"全球金融稳定性三岛"（Robert Mundell，1999）[22]。

2.3.4 多极货币模型

尽管各国经济和贸易正趋于全球化发展，但是全球外汇市场上只可能有少数几种货币充当交易媒介货币。Eichengreen（1987）指出多种媒介货币并存常被看作扰乱国际货币体系稳定的可能性因素之一[71]。Suvanto（1993）认为若只使用单一货币行使价值尺度和交易媒介功能，有利于减少套利行为的发生或降低套利成本[72]。Hartmann（1998）认为多种媒介货币共存与国际货币体系失序之间是否具有必然联系仍然值得商榷。因此，当前讨论四极、五极甚至更多极的货币模型并没有太大的现实意义[61]。

2.4 国际货币竞争力及其影响因素

2.4.1 对国际货币竞争力的解释

国际货币竞争力指一种货币具有的能够在国际上普遍发挥货币职能的能力，即该种货币进行跨境计价结算、交易、贮藏的使用程度。国际上对一种货币的需求程度决定了这种货币的势力范围和辐射力。随着货币势力范围的不断扩张，一国货币将从具有竞争潜力向具有竞争实力发展，从区域竞争力向国际竞争力发展，最终由区域货币发展成为国际货币。

Cohen（2004）基于货币竞争的非对称性，将国际货币分为 7 个等级，画出了"货币金字塔"（见图 2.6）[73]。

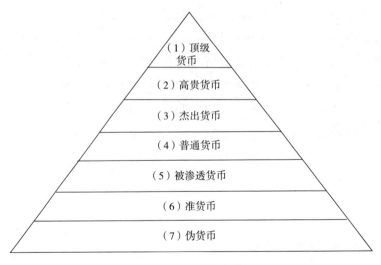

图 2.6　货币金字塔

由图2.6可以看出，"货币金字塔"从底部向上，货币等级依次升高，各等级货币的特征如下。

第1级：顶级货币（Top Currencies），指国际上使用最为广泛、居于主导地位的货币，例如美元。

第2级：高贵货币（Patrician Currencies），指国际上普遍接受和使用，但没有处于主导地位的货币，例如欧元、日元。

第3级：杰出货币（Elite Currencies），指在发行国以外的国家不能发挥重要作用的国际货币，例如现阶段的英镑、瑞士法郎、澳大利亚元、加拿大元等。

第4级：普通货币（Plebeian Currencies），指在国际上有一定使用，但使用范围并不十分广泛的国际货币，例如港元、韩元、新加坡元、俄罗斯卢布等。

第5级：被渗透货币（Permeated Currencies），指本国货币在境内受到外币威胁的货币，尤指本国出现了货币替代，例如阿根廷比索、玻利维亚诺、秘鲁新索尔、智利比索等。

第6级：准货币（Quasi Currencies），指在国内计价结算、交易、贮藏等方面均面临外币替代的货币，例如柬埔寨瑞尔、老挝基普等。

第7级：伪货币（Pseudo Currencies），指只有法律意义，没有实质性经济功能的货币，例如巴拿马巴波亚。

上述7个等级中，第1~4级货币已经完成了货币国际化的过程，第5~7级货币在不同程度上被外国货币替代。目前，世界上已有67个国家（或地区）的货币成为自由外汇，还有相当一部分主权国家货币正在迈向国际化的道路上。例如，中国的人民币尽管已经加入特别提款权（SDRS）成为国际货币，但本书认为人民币目前尚未完全实现可自由兑换，资本项目的外汇管制依然存在，人民币在国际范围内的使用尚有很大局限性，应介于货币等级中的第4级和第5级之间。要想使人民币真正参与到货币竞争中成为有国际影响力的货币，首先应当实现人民币的完全可自由兑换。

货币国际化的过程是一国货币跨出国门、走向世界的过程。在这一过程中，必然经历逐级的货币竞争，不断提高货币地位。一方面，要在国内市场进行本币与外币之间的货币竞争，避免出现过度的货币替代导致部分或全部货币主权丧失;另一方面,要在国外市场上加强区域合作下的货币竞争,并逐步扩展到全球范围内的货币竞争。

2.4.2 国际货币竞争力的影响因素

一国(或地区)货币的国际竞争力实际上代表了该国(或地区)在全球的综合实力水平,政治因素、历史惯性、货币自身特性也会对货币竞争带来影响。

国内外已有研究表明,国际货币竞争力的影响因素大致概括为以下三个方面:

2.4.2.1 综合实力说

一国的综合实力是决定该国货币竞争力大小的最重要的因素。Jeffrey Frankel(1995)认为如果一个国家在国际上处于生产、贸易、金融的重要地位,那么该国货币自然具有优势。一国经济、贸易及金融的实力是构成该国综合实力的关键因素[74]。

(1)经济实力

一国的经济实力往往决定该国货币的国际地位。Andrew(1978)指出一国经济实力的强弱决定其货币竞争力强弱[75]。Cohen(1998)同样认为,如果一种货币最初没有得到主要国家经济上的支持,它是不可能在国际上取得重要地位的[12]。纵观国际货币史上的英镑、美元、日元、欧元等之所以成为世界主要货币,就是因为这些货币的发行国(或地区)都曾拥有超强的经济实力。例如。1950年美国经济规模为14559亿美元,占全球经济总量的27.3%,远高于排在第二位的英国(3478亿美元)和第三位的联邦德国(2653亿美元),比历史上任何一个国家达到的份额都要高,当时的美元作为国际货币的地位史无前例。但到了1973年,日本和联邦德国的经济实力急剧攀升,虽然美国经济总量仍处在世界首位,但美国的经济规模占全球经济的份额降到了22%,而日本和联邦德国经济占全球份额分别上升到7.7%和5.9%,此后国际货币格局中除了美元以外,日元和联邦德国马克的地位有所提升。由此看出,一国经济地位与货币地位之间有着必然的内在联系。

(2)贸易实力

一国对外贸易规模越大,在国际贸易结算中使用该国货币作为计价结算货币的机会就越多。事实上，许多国家的货币国际化进程都是从对外贸易结算发展起来的。Rey（1999）指出，贸易规模相比经济规模对货币国际化起到更加重要的作用[20]。Rainer Beckmann 等（2002）指出，尽管 1870 年美国的经济总量已经接近英国，此后很快赶超英国，到 1913 年美国经济总量占全球的19.1%，而英国这一比例仅为 8.3%，但此时英镑作为霸权货币的地位并没有发生改变，直到第二次世界大战以后，美国出口贸易额远超英国，美元才取代英镑成为世界主要货币[76]。

（3）金融实力

金融实力也是影响一国货币竞争力尤为关键的因素。发达的金融市场和完备的金融体系是货币国际化的重要保障。George S. Tavlas（1998）指出一国只有拥有了高度自由的金融市场、各类金融工具（广度）以及高度发达的二级市场（深度），其货币才能成为国际货币[77]。Ewe – Ghee Lim（2006）认为英镑之所以在 19 世纪至 20 世纪初期居于国际货币的领导地位，是因为伦敦已成为全球最早和最大的国际金融市场。当前纽约所具有的高度自由和多样化的金融市场也助力美元成为国际霸主货币。尽管 1870 年以后美国经济规模已经超过英国居首位，但伦敦仍位居世界金融中心。直到 1929 年纽约和伦敦的金融中心地位不相上下。第二次大战后美国金融市场的广度和深度均超过了世界其他国家，美元作为主导型国际货币是以其拥有发达的金融市场为基础的。中国、印度、俄罗斯等工业和贸易大国，由于国内金融市场不发达，国际货币地位低下[78]。Cihak & Bauducco & Bulir（2008）的研究还发现，各国所采取的货币政策及其规则的变化将影响通货膨胀水平，进而影响一国货币的对外价值。因此，一国国内金融体系是否完备、货币当局的金融调控手段、金融监管规则、市场运作效率以及金融机构经营管理水平等都将影响该国货币的价值和国际地位[79]。

2.4.2.2　货币特性说

作为国际货币的基本职能是在更广泛的世界范围内充当计价结算、交易和贮藏手段。非居民对本国（或地区）货币的需求取决于该种货币的可兑换性和币值稳定性。货币使用范围越广、交易结算越方便快捷、安全可靠性越高，就会越受各国欢迎，具有越好的国际货币竞争力。

（1）货币的计价结算

国外学者针对如何选择国际贸易计价结算货币展开了大量实证研究。

Grassman（1973）和 Page（1977）研究认为发达国家与发展中国家在贸易往来中多使用发达国家货币进行计价结算，而发达国家之间选择贸易结算货币时主要参照贸易品种。农产品、石油等大宗商品多采用美元结算，制造业商品贸易通常使用出口国货币结算[15][80]。Friberg（1998）的研究主要考虑使用第三国货币进行计价结算的可能性。若本币与主要贸易国货币的汇率波动比第三国货币与同一贸易国货币的汇率波动要大，那么就可以使用第三国货币作为计价结算货币[81]。Rey（2001）经过研究发现，计价结算货币的选择不是由经济规模决定的，而是由该国商品的外国需求决定，外国需求越大，商品生产国的货币流动性越强，交易成本越低，该生产国货币作为计价结算货币的可能性就越大[82]。Bobba & Corte & Powell（2007）采用两阶段最小二乘估计以及广义矩（GMM）估计研究了 105 个国家计价结算货币的影响因素，发现经济实力、金融指标决定了计价结算货币的选择[83]。

（2）交易便利性

交易便利性通常表现为一国货币在交易使用中的网络外部性。Krugman（1980）认为一种货币建立交易网络存在固定成本，交易网络越大，单位交易成本就越低，该货币的交易越便利[84]。Mckinnon（2002）认为人们为了扩大交易网络以及降低交易成本常常希望只使用某一种货币，一旦习惯交易就不想轻易改变。此外，交易便利性也反映在国际资金流动的便利性方面[85]。Kenen（1988）认为美国在第二次世界大战后取消了资本管制，使得非居民可以在美国国内金融市场上自由借贷，吸引了许多外国政府将美元作为本国的主要储备货币，美元同时成为其他国外投资者的贮藏工具[60]。

（3）货币稳定性

一国货币的稳定性能够树立该货币的对外信心，是成为国际货币的重要保证。货币稳定性包括货币发行国的政治稳定性和币值稳定性两个方面。关于政治稳定性，Mundell（1998）指出，一个国家崩溃了，其货币随之如烟消散。同样，只有币值稳定的货币才更具竞争力[86]。Hayek（1976）和 Vaubel（1986）指出大多数人愿意持有被广泛接受、价格稳定的货币[87][88]。George S. Tavlas（1996）指出币值稳定性包括对内价值稳定性（通货膨胀率）和对外价值稳定性（汇率）[89]。Mundell（1998）的研究认为，国际货币一定具备质量优越和价值稳定的特质，因此得以在货币竞争中胜出。由此看出，一国货币只有不经常发生通货膨胀或长期对外贬值才可能成为币值稳定的货币，才更具有国际竞争力[86]。

2.4.2.3 国际政治说

政治因素对国际货币的广泛使用也会产生较大的影响。Mundell（1998）提到强大的政治力量创造了强大的国际货币[86]。Cohen（2009）指出一种国际货币会给货币发行国带来独有的经济及政治优势，使国际货币发行国的政府在推行对外军事计划和从事外交活动中，获得强大的地缘政治影响力[90]。

（1）政治实力

一国只有政治稳定，才能保证经济持续健康发展。同样，一国货币国际化也需要该国具有稳定、强大的国际政治地位。两次世界大战期间，英镑依然保持着国际货币地位，这是因为英国的殖民地国家大量使用英镑。第二次世界大战后建立的布雷顿森林体系是以美元为中心的国际货币体系，除了因为美国具备强大的经济实力，还因其第二次世界大战后获得提升的政治实力。在现行的牙买加体系下，货币国际化同样离不开强大的政治和军事实力，可以为本币国际化保驾护航。此外，殖民地、战争、国际联盟与协议（如 1948 年马歇尔计划）等政治因素也会对提升国际货币竞争力起到重要的促进作用。

（2）货币地理学

科恩（Cohen）1996 年首先提出了货币地理学的概念，这是一门将经济货币学和地理学结合在一起的交叉学科，主要研究货币区是如何形成的。货币范围由各种社会空间以及每种货币的有效使用和威信界定，而不是由政治疆界界定。货币范围包括三种情况：领土范围、交易范围和势力范围。其中，货币的领土范围（即位置空间）是由货币发行国政治管辖权确定的；货币的交易范围（即流动性空间）是由货币发行国及其他使用该种货币的地方确定的；货币的势力范围指本国领土及交易范围，包括货币使用空间以及货币等级关系。由此看出，国际货币竞争是世界各国不断重新划分势力范围的过程。

（3）国家意志

国家意志对推动一国货币国际化、提高国际货币地位起到重要作用。在国际货币形成过程中，如果客观条件已经具备，但缺乏国家主观意志，有可能丧失本币成为国际货币的机会；相反，如果国家主观意志强烈，但本币国际化的客观条件并不具备，那么本币也无法成为国际货币。因此，应当全面提升综合国力，积极实施国家战略，努力将本币发展成为国际货币，通过实现本币国际化进一步推动本国和世界经济的发展。

2.4.2.4　规模效应说

一国货币在国际上的使用规模越大，就会吸引越多国家（或地区）的政府、企业或个人使用该国货币，其国际货币地位便得以提高。Gaspar（2004）指出货币使用范围越广、交易成本越低、流动性越高就越有竞争力[91]。

（1）历史惯性

许多研究表明货币国际化具有历史惯性和先发优势。一国货币一旦成为世界货币，其他货币很难取而代之。例如，20世纪70年代，美国经济出现了严重的滞胀和国际收支赤字，此时日本和联邦德国经济增长强劲，日元和联邦德国马克对美元的国际地位造成巨大冲击。1999年欧元启动后，欧元区国家经济发展到与美国不相上下，甚至部分经济指标超过了美国。尽管如此，美元的霸主地位至今仍无其他货币可以替代，这就是所谓的国际货币替代的历史惯性。

（2）网络外部性

每一种货币在境外都有自己的势力范围，随着货币竞争力的不断增强，其网络外部性越来越大。Krugman（1984）、Cohen（2000）、Rey（2001）等学者普遍认为，货币地位取决于货币的现行使用状况[69][92][82]。Frankel（1995）分析指出货币必须依存于一个广大的交易网络。人们不能仅仅把影响货币量变动的因素归结为预期收益或者币值稳定性的主观因素上，一种货币的价值还体现在人们对这种货币的使用情况[74]。Kevin Dowd & David Greenaway（1993）指出人们使用国际货币如同使用国际性语言，存在相互模仿行为[93]。Ewe－Ghee Lim（2006）运用1999—2005年外汇交易数据验证了网络外部性观点。上述研究均表明网络外部性是一国货币国际地位的重要体现[78]。

（3）转换成本

Krugman（1980）指出建立货币交易网络存在固定成本，交易规模越大的货币，其交易单位成本越低[84]。Kevin Dowd & David Greenaway（1993）指出如果人口数量随着经济发展不断增长，那么转换货币就需要更高的替代成本，只有当新货币相对于现有货币存在更大的非网络优势时，才会发生货币替代行为。所以人们往往不情愿转换所使用的货币，即使当前使用最多的国际货币已经明显不如其他货币[93]。Gabriele Galati & Philip Wooldridge（2006）认为国际货币的转换成本导致了国际货币地位惯性，国际货币地位变换十分缓慢。但是，金融创新会降低货币转换成本，人们因减少转换成本而持有某种国际储备货币的意愿会降低[94]。

2.5　国际货币竞争形式

在纸币流通条件下，按照竞争地域划分，国际货币竞争分为境内货币竞争、区域货币竞争和全球货币竞争三种形式。

2.5.1　境内货币竞争

对于一个开放经济体来说，国际上各种商品和服务贸易往来、国际投融资活动、政府间经济文化交流以及居民个人因私用汇等所引起的国际收支，必然导致境内本币与主要外币之间的经常性汇兑，如果本国境内更多地使用外币作为计价结算货币和贮藏手段，且本币价值较低或不稳定，则很有可能出现境内本币与外币之间的货币竞争。境内货币竞争主要有两种表现形式：货币替代和反货币替代。

2.5.1.1　货币替代

（1）货币替代的含义

V. Karuppan Chetty（1969）在《美国经济评论》上发表文章 On Measuring the Nearness of Near-Moneys，首次提出了货币替代的概念。他指出货币替代是本国居民为了降低机会成本而调整本币和其他金融资产持有量的过程。他在文章中通过消费者效用函数和约束条件建立起货币替代模型，并运用1945—1966年美国银行业数据进行实证分析，得出货币在活期存款、定期存款、银行贷款等金融资产间替代程度的回归模型[5]。

1973年2月布雷顿森林体系崩溃后，金融自由化浪潮和金融创新活动风起云涌，许多国家的本币开始被其他国家货币不同程度替代。拉美国家的"美元化"（Dollarization）就是其中的代表，在一些拉美国家（如巴拿马、萨尔瓦多和厄瓜多尔）境内，美元普遍替代本币执行计价交易、支付结算和价值贮藏职能，对拉美国家的宏观经济带来严重冲击，使其货币政策独立性面临巨大挑战。于是，国内外学者逐渐将货币替代的理论研究扩展到本币与外币之间的竞争与替代过程中。

国际货币基金组织将货币替代理解为"居民持有较大比重的以外币（如美元）标值的资产"。姜波克和杨槐（1999）提出货币替代（Currency Substitution）是本国居民因本币币值不稳定或本币资产收益率较低，从而大规模将本币兑换成外币，使外币在计价结算、支付交易、价值贮藏等方面全部或部分替代本币[95]。

（2）货币替代的类型

货币替代是世界各国不同程度普遍存在的一种经济现象，与贵金属时代的"劣币驱逐良币"即格雷欣法则不同，当前纸币流通下的货币替代实际上是一种"良币驱逐劣币"的经济现象。

McKinnon（1985）将货币替代划分为直接货币替代与间接货币替代两种类型[7]。

① 直接货币替代

直接货币替代是指一国境内同时存在两种或两种以上货币，同时用于计价结算、支付交易和价值贮藏，各货币之间允许自由兑换。因此，直接货币替代是外国货币在本国境内具有与本币同样的货币职能，不同程度地替代本币完成支付与交易。大量实证表明，新兴市场国家金融开放度较高，更容易发生直接货币替代，发达国家极少发生直接货币替代。

② 间接货币替代

间接货币替代是指本国居民持有不同币种的非货币金融资产，并且这些金融资产之间允许自由转换。本国居民持有不同币种非货币资产的主要目的是规避投资带来的风险，通过货币多元化减轻政治、经济风险造成的损失，这会间接影响本币与外币的需求。间接货币替代较直接货币替代更为普遍存在，其中发达国家更易发生间接货币替代。

（3）货币替代理论

20世纪60年代末，货币替代理论开始产生，代表性人物主要有马克·迈尔斯（Marc A. Miles）、罗塞·波耶尔（Russell S. Boyer）和戴维·金（David T. King）等。20世纪80年代，货币替代现象在各国普遍存在，一些经济学者丰富并发展了前人的理论模型，建立了比较系统的货币替代理论体系。

货币替代理论体系的核心是开放经济下的货币需求理论，通过构建货币需求函数，就能解释货币替代的形成机理及其变化。因此，许多学者提出了关于货币替代的货币需求函数理论，具有代表性的是货币服务生产函数理论、货币需求边际效用理论、货币需求资产组合理论以及货币预防需求理论。以下逐一作简要介绍。

① 货币服务生产函数理论

Marc A. Miles（1978）在其发表的 *Currency Substitution*，*Flexible Exchange Rates*，*and Monetary Independence* 一文中提出了货币服务生产函数理论[96]。他指出人们持有货币的原因是货币具有服务性功能，这种服务性功能既可以由本币提供，也可以由外币提供。在一定资产约束下，人们会根据本币和外币的收益与机会成本大小调整两者数量，由此获得货币服务（Money Service）的最大化。货币服务生产函数（CES 函数）的表现形式如下：

$$\frac{MS}{P_d} = \left[\alpha_1 \left(\frac{M_d}{P_d} \right)^{-\rho} + \alpha_2 \left(\frac{M_f}{P_f} \right)^{-\rho} \right]^{-(1/\rho)} \tag{2.1}$$

式（2.1）中，MS 代表货币服务水平；P_d 和 P_f 代表本币与外币物价指数；M_d 和 M_f 代表本币与外币名义持有量；α_1 和 α_2 代表本币与外币服务权重，用来表示持有本币与外币的边际效益；ρ 为参数。

由式（2.1）可以看出，居民持有的本币与外币数量越多，居民得到的货币服务就越大。根据绝对购买力平价可知，两国货币汇率 $e = \dfrac{P_d}{P_f}$，

若 $P_d = 1$，那么式（2.1）可以简化如下：

$$MS = \left[\alpha_1 M_d^{-\rho} + \alpha_2 e M_f^{-\rho} \right]^{-(1/\rho)} \tag{2.2}$$

由于居民持有货币会产生机会成本，则居民持有资产的约束条件如下：

条件 1：经济主体在进行资产选择时，只希望持有 M_0 数量的货币；

条件 2：如果货币均为借入的，那么借款利率即为持有货币的机会成本。

由此得出，本国居民的资产约束条件可以用公式表示为

$$\frac{M_0}{P_d} = (1 + i_d) \frac{M_d}{P_d} + (1 + i_f) \frac{M_f}{P_f} \tag{2.3}$$

式（2.3）中，M_0 表示居民持有的本外币余额，i_d 和 i_f 分别表示本币和外币借款的年利率水平。式（2.3）变换后得到：

$$M_0 = (1 + i_d) M_d + (1 + i_f) e M_f \tag{2.4}$$

然后利用拉格朗日函数在式（2.4）的约束条件下，求式（2.2）的最大值，结果如下：

$$\frac{\alpha_1}{\alpha_2}\left(\frac{M_d}{eM_f}\right)^{-(1+\rho)} = \frac{1+i_d}{1+i_f} \tag{2.5}$$

对式（2.5）的等号两边取对数，并考虑到其他随机因素的干扰，得到估计模型如下：

$$\log\frac{M_d}{eM_f} = \frac{1}{1+\rho}\log\left(\frac{\alpha_1}{\alpha_2}\right) + \frac{1}{1+\rho}\log\left(\frac{1+i_f}{1+i_d}\right) + \mu \tag{2.6}$$

式（2.6）就是货币需求函数，其中 μ 为随机扰动项。

由式（2.6）得出，本国居民对本币与外币的需求函数可以反映一国的货币替代程度，通过 $\log\frac{M_d}{eM_f}$ 的大小进行反映。如果 $\frac{\alpha_1}{\alpha_2}$ 变小，说明本国出现了明显的货币替代。

货币替代产生的原因主要有两个方面：第一，本币与外币的货币服务权重对货币替代有影响。$\frac{\alpha_1}{\alpha_2}$ 越接近 1，说明本币与外币的货币服务越近似，外币替代本币的可能性越大。第二，本币与外币的利率也会影响货币需求。如果 $\frac{1+i_f}{1+i_d}$ 越小，就越容易引起外币替代本币。式（2.6）中的 $\frac{1}{1+\rho}$ 表示货币替代弹性，该弹性越大，表示本国货币替代程度较高。

② 货币需求边际效用理论

Micheal D. Bordo & Ehsan U. Choudhri（1982）在发表的《货币替代性与货币需求：加拿大的一些实证》（*Currency Substitution and the Demand for Money: Some Evidence for Canada*）一文中提出了货币需求边际效用理论。该理论是在 Miles 的货币服务生产函数理论基础上形成的。它强调人们持有货币是因为货币具有交易动机，可以用于交易与支付[97]。此后，Liviatan（1982）、Guillermo（1985）、Boyer & Kingston（1987）、Carlos（1989）等许多经济学家又进一步完善了这一理论，但其核心都是实现"持币者效用最大化"[98][99][100][101]。

如果外币与本币同样具有交易效用，那么就会产生货币替代。因此，该理论强调的是货币的交易媒介职能，消费者的货币需求函数可表示如下：

$$\log m_d = \beta_0 + \beta_1 \log y + \beta_2 i_d + \beta_3 i_f \tag{2.7}$$

$$\log m_f = \gamma_0 + \gamma_1 \log y + \gamma_2 i_d + \gamma_3 i_f \tag{2.8}$$

式（2.7）和式（2.8）中，y 代表真实国民收入；m_d 和 m_f 代表本国居民持有本币与外币的余额；i_d 和 i_f 代表本币与外币的利率水平；β_0、β_1、β_2、β_3、γ_0、γ_1、γ_2、γ_3 均为参数。

根据式（2.7）和式（2.8）得出，本国居民的货币需求取决于国民收入和国内外利率。国民收入越高，本国居民的货币需求越多；本币利率高于外币，本国就容易发生货币替代。

根据利率平价理论可知：$\hat{E} = i_d - i_f$，其中 $\hat{E}$ 表示两国货币预期汇率变动，则式（2.7）可以变换为

$$\log m_d = \beta_0 + \beta_1 \log y + (\beta_2 + \beta_3) i_d - \beta_3 \hat{E} \tag{2.9}$$

式（2.9）中，如果经过实证检验得出 $\beta_3 = 0$，则推导出式（2.7）中 i_f 的系数为 0，说明若两国利差等于汇差，则两国存在利差对本国居民的本币需求不产生影响。

用式（2.7）减去式（2.8），并与 Miles 的货币服务生产函数模型进行比较，可以得到如下模型：

$$\log(M_d / e M_f) = \sigma_0 + \sigma_1 \log y + \sigma_2 i_d + \sigma_3 (i_f - i_d) \tag{2.10}$$

式（2.10）中，$\sigma = \beta_0 - \gamma_0$；$\sigma_1 = \beta_1 - \gamma_1$；$\sigma_2 = \beta_2 + \beta_3 - \gamma_2 - \gamma_3$；$\sigma_3 = \beta_3 - \gamma_3$。

与货币服务生产函数理论相比较，货币需求边际效用理论将国民收入（y）、两国利率（i_d, i_f）和两国预期汇率变动（$\hat{E}$）作为货币替代弹性的重要衡量指标，进一步发展和完善了货币替代理论。

货币需求边际效用理论认为本国居民持有本币和外币的目的在于获得交易的便利性，从而持币者的效用函数可表示如下：

$$U = f(m_d, m_f, g) \tag{2.11}$$

式（2.11）中，m_d 代表本币余额；m_f 代表外币余额；g 代表本国居民购买的商品数量。假定本国居民持有的金融财富价值 W 可表示为

$$W = b_d + b_f + m_d + m_f \tag{2.12}$$

式（2.12）中，b_d 代表居民持有本币债券的价值；b_f 代表居民持有外币

债券的价值。如果本国居民能够花光当期全部收入，则其预算约束表示为

$$g = r + i_d b_d + (i_f + \hat{E}) b_f + \hat{E} m_f \qquad (2.13)$$

式（2.13）中，r 表示实际收入（例如工资收入）；$i_d b_d$ 表示本币债券收益；$\hat{E}$ 表示远期汇率升值率；$(i_f + \hat{E}) b_f$ 表示外币债券收益，包括利息收益和汇率收益；$\hat{E} m_f$ 表示外币汇率升值收益。

根据利率平价理论可知：$\hat{E} = i_d - i_f$，代入式（2.13）得出：

$$g = r + (b_d + b_f) i_d + (i_d - i_f) m_f \qquad (2.14)$$

由式（2.12）可以得出：

$$b_d + b_f = W - m_d - m_f \qquad (2.15)$$

将式（2.15）代入式（2.14）中，得出：

$$r + i_d W = g - i_d m_d - i_f m_f \qquad (2.16)$$

令 $y = r + i_d W$，即用 y 表示本国居民的金融财富和非金融财富之和构成的广义实际收入水平，则式（2.16）可表示为

$$y = g - i_d m_d - i_f m_f \qquad (2.17)$$

若要实现本国居民在式（2.17）约束条件下的效用函数最大化，即

$$\max U = \max f(m_d, m_f, g) = \max f(m_d, m_f, y - i_d m_d - i_f m_f) \qquad (2.18)$$

则需要对式（2.18）求一阶偏导数，即：$\partial U/\partial m_d = 0$，$\partial U/\partial m_f = 0$，从而得到本币和外币的需求函数形式为

$$m_d = m_d(y, i_d, i_f) \qquad (2.19)$$
$$m_f = m_f(y, i_d, i_f) \qquad (2.20)$$

根据式（2.19）和式（2.20）得出，货币需求边际效用理论将本国国民收入（y）、本国与外国利率水平（i_d, i_f）作为货币替代弹性的重要衡量指标。

③ 货币需求资产组合理论

David T. King & Bluford H. Putnam & D. Sykes Wilford（1978）在发表的《汇率决定的货币资产组合分析法：汇率稳定性和货币政策独立性》（*A Currency Portfolio Approach to Exchange Rate Determination：Exchange Rate Stability and the Independence of Monetary Policy*）一文中提出了货币需求资产组合理论[102]。随后这一理论经过了 Brillembourg & Sohadler（1979）、Lance Girton & Don Roper（1981）、Macedo（1982）、Lee R. Thomas（1985）等学者的进一步

完善和改进[103][104][105][106]。

该理论将货币看作个人的一种资产，并在货币需求函数中加入资产组合因素，研究资本完全流动下考虑货币替代的资产组合最优化问题。

该理论的货币需求函数可以表示为

$$M_d/P = \Phi f(y,i,u) \tag{2.21}$$

式（2.21）中，M_d 表示本币数量；P 表示价格指数；$f(\ )$ 表示居民对本币总需求函数；y 表示居民收入；i 表示外币资产收益率；u 表示随机扰动项；Φ 表示持有本币的风险程度，$0 < \Phi < 1$。Φ 值越小，本国居民越愿意持有本币；相反，Φ 值越大，就越容易发生货币替代。

David T. King & Bluford H. Putnam & D. Sykes Wilford（1978）认为，货币服务效率主要取决于其币值的稳定性，而币值的稳定性通过货币汇率加以反映[102]。因此，Φ 值大小主要由预期汇率水平及汇率预期的不确定性等因素决定，用公式表示如下：

$$\Phi = j(E^0,V|I) \tag{2.22}$$

式（2.22）中，E^0 表示预期本币汇率（直接标价法下的汇率）；I 表示预期本币汇率的不确定性，$1 - \Phi$ 表示持有外币的风险程度；V 表示商品市场与金融市场一体化程度；且有 $\partial\Phi/\partial E^0$，$\partial\Phi/\partial V < 0$。

由式（2.22）可以看出，E^0 越大表明本币贬值，则 Φ 值越小；V 越大，Φ 也会越小，这样外币在资产组合中的占比就会提高。因此，该理论认为货币替代是本国居民所采取的资产保值手段。

货币需求资产组合理论还指出，预期汇率取决于两国通货膨胀率，即依赖于两国的货币政策状况，预期汇率的货币政策函数可以表示为

$$E^0 = m(M^0) \tag{2.23}$$

式（2.23）中，E^0 表示直接标价法下的预期本币汇率；M^0 表示本国货币政策预期扩张，且 $\partial E^0/\partial M^0 > 0$，如果本国货币政策预期扩张，$E^0$ 上升，本币汇率呈现贬值趋势。

如果用方差表示货币政策变动性，预期汇率的货币政策变动函数可表示为

$$V = V[\text{var}(M^0)|M_W^0,I] \tag{2.24}$$

式（2.24）中，M_W^0 代表外国货币政策的预期扩张；I 代表全球商品市场和资本市场的一体化程度，这是制度与结构性因素；且 $\partial V/\partial\text{var}(m^0) > 0$，这

表明本国货币政策的预期扩张方差越大，预期本币汇率的不确定性就越大，持有本币的风险程度也就越大。

将式（2.23）和式（2.24）代入式（2.22）中，得到如下结果：

$$\Phi = k[M^0, \mathrm{var}(M^0) \mid M^0_W, I] \qquad (2.25)$$

且有 $\partial\Phi/\partial M^0 < 0$，$\partial\Phi/\partial\mathrm{var}(M^0) < 0$。这说明本国居民预期执行扩张性货币政策时，本币将贬值，资产组合中本币所占比例下降；同样，本国居民预期货币政策不稳定性增加时，就会调整其资产结构，减持本币，提高外币所占比例。

④ 货币预防需求理论

Stephen S. Poloz（1986）在其发表的《货币替代性与货币预防需求》（*Currency Substitution and the Precautionary Demand for Money*）一文中提出了货币预防需求理论[107]。Poloz 指出，人们为了预防商品交易中使用货币的不确定性风险，应同时持有一定数量的本币和外币。该理论强调的是货币的价值贮藏功能，认为居民会根据商品交易的不确定性随时调整资产组合形式，引起货币替代现象。

假设本国居民存在本币（M）、外币（M^*）和本币债券（B）三种资产形式，则需求函数分别表示为

$$M = M(r, s, b, c, \hat{Z}, \hat{Z}^* \gamma, \beta) \qquad (2.26)$$

$$M^* = M^*(r, s, b, c, \hat{Z}, \hat{Z}^* \gamma, \beta) \qquad (2.27)$$

$$B = W - M - M^* \qquad (2.28)$$

式（2.26）、式（2.27）和式（2.28）中，r 表示本币债券收益率；s 表示本币汇率贬值率；b 表示本币债券变现成本；c 表示本币兑换成本，且 $c < b$，则理性经济人首先会将本币兑换成外币，其次将本币债券进行变现；Z 表示本币现金需求，用 $f(Z)$ 表示其概率密度，均值用 $\hat{Z}$ 表示，且有 $\hat{Z} - \gamma \leq Z \leq \hat{Z} + \gamma$，其中，$\gamma$ 为参数；Z^* 表示外币现金需求，用 $f(Z^*)$ 表示其概率密度，均值用 $\hat{Z}^*$ 表示，且有 $\hat{Z}^* - \beta \leq Z^* \leq \hat{Z}^* + \beta$，其中，$\beta$ 为参数；W 表示总财富。

Poloz 给定流动性成本是本币、外币和本币债券的函数 $TLC(M, M^*, B)$，理性经济人的最终目的是实现资产组合收益的最大化，即使得资产组合的名义

收益与流动性成本之差达到最大化，用公式表示如下：

$$\prod = rB + sM^* - TLC(M, M^*, B) \quad (2.29)$$

式（2.29）中，$\prod$ 表示居民资产组合收益；r 表示本币债券收益率；s 表示本币汇率贬值率；$TLC(M, M^*, B)$ 表示居民资产组合流动性成本，M 表示本币数量，M^* 表示外币数量，B 表示本币债券数额。

将式（2.29）的目标函数置于式（2.28）的财富约束条件下，则目标函数可以转化为

$$\prod = r(W - M - M^*) + sM^* - TLC(M, M^*, W - M - M^*) \quad (2.30)$$

求式（2.30）的最大值，可分别对 M 和 M^* 求一阶偏导数，得到如下结果：

$$r = TLC(M, M^*, W) \quad (2.31)$$

$$r - s = TLC(M, M^*, W) \quad (2.32)$$

根据式（2.31）和式（2.32）可以推导出本币余额 M 和外币余额 M^* 的需求函数，并进而求出本币债券余额 B 的需求函数。

Poloz 认为本国居民对货币预防需求的顺序首先是本币余额，其次是超额外币兑换成本币，最后是本币债券的变现，外国居民同理，并按照上述顺序列出了不同资产之间转换的 6 种情况（见图 2.7）。

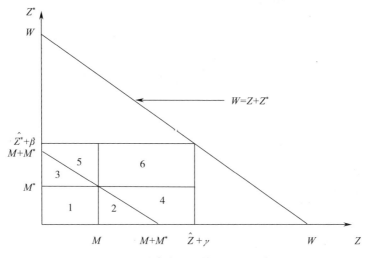

图 2.7   三种资产之间转换的 6 种情形

图 2.7 中，横轴表示本国居民的总财富（Z），纵轴表示外国居民的总财富（Z^*），居民本币和外币需求的最大持有量为 W。区域 1~6 分别表示本币和外币资产余额需求的 6 种可转换区间，各区间资产转换的流动性成本如表 2.1 所示。

表 2.1　　　　　　　　　　　本国居民资产转换的流动性成本

区间	转换资产	转换条件	转换数量（X）	转换成本
1	0	$Z \leqslant M, Z^* \leqslant M^*$	0	0
2	M^*	$Z > M, Z^* \leqslant M^*$ $Z + Z^* \leqslant M + M^*$	$Z - M$	cx
3	M	$Z \leqslant M, Z^* > M^*$ $Z + Z^* \leqslant M + M^*$	$Z^* - M^*$	cx
4	M^*	$Z > M + M^*, Z^* \leqslant M^*$	$M^* - Z^*$	cx
	B	$Z + Z^* > M + M^*$	$Z + Z^* - M - M^*$	bx
5	M	$Z \leqslant M, Z^* > M + M^*$	$M - Z$	cx
	B	$Z + Z^* > M + M^*$	$Z + Z^* - M - M^*$	bx
6	M^*	$Z > M, Z^* > M^*$	$Z - M$	bx
	B		$Z^* - M^*$	bx

注：表中 b 代表本币债券的变现成本；c 代表本币与外币之间的兑换成本，且 $c < b$。

由上述分析可以得出第 i 种资产转换的流动性成本函数如下：

$$LC_i = c \int_{Z = M + M^* - Z^*}^{\hat{Z} + \gamma} \int_{Z^* = \hat{Z}^* - \beta}^{M^*} (M^* - Z^*) F(Z, Z^*) \mathrm{d}z^* \mathrm{d}z$$

$$+ b \int_{Z = M + M^* - Z^*}^{\hat{Z} + \gamma} \int_{Z^* = \hat{Z}^* - \beta}^{M^*} (Z + Z^* - M - M^*) F(Z, Z^*) \mathrm{d}z^* \mathrm{d}z$$

$$(2.33)$$

根据式（2.33）可求出资产转换的总成本 $TLC(M, M^*, W)$ 以及三种资产的需求函数。

2.5.1.2　反货币替代

在一国范围内不仅存在外币替代本币的现象，还可能出现本币反替代外币的现象，后者被称作反货币替代。货币替代与反货币替代都是开放经济下特有的现象，二者的本质都是货币竞争的结果。

国内外学者的研究多从货币替代角度进行，对于反货币替代的研究甚少。如果将外币替代本币的过程称为正向选择，那么当一国经济实力不断增强，本币有升值预期时，国内可能出现本币反替代外币的逆向选择，即一国国内的去外币化过程。

反货币替代的测度指标主要有：（1）国内外币存款。当一国国内外币存款呈持续性下降时，可以初步判断该国出现了反货币替代。（2）企业和家庭外币存款。当一国的企业和家庭外币存款呈持续性下降时，也可以认为该国出现了反货币替代。（3）央行外汇占款。如果本币的内在价值持续提升，本国居民将会抛售外币资产、增持本币资产，使央行外汇占款急剧增加，可以视为本国出现了反货币替代。（4）银行结售汇差额。如果本币价值持续走高，银行结汇业务规模往往持续大于售汇业务规模，形成较长时期内的结售汇顺差，可以认为本国出现了反货币替代。

除了上述绝对量指标以外，还有以下相对量指标：（1）国内外币存款占比，即国内外币存款占广义货币供应量（M2）的比重，这一比重持续下降时，说明该国出现了反货币替代。（2）企业和家庭外币存款占比，即本国企业和家庭外币存款占总存款的比重，这一比重持续下降时，说明该国出现了反货币替代。(3) 央行外汇占款占比，即央行外汇占款占广义货币供应量（M2）的比重，这一比重持续上升时，说明该国出现了反货币替代。

随着世界经济全球化的发展，各国经济开放度不断提升，特别是 2008 年国际金融危机爆发以来，发达国家大量资本回流本国，而包括中国在内的新兴市场国家面对金融危机仍保持了较高的经济增速，为全球经济增长作出了重要贡献，这使得新兴市场国家的货币持续升值，国内出现了较为明显的反货币替代。面对当今世界"去美元化"的趋势，研究反货币替代问题对于新兴市场国家来说有着更为深刻的意义。

2.5.2　区域货币竞争与合作

为了打破第二次世界大战后美元的霸主地位，摆脱国际货币竞争的不平衡状况，仅靠一两个国家的努力是没有用的，各国应加强区域货币竞争与合作，进一步提升本地区货币的地位，促进生产、贸易和投资的区域化发展。Sachs（1998）认为区域内建立一个共同的中央银行可以充当最后贷款人角色，维护本地区货币稳定；区域内各国应加强货币合作，有助于降低交易成本和增加流动性，提高小国的货币竞争力[108]。欧元区的建立以及东亚货币合作正是区域内货币竞争与合作的重大成果，对推动国际货币体系变革有着重大而深远的意义。

区域内货币竞争与货币合作之间的关系表现在：一方面，区域内一些产品和贸易结构相似的国家之间往往存在货币竞争，同时加强货币合作又是区域内国家参与货币竞争的必要前提。为了获得竞争收益和避免损失，区域内国家可以通过货币合作增强区域内货币的全球竞争力，而货币一体化正是区域货币合作的最高形式，例如欧元的诞生和发展。另一方面，加强区域货币合作也是区域内国家争做货币领导者的竞争过程。区域货币一体化进程中常常伴随着区域核心货币间的竞争。比如东亚货币合作的过程也是中国、日本等国家争夺本地区货币主导权的过程。

2.5.2.1 区域货币竞争理论

所谓区域货币联盟，是由同一地区多个主权国家构成的货币联合体，组建货币联盟的过程是充满坎坷的，不同的自然地理环境、经济基础、社会和政治环境、民族文化差异等，必然带来货币竞争。在竞争中胜出的核心货币将在推动本地区贸易和投资、稳定汇率等方面发挥主导作用，并从中获取本国利益。从世界货币发展史来看，英镑、美元、欧元等都经历过区域化竞争的过程。区域货币竞争主要表现在以下几个方面：

（1）自然环境相似，产品同质性较高

同一地区的国家由于地理位置邻近，气候条件类似，自然资源和劳动力状况比较相似，生产的产品具有较高的同质性。例如，在亚洲地区，中国、日本、韩国等工业体系较为完整，东南亚、南亚国家生产的产品比较分散，西亚是世界石油主要供应地。在拉美地区，巴西、阿根廷、墨西哥等少数国家的制造业比较发达，其他国家以能源、农产品为主。

产品的高度同质性极易导致同一地区国家之间的贸易竞争，进而引发货币战、汇率战以及实行贸易外汇管制，加剧本地区的货币竞争。

（2）经济发展不平衡，金融开放度存在差异

当今世界经济呈现出极大的地区发展不平衡特征，各国金融自由化程度存在较大差异。以东亚为例，从地区经济发展水平来看，中国、日本、韩国、新

加坡、马来西亚、印度尼西亚等国经济发展水平相对较高，缅甸、柬埔寨、老
挝、文莱等国经济发展落后；从金融开放度来看，日本、新加坡金融开放程度
较高，已经发展成为国际金融中心，基本不存在资本管制，而中国、韩国、印
度尼西亚、菲律宾等国金融自由化起步较晚，还存在较多的金融管制，资本流
动受政策影响很大。

（3）政策选择和政治文化背景不同

区域内国家不仅具有产业结构趋同、经济和金融发展不平衡的特征，而且
存在着经济政策上的选择差异和不同的政治文化背景，这些差异成为区域内国
家建立货币联盟的阻碍因素。欧盟各国建立有坚固的政治联盟，有助于实现货
币一体化。东亚、拉美等地区尚不具备政治联盟，地区内部分国家之间在政治
制度、宗教信仰、文化传统、领土问题等方面存在一定分歧，彼此之间视为竞
争对手而不是合作伙伴，使得这些地区的国家之间货币竞争大于货币合作，仍
处于货币一体化的低级阶段。

通过上述分析可以看出，尽管欧盟国家的货币一体化取得了较大成果，但
放眼全球其他地区，货币一体化的道路上充满着荆棘与坎坷，政治体制、经济
发展、宗教文化等方面的差异难以在短时间内达成统一，导致区域内国家之间
的货币竞争持续存在。区域货币竞争的本质是地区核心货币的竞争与确立
问题。

2.5.2.2　最优货币区理论

20 世纪 60 年代，货币一体化开始成为国际金融领域的热点问题，并产生
最优货币区（Optimum Currency Areas，OCA）理论。1961 年 9 月，罗伯特·
蒙代尔（Robert Mundell）在《美国经济评论》发表了题为《最优货币区理
论》的文章，从区域化视角开始研究汇率和货币区[109]。此后，学者们又从不
同的角度发展了最优货币区理论，主要代表人物有麦金农（R. I. McKinnon）、
凯南（P. B. Kenen）、英格拉姆（J. C. Ingram）、哈伯勒（G. Haberler）、弗
莱明（J. M. Fleming）等。

（1）蒙代尔的最优货币区理论

蒙代尔指出货币一体化虽然可以降低交易成本，但却影响货币区内的就业
水平，只有保持劳动力的高度流动性，才能在域内国家受到经济冲击时，通过
劳动力自由流动保证就业。

蒙代尔提出国际收支失衡的重要原因是需求转移。假如有 A、B 两国,原先对 B 国的产品需求转向 A 国的产品需求,则 B 国失业增加。B 国可通过本币贬值刺激出口和减少失业,A 国可通过本币升值降低通货膨胀压力。但如果 A 和 B 是同一国内的两个不同区域,则本币汇率升值或者贬值均无法同时解决 A 区域的通货膨胀和 B 区域的失业问题。由此推论出:区域内国家要实现内外经济均衡,就必须在区域内实现生产要素高度流动,即所谓的"要素流动论"。

但是,蒙代尔的最优货币区理论也受到一些质疑。区域内各国的经济发展水平是不平衡的,通过生产要素的高度流动来解决需求转移反而可能加剧区域内的贫富差距。上例中,如果 A 国和 B 国建立通货区,B 国国际收支恶化会使 B 国经济下滑、失业增加,A 国的国际收支盈余会造成 A 国的通货膨胀。虽然 A 国与 B 国之间生产要素具有高度流动性,但资本和劳动力要素的流动特点不同,资本会迅速从 B 国流向 A 国获取高额回报,从而会加剧 B 国的失业和 A 国的通货膨胀;而劳动力受到两国气候、语言、文化、生产习惯、道德风俗等方面的影响难以在短期内从 B 国流向 A 国,且迁徙成本较高,迁徙数量不会太多,不能解决国际收支恶化的问题。因此,生产要素的高度流动性并不能作为判断最优货币区形成的依据。蒙代尔的 OCA 理论提出后,吸引了众多学者对最优货币区判断标准的探讨。

(2)关于最优货币区标准的理论进展

20 世纪 60 年代至 70 年代中期,西方学者从不同视角扩展了 OCA 理论。

① 麦金农的理论贡献

1963 年,麦金农(R. I. McKinnon)提出将"经济开放度"作为判断最优货币区的标准。麦金农认为,经济开放度就是一国贸易品占该国社会总产品的比重。这一比重越高,表明该国的经济开放度越高。小国即使经济开放度高也难以实行浮动汇率。因此,麦金农认为在一些联系紧密的开放型小国可以建立一个货币区,区域内货币实行固定汇率,与区域外货币之间实行浮动汇率或者弹性汇率[110]。

② 凯南的理论贡献

1969 年,凯南(P. B. Kenen)提出将"产品多样化"作为判断最优货币区的标准。因为一国产品多样化程度高,国外对这些产品的需求可以相互交又，即使一种或几种产品需求锐减，也不会出现严重的国际收支逆差以及经济萧条。因此，凯南认为产品多样化的国家之间可以建立固定汇率，而像新加坡、丹麦、冰岛等产品多样性差的小国，可以坚持浮动汇率[111]。

③ 哈伯勒和弗莱明的理论贡献

哈伯勒（G. Haberler，1970）和弗莱明（J. M. Fleming，1971）提出将"通货膨胀率的相似性"看作判断最优币区的标准。通货膨胀率越接近的国家，越有利于实现货币一体化。通货膨胀率差异一方面会引起国际收支经常账户的失衡，另一方面还会引起短期资本的投机性流动，进而引发汇率波动。因此，通货膨胀率相近的国家之间适合保持固定汇率[112][113]。

④ 英格拉姆的理论贡献

英格拉姆（J. C. Ingram，1974）提出将"国际金融高度一体化"看作判断最优货币区的标准。国际收支失衡与资本流动有关，特别是与长期证券市场交易的自由度有关。国际证券市场的交易往往以短期债券为主，而长期证券市场的国际金融一体化程度并不高，容易造成各国利率结构的差异，导致国际收支失衡。因此，与长期资本流动的自由度相关的国际金融一体化可以作为判断最优货币区的标准[114]。

⑤ 斯威尼、威利特和托维尔的理论贡献

斯威尼、威利特和托维尔（Richard J. Sweeney & T. Willett & E. Tower，1977）提出将"政策一体化"看作判断最优货币区的标准。区域内各国为解决通货膨胀和降低失业所采取的政策是否一致是建立货币区的关键。如果一国不能容忍失业，而另一国不能容忍通货膨胀，则两国的政策取向难以保持一致性，就很难形成货币区。因此，政策一体化才是判断最优货币区的标准[115]。

（3）关于最优货币区理论的动态研究

上述传统的最优货币区的研究视角是短期的、静态的，20世纪80年代以后，许多学者开始逐渐综合各种关于最优货币区标准的成果，提出了从动态视角诠释关于最优货币区成本与收益的研究思路，其代表人物主要有滨田宏一（K. Hamada）、科恩（B. Cohen）、克利门科和门什科夫（Klimenko & Menshikov）、弗兰克尔和罗斯（Frankel & Rose）、克鲁格曼（Krugman）、巴尤米和艾臣格林（Bayoumi & Eichengreen）等。

① 滨田宏一的理论贡献

滨田宏一（K. Hamada，1985）从博弈论和福利视角提出了最优货币区成本与收益分析的一般框架。他指出,世界各国的经济、贸易、金融等方面的联系日益紧密,一国的财政、货币政策取向和金融市场波动都会影响其他国家政策制定和资本市场变化,这就是"溢出效应"。如果区域内国家不进行政策协调,会带来低效的产出。因此,只有加强货币合作和国际政策协调才能实现各国政策福利和效率的最大化[116]。

② 科恩的理论贡献

科恩(B. Cohen, 1997)在其发表的《最优货币区理论:使市场面临困惑》一文中指出,传统的最优货币区理论假定各国货币是独立的,由各国政府自主决定,各国政府可以准确计算出加入货币区给本国带来的成本与收益,从而可以选择最适合本国的汇率制度。科恩认为传统理论以政府设计为中心,应增加市场机制和私人部门对最优货币区的自发选择权[117]。

③ 克利门科和门什科夫的理论贡献

克利门科和门什科夫(Klimenko & Menshikov, 1999)在其俱乐部理论(Club's Theory)中提到,与俱乐部成立类似,货币区的创始国贡献极大并享受到相应利益,但是这种利益会随着政策协调难度加大、成员国增加等因素的影响,使最优货币区对创始国带来的利益无法抵补成本,最终使货币区解体。因此,各国无法预知最优货币区所带来的利益和成本[118]。

④ 弗兰克尔和罗斯的理论贡献

弗兰克尔和罗斯(Frankel & Rose, 1996)认为汇率、贸易关系及其对称性等内生变量是判断最优货币区的标准。货币合作通过改善上述内生变量从而建立起货币区,贸易往来密切的国家之间经济周期同步性极强,更适合建立货币区[66]。

弗兰克尔和罗斯(Frankel & Rose, 1998)采用截面数据单方程回归方法对 21 个工业国的贸易和产出之间的相关性进行实证分析,验证了实现区域贸易一体化能够提高产出的假设[119]。

⑤ 克鲁格曼的理论贡献

克鲁格曼(Krugman, 1998)通过对芬兰加入欧洲货币体系的成本—收益展开分析,推导出 GG - LL 模型(见图2.8)[120]。克鲁格曼的研究表明,芬兰与欧洲货币体系国家之间的贸易一体化程度决定了芬兰加入货币区所获取的收益大小。GG - LL 模型主要用于直观地分析单一国家加入货币区的利弊,为各国考虑是否加入货币区给出了重要的理论模型。

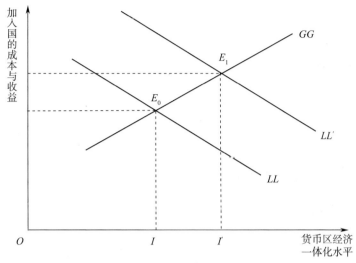

图 2.8 GG – LL 曲线

图 2.8 中横轴表示货币区内各个国家的经济一体化水平；纵轴表示各个国家加入货币区后得到的收益及付出的成本。图 2.8 中 GG 曲线为收益曲线，LL 曲线为成本曲线，两者相交于 E_0 点，此时一国与货币区的经济一体化水平位于 I 点。在 I 点的左侧，加入货币区的成本大于收益，该国不应加入货币区；在 I 点的右侧，加入货币区的收益大于成本，该国应加入货币区。此外，各国经济政策的变化也会对是否加入货币区产生影响。假如一国出口品海外需求增加，经济一体化水平保持不变的情况下，该国加入货币区实行固定汇率制度的成本将加大，LL 曲线将上移到 LL'，并且和 GG 曲线相交于 E_1 点，这时该国应继续加强经济一体化水平直至达到 I' 点方可加入统一货币区。

克鲁格曼的最优货币区理论说明区域内各国间的贸易往来以及生产要素流动性越大，组建货币区的收益越多，相反，则不宜组建货币区。这一理论的提出对于货币区实践具有十分重要的意义。

⑥ 巴尤米和艾臣格林的理论贡献

巴尤米和艾臣格林（Bayoumi & Eichengreen，1996）在宏观经济一般均衡理论模型基础上创造出 OCA 指数法，用于综合度量一国加入货币区的成本与收益。OCA 指数回归方程如下：

$$SD(e_{ij}) = \sum_{t=1}^{n} \beta_i X_t \qquad (2.34)$$

式（2.34）中，$SD(e_{ij})$ 表示双边汇率的波动性；X_t 表示根据最优货币区标准所确定的各项指标，包括产出扰动、贸易结构差异、利率水平、国家规模、汇率制度、货币供给量变动、对外开放度、金融发展程度以及货币政策冲击等。

巴尤米和艾臣格林运用式（2.34）的模型计算出 21 个工业化国家之间的双边 OCA 指数，其中 OCA 指数最小的国家适合成为货币区的核心成员。此方法考虑将上述最优货币区标准结合起来，综合反映各国加入货币区的收益与成本，它是对 OCA 理论和实证的重要发展[121][122]。

2.5.3　全球货币竞争

全球货币竞争可定义为世界范围内各经济区域之间核心货币的竞争。第二次世界大战后，美国成为世界经济中心，美元一直称霸全球。1973 年 2 月，布雷顿森林体系瓦解后，国际货币体系进入了多元化储备货币时期，形成了美元、日元和联邦德国马克三足鼎立的世界货币格局。1999 年欧元诞生后，美元虽然受到了欧元的挑战，但仍然延续其作为基轴货币的功能。2007 年 8 月，美国次贷危机爆发，使美元汇率一度大幅下挫，但这并没有动摇美元的霸主地位。

一方面，全球货币竞争表现为以美元、欧元、日元、英镑等发达国家货币为主导的经济和货币实力的竞争。发达国家通过发行本币并在全球流通可以获得各种利益，除了在国际金融体系中取得话语权以外，实现货币国际化的重要利益还体现在得到全球铸币税的好处，以及作为国际储备货币进行海外投资的好处，正是这些巨大的利益使各国争相实现货币国际化。但是，各国在获取货币国际化带来的收益的同时，必定要付出在国际政策协调、金融市场开放过程中的成本与代价。因此，各国货币当局在推行货币国际化和参与全球货币竞争中要全面权衡利弊，既不能过分夸大本国现实的经济水平和政策能力，也不能在全球货币竞争中使自己陷入巨大的金融风险之中。

另一方面，进入 21 世纪，国际经济秩序发生了重大变化，世界不再由单个国家主宰，包括中国、俄罗斯、印度、巴西、南非等金砖国家在内的新兴市场经济体渐次在新的世界经济秩序中脱颖而出，为开放的世界经济和文化注入了多极化的活力。与此同时，中国速度和力量正在改变整个世界，从金砖国家新开发银行（以下简称"金砖银行"）到亚洲基础设施投资银行（以下简称"亚投行"），从上海合作组织（以下简称"上合组织"）到"一带一路"倡议，中国速度和力量正在改变全球经济格局，中国在对外贸易和投资领域不断开放，国际市场份额日益增大，对全球经济的贡献及影响力加快提升，应当获得更多的国际铸币税和金融业收益，不应失去获取更多国际货币利益的机会。2016 年 10 月 1 日，人民币正式加入 SDR$_s$ 成为国际储备货币，标志着中国将积极推进经济和金融全球化发展，不远的将来人民币必将实现完全可自由兑换，并在全球货币竞争中积累经验、收获利益。

2.6 货币危机理论

货币危机理论最早产生于 20 世纪 70 年代，自产生以来一直是理论界研究的焦点，国内外有关货币危机的理论和实证文献也比较多。早期的货币危机理论是建立在 20 世纪 30 年代世界经济危机研究的基础上提出的。美国经济学家金德尔伯格（Kindleberger，1978）曾提出过度交易导致货币危机的理论[123]。按照金德尔伯格的观点，经济不断扩张会导致金融投机行为增加，人们疯狂地将货币资金转化为金融资产，这种过度交易必然导致市场恐慌和经济崩溃，出现严重的货币危机。

现代意义上的货币危机是随着 20 世纪七八十年代以来经济全球化进程的加速，在国际资本市场高度融合背景下出现的一种新型的开放经济体制下的金融危机。从现代货币危机理论的发展脉络来看，产生了具有代表性的三代货币危机理论，即以克鲁格曼（Krugman）、弗拉德和戈博（Flood & Garber）为代表的第一代货币危机理论；以奥波斯特菲尔德（Obstfeld）、萨克斯（Sachs）为代表的第二代货币危机理论；以麦金农和皮尔（McKinnon & Pill）及克鲁格曼（Krugman）为代表的第三代货币危机理论。这三代货币危机理论从不同的角度回答了货币危机的发生、原因及传导等问题，研究的侧重面各有不同。

2.6.1 第一代货币危机理论

1979 年，克鲁格曼发表了《国际收支危机模型》（*A Model of Balance -*

of – Payments Crises) 一文，提出了关于货币危机的最早的理论模型。该模型研究了小国开放经济如果放弃实行钉住汇率制度或其他固定汇率制度，是否会发生货币危机的问题。该理论认为，当一国货币需求保持稳定的条件下，国内信贷扩张引起资本外流，外汇储备减少，保持钉住汇率制或固定汇率制的压力加大，容易形成货币危机。但是，该模型对于固定汇率制何时崩溃难以确定。1984 年，弗拉德和戈博发表了题为《汇率机制崩塌：一些线性例子》（*Collapsing Exchange – Rate Regimes，Some Linear Examples*）一文，对克鲁格曼理论模型进行了简化和扩展，并提出了测度固定汇率制度崩溃时间的方法，产生了第一代货币危机模型，也称"克鲁格曼—弗拉德—戈博模型"。

2.6.1.1　模型假设

第一代货币危机模型有以下 4 个假设前提：（1）一个小型开放国家，消费品只有单一可贸易品，实行钉住汇率制或固定汇率制，购买力平价成立；（2）居民持有三类可完全替代的资产：本国货币、本国债券、外国债券；（3）货币供给量包括国内信贷及外汇储备（折合本币数量）两个部分，且国内信贷增长率稳定并作为外生变量；（4）本国居民具有完全预期。

2.6.1.2　克鲁格曼—弗拉德—戈博模型

按照上述 4 个假设前提，克鲁格曼等认为小国基本经济面恶化容易招致投机性冲击，这种投机性冲击发生的根本原因是政府预算赤字。财政赤字往往通过国内信贷扩张加以弥补，这种扩张性财政政策和货币政策会拉动国内物价上涨，根据购买力平价理论，必然引起外币的实际汇率上升，而本币的实际汇率下降，使小国的钉住汇率制度或固定汇率制度受到投机性冲击。

假设小国实行的是钉住汇率制或固定汇率制，该模型针对国内私人部门和政府部门在货币市场的操作行为进行分析，得到如下方程：

方程一：$m - p = -\alpha(i), \alpha > 0$ 　　　　　　　　　　　（2.35）

式（2.35）中，m 为货币供应量，取对数值；p 为国内价格水平，取对数值；i 为本国利率水平；α 为货币需求对本国利率的半弹性系数。

国内货币供应量 M 由国内信贷 D 和中央银行所持有的外汇储备 R 决定，三者的关系取对数后得到如下方程：

方程二：$m = d + r$ 　　　　　　　　　　　　　　　　　（2.36）

在资产完全替代的情况下，根据购买力平价理论和利率平价理论，可以得

到如下两个方程:

方程三: $p = p^* + s$ (2.37)

方程四: $i = i^* + s^*$ (2.38)

式（2.37）中, p 和 p^* 分别为本国和外国的价格水平取对数, s 为两国货币汇率取对数。式（2.38）中, i 和 i^* 分别为本国和外国的利率水平, s^* 为升贴水率。

在固定汇率制下, 汇率保持不变, 即 $s = \hat{s}$, $s^* = 0$, $i = f^*$, 将式（2.36）和式（2.37）代入式（2.35）中, 可以得到如下方程:

方程五: $d + r - p^* - \hat{s} = -\alpha(i^*)$ (2.39)

即: $d + r = p^* + \hat{s} - \alpha(i^*)$ (2.40)

式（2.40）表明: 对于一个实行固定汇率制的小国, 货币当局必须适时调节货币供应量 $(d + r)$ 来维持固定汇率 $(\hat{s})$。如果政府为刺激经济或弥补财政赤字, 使国内信贷 D 快速增长, 那么小国外汇储备将快速下降。此时, 若外汇投机商看准时机, 对该国货币进行冲击, 买下小国剩余的外汇储备, 此时 $r = 0$, 小国政府已无力维护钉住汇率制或固定汇率制, 改为实行浮动汇率制, 或者重新设立钉住目标区, 则投机商冲击成功, 货币危机发生了。

假定货币乘数为 y, 由上述分析可得:

$$M = yD + yR \quad (2.41)$$

将式（2.41）变换后, 得到:

$$R = \frac{M}{y} - D \quad (2.42)$$

根据上述各式, 可以得到图2.9。

由图2.9可以看出, 在钉住汇率制或固定汇率制国家中, 货币供给量保持不变, 国内信贷扩张使通货膨胀压力增大, 本国居民为了避免资产遭受货币贬值的损失, 必然会加大商品进口和海外投资数量, 从而导致本国外汇储备下降, 保持本国货币供应量不变, 维持汇率稳定。

2.6.1.3 理论评价

第一代货币危机理论侧重于对经济基本面展开讨论。该理论认为一国的经济基本面决定了本国货币汇率是否稳定, 也决定了货币危机是否会爆发及其爆

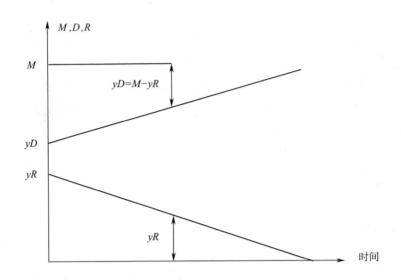

图 2.9 第一代货币危机理论模型

发时间。当一国经济基本面出现问题，并且实行钉住汇率制或固定汇率制时，容易招致外汇投机商的冲击行为，这种冲击行为并不是非道德的。只要提高政府宏观经济预测能力，并及时调整经济政策，实施适当的财政政策和货币政策，保持本国经济基本面的健康运行，就能够维持公众对钉住汇率制或固定汇率制的信心，不易发生货币危机。相反，外汇投机行为将使政府放弃钉住汇率制或固定汇率制，引起金融市场的剧烈震动。但是，该理论在信用扩张、外汇储备流失与货币危机之间的相互关系上，把政府行为过于简单化、公式化。第一代货币危机理论对于解释 20 世纪 70 年代末至 80 年代初的拉美货币危机、1998 年俄罗斯金融危机、1999 年巴西金融危机很有说服力。

2.6.2 第二代货币危机理论

1992 年的欧洲货币危机、1994 年的墨西哥金融危机等与本国经济基本面无必然联系，使得第一代货币危机理论无法清楚地解释上述货币危机爆发的原因，在这种情况下，Obstfeld（1994）在其发表的《货币危机的逻辑》（*The Logic of Currency Crises*）一文中提出了第二代货币危机模型，也称为"自我实现的货币危机理论"[124]。

2.6.2.1 早期理论模型

第一代货币危机模型假定本国维持固定汇率制不变，国内信贷按固定速度增长，外汇储备按同样速度减少，最终发生货币危机；第二代货币危机模型认为本国外汇政策选择是由"状态决定"的，政府的政策调整是非线性的多重均衡。早期模型是用非线性政策对第一代货币危机模型加以修正，从而形成了"相机抉择的货币危机模型"（见图 2.10）。

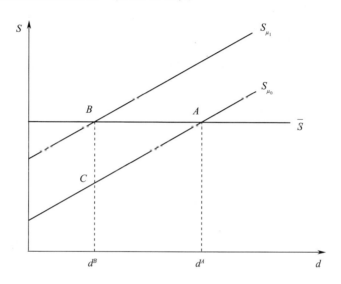

图 2.10　相机抉择的货币危机模型

在图 2.10 中，如果本国采取的政策行为是非线性的，用 μ_0 表示未发生投机性冲击时的国内信贷增长率，用 μ_1 表示发生投机性冲击时的国内信贷增长率，则 S_{μ_0} 和 S_{μ_1} 表示影子汇率线。

（1）当 $d < d^B$ 时，货币投机性冲击只会导致资本损失，因为未冲击时的影子汇率和冲击后的影子汇率都低于固定汇率 $\overline{S}$。

（2）当 $d = d^B$ 时，货币投机性冲击会使影子汇率从 C 升到 B，投机者不产生资本损益，可以有 B 和 C 两个均衡点。

（3）当 $d^B < d < d^A$ 时，如果货币投机者资本雄厚，冲击规模足以使经济发生改变，经济将处于冲击均衡，均衡点在 S_{μ_1} 上；如果货币投机者资本不够雄厚，其冲击规模不足以将经济从 μ_0 推动到 μ_1，此时会出现多重均衡。

（4）当 $d \geq d^A$ 时，货币投机冲击只会导致资本收益，此时固定汇率必将遭受冲击。

2.6.2.2　奥波斯特菲尔德的理论模型

奥波斯特菲尔德认为，克鲁格曼的第一代货币危机模型不能很好地解释

1992 年英国、意大利、芬兰、瑞典等欧洲国家发生的货币危机，因为投机商的冲击行为直接引发 1992 年的欧洲货币危机，使危机国经济基本面恶化，固定汇率制崩溃。由此看出，货币危机是自我实现的，投机者的行为可以是理性的。

奥波斯特菲尔德采用三要素分析法系统阐述了第二代货币危机模型。该理论指出，政府愿意放弃或者捍卫固定汇率制必然有一定的原因；市场预期会影响货币当局对固定汇率制的成本和利益的权衡，市场预期与政府行为相互作用的非线性关系引发了多重均衡。于是，政府采取相机抉择行为调控经济，政府行为在该模型中处于主导地位。

假定政府在考虑是否维持固定汇率制时的损失函数表示为：

$$L = [a(e - e') + br]^2 + R(s) \qquad (2.43)$$

式（2.43）中，e 表示没有过去的承诺、政府希望达到的汇率水平，它由经济基本面相机抉择，e' 表示政府承诺的固定汇率，二者均是以对数形式表示的汇率；br 表示公众预期的货币贬值率；a 和 b 为常数；$R(s)$ 表示政府放弃固定汇率制的信誉成本 [如果政府维持固定汇率不变，$R(s) = 0$；如果政府相机抉择改变汇率，则 r 为常数，$a(e - e')$ 表示政府如果坚持固定汇率而付出的机会成本，$R(s)$ 表示公众预期货币贬值产生的成本]。

如果政府坚持固定汇率制，$R(s) = 0$，总成本为：$L = [a(e - e') + br]^2$，当公众坚信政府会继续保持固定汇率不变，则 $br = 0$，总成本表示为：$L = [a(e - e')]^2$；如果政府放弃固定汇率制，$R(s)$ 为固定常数，总成本为：$L = [a(e - e') + br]^2 + R(s)$。因此，政府是否放弃固定汇率制，取决于 $[a(e - e') + br]^2$ 和 $R(s)$ 的大小比较：

（1）如果公众及政府将放弃固定汇率，只要 $[a(e - e') + br]^2 > R(s)$，政府就会放弃固定汇率，选择偏好的汇率水平；

（2）如果 $[a(e - e')]^2 < R(s) < [a(e - e') + br]^2$，那么市场预期本币将贬值，则本币就会贬值；市场预期本币将不贬值，则本币就不会贬值。在这一区间内，存在多重均衡，选择哪种均衡完全取决于市场预期，市场具有自我实现的功能。

2.6.2.3 理论评价

总体来看，第二代货币危机理论强调政府和公众之间的行为相互作用、相互影响，从而导致货币危机在经济基本面未有明显恶化的情况下以"自我实现"的方式爆发。该理论认为政府行为是非线性的，并将多重均衡引入模型，强调市场预期、政府反应等主观因素对形成货币危机起决定性作用，政府与投机者等市场交易主体博弈的过程导致货币危机的爆发。这一理论过分夸大了投机者的作用。相对于第一代货币危机理论来说，第二代货币危机理论能够更好地诠释 1992 年欧洲货币危机爆发的主要原因，丰富与发展了货币危机理论。

2.6.3 第三代货币危机理论

1997 年 7 月亚洲金融危机爆发后，经济学家运用第一代和第二代货币危机理论均无法解释本次危机形成的原因。东南亚货币危机爆发前，东南亚各国财政状况良好，尽管经常账户出现较大赤字，但是资本项目持续顺差，国内经济发展前景被国际投资者普遍看好，经济基本面并无明显恶化，因此第一代货币危机理论无法解释本次危机爆发的原因。另外，亚洲金融危机爆发前，东南亚国家的经济持续高速增长，国内就业充分，也不能运用第二代货币危机理论解释公众发生突发性贬值预期的原因。为了弥补上述理论缺陷，学者们从微观层面提出了第三代货币危机理论模型，主要有道德风险模型、流动性危机模型、企业资产负债表模型、货币危机传染理论等。

2.6.3.1 道德风险模型

1999 年麦金农和皮尔（McKinnon & Pill）最早提出了货币危机的道德风险模型，用来解释东南亚货币危机的成因[125]。该模型认为，在政府免费担保且监管不严格的情况下，银行、证券、保险等金融机构的风险投资增加，对于金融风险考虑很少。如果本国市场没有或较少对外开放，那么国内投资需求就会加大，造成本国利率上升，因而可以控制投资过度。如果本国资本项目全面开放，银行等金融机构扩大了从国际金融市场融资的渠道，容易引起国内过度投资，由政府担保的风险投资增加，助推金融资产价格上升，形成金融泡沫。一旦国际资本流动发生逆转，导致一些银行破产，银行债务即转化为政府债务，货币危机随之爆发。

麦金农和皮尔进一步分析了不同汇率制度对过度投资的影响，并提出了超级风险溢价（Super Risk Premium）的概念，即货币风险溢价与不可预测的汇率急剧贬值率之和。

$$r - r^* = \hat{Ee} + \rho_{currency} \qquad (2.44)$$

式 (2.44) 中，r 代表国内利率；r^* 代表美元利率；$\hat{Ee}$ 代表本币预期贬值率；$\rho_{currency}$ 代表风险溢价，即投资者持有本币资产时要求的超额收益。

$$\hat{Ee} \equiv \hat{Ee}_{predictable} + \hat{Ee}_{regime\_change} \qquad (2.45)$$

式 (2.45) 中，$\hat{Ee}_{predictable}$ 代表本币贬值率中可预测部分，$\hat{Ee}_{regime\_change}$ 代表本币贬值率中不可预测部分，$\hat{Ee}$ 代表可预测和不可预测贬值率之和。

$$\rho_{super} = \rho_{currency} + \hat{Ee}_{regime\_change} \qquad (2.46)$$

式 (2.46) 中，ρ_{super} 代表超级风险溢价，它由货币风险溢价和不可预测的本币贬值率两部分构成。由于所有银行为了维持日常运营都需要采取措施防范可预测的汇率风险，因此超级风险溢价中不包含可预测的本币贬值率。

根据式 (2.44)、式 (2.45) 和式 (2.46) 可以得到：

$$\rho_{super} = r - r^* - \hat{Ee}_{predictable} \qquad (2.47)$$

由式 (2.47) 可以看出，银行追求超级风险溢价的目标吸引其借入过多的外币债务。由于新兴市场国家货币相比发达国家具有更高的风险溢价，新兴市场国家的银行大量借入外币债务，加剧了道德风险。因此，从减轻道德风险所导致的过度投机角度来看，最优汇率制度是实现 ρ_{super} 最小化，尽可能缩小国内外利差和减少汇率波动。在好的固定汇率制度下，能够稳定汇率、价格和利率，从而减轻道德风险引起的过度投资；相反，在坏的固定汇率制度下，不能稳定汇率、价格和利率，银行道德风险会造成过度投资，使超级风险溢价变大。

道德风险模型指出货币危机爆发的原因实质上是危机国家制度扭曲，由道德风险引发的金融过度必然导致泡沫破灭后的外资退出，引发货币危机。解决货币危机只能依靠本国经济结构调整，如果依靠国际社会援助，只能进一步加剧道德风险。同时，预防货币危机的发生应该取消政府担保以及加强本国金融监管。

2.6.3.2 流动性危机模型

Chang & Velasco (1998) 创设出流动性危机模型，认为新兴市场国家发生货币危机是由于国际流动性不足引发的危机"自我实现"[30]。具体来说，一国金融体系内国际资产和国际负债的期限不匹配，则该国金融体系就处于国际流动性不足的状态。当国内存款者和国外贷款者对本国银行体系持乐观态度时，本国银行就能够将非流动性资产持有到期，并按时偿还债务；相反，当国内存款者和国外贷款者对本国银行体系并不乐观，甚至因恐慌情绪而纷纷从本国银行挤提存款，同时国外贷款者拒绝将贷款延期，会导致本国银行因资金流动性不足而破产倒闭。实行固定汇率制的国家一旦发生银行挤兑，最终会将金融风险转嫁给中央银行，引发货币危机。

由流动性危机理论可知，防止发生货币危机就是要防止大规模、恐慌性资本流出，通过限制短期资本流动、国际组织援助和债务协商机制来防范和应对货币危机。

2.6.3.3 企业资产负债表模型

克鲁格曼（Krugman，1999）在其发表的文章《货币危机》（*Currency Crises*）和《资产负债表、传递问题和金融危机》（*Balance Sheets, the Transfer Problem and Financial Crises*）中指出，道德风险模型和流动性危机模型用于解释东南亚货币危机时，忽略了国际资本流动对实际汇率的影响进而影响到企业资产负债表[126][127]。该理论认为，货币危机的爆发源于投资者信心的丧失传递到市场，引发市场贬值预期，最终引发货币危机。亚洲金融危机的爆发源于企业产品销售下滑、银行贷款利率上升、本币汇率贬值等因素的影响导致企业的资产负债表恶化，出现财务危机，从而抑制企业投资行为。亚洲金融危机中破产的银行并非因为前期投资失误，而是缘于生产企业的高负债经营以及本国金融体系的脆弱性。因此，预防货币危机的关键在于控制短期债务和外债总量。

2.6.3.4 货币危机传染理论

Banerjee（1992）、Masson（1998）等认为货币危机具有传染性和扩散性，并提出了"季风效应""溢出效应""传染效应"等理论[128][129]。Eichengreen & Rose & Wyplose（1996）等通过实证方法验证了货币危机所具有的不同"传染"渠道及其有效性[67]。该理论认为，货币危机的传染性说明投资者行为具有非理性，A 国发生货币危机会恶化 B 国的基本因素。一方面，A 国可以通过贸易、就业等渠道把危机"传染"给 B 国，例如东南亚货币危机中泰铢危机传染给了其他东南亚国家；另一方面，具有相同政治、文化背景的国家之间会通过"羊群效应"传染危机，1992 年的欧洲货币体系危机就证明了这一点。国际投机商也常常会将注意力投向与发生货币危机国家有着相似经济基础或经济政策的国家，把危机进一步扩散和传染到这些国家。

2.6.3.5 理论评价

由前文的理论分析可以看出，第一代货币危机理论侧重于强调经济基本面，第二代货币危机理论侧重于强调货币危机自身的性质、信息以及市场信心，而第三代货币危机理论则侧重于强调国内金融体系与私人部门，尤其是企业。第三代货币危机理论较全面地诠释了 1997 年亚洲金融危机爆发的根源在于国内脆弱的金融体系、企业财务状况恶化、亲缘政治以及由信息不对称、"羊群效应"、流动性危机等导致的货币危机传染性。但是，第三代货币危机理论对于存在资本管制的国家发生货币危机的可能性及渠道缺乏研究，并且在模型中未考虑影响投资者心理预期的因素，诸如政治、信息、新闻等。

2.7　本章小结

第 2 章是对货币竞争与货币危机关系的理论梳理，是本书的理论基础。首先对货币竞争与货币危机的概念进行了界定，进而着重分析了国外学者有关货币竞争的主要理论贡献，包括国际货币竞争法则——"反格雷欣法则"以及从单极到多极的各类货币竞争模型，并从综合实力、货币特性、国际政治、货币规模效应等多个视角概括总结了影响国际货币竞争力的主要因素，最终归纳出国际货币竞争的三种形式，即三个层次（境内、区域、全球）的货币竞争，它成为本书后面章节的分析主线和重要理论支撑。本章最后还对 20 世纪 70 年代以来形成的较为完整的三代货币危机理论模型加以阐述和评价，为后文分析世界上历次货币危机的形成及原因提供理论依据，有助于提升人民币竞争力、有效防范和化解货币危机。

3 境内货币竞争现状及其发展趋势

对于开放经济体来说，国际上各种经济交往活动必然会引起境内本币与主要外币之间的经常性汇兑与收付，如果本国境内更多地使用外币作为计价结算货币和贮藏手段，且本币价值较低或不稳定，则很有可能出现境内本币与外币之间的货币竞争。本章将针对主要发达经济体和新兴市场经济体的境内货币竞争状况展开分析，并阐明境内货币竞争的发展趋势及其特征。

3.1 境内货币竞争及其研究对象

3.1.1 境内货币竞争的内涵

境内货币竞争是指一国（或地区）更多地使用外币作为计价结算货币和贮藏手段，且本币价值较低或不稳定而引起的境内本币与外币之间的竞争。境内货币竞争主要有两种表现形式：货币替代和反货币替代。货币替代是指一国居民因本币的币值不稳定或者本币资产收益率相对较低而进行大规模货币兑换活动，使外币在计价结算、交易媒介、价值贮藏等货币职能方面全部或部分地替代本币。货币替代是现代经济中的普遍现象，各国几乎不同程度地存在货币替代现象。反货币替代是指本国境内出现本币对外币的反替代现象，它是从货币替代的对立面提出的。货币替代与反货币替代都是开放经济下特有的现象，二者的本质都是货币竞争的结果。如果在一国内存在外币替代本币的正向选择，那么随着该国经济实力和货币竞争力的增强，居民在本币坚挺且存在升值趋势时，普遍看好本币并增持本币资产，国内的货币替代程度逐渐降低，则可能出现本币反过来替代外币的逆向选择，即一国国内的"去外币化"过程。因此，本书关于境内货币竞争的研究立足于货币替代与反货币替代两个视角，从静态和动态两个方

61

面分析发达经济体与新兴市场经济体境内货币竞争的不同趋势及特征，力求研究货币替代与反货币替代的交替发生过程，进而反映一国（或地区）境内货币竞争的剧烈程度。

3.1.2　境内货币竞争的研究对象

2019 年 9 月 16 日，国际清算银行（BIS）发布了最新的《全球外汇调查报告》[130]。①该报告显示，截至 2019 年 4 月，全球日均外汇交易量高达 6.6 万亿美元，创下历史新高，较 2016 年的 5.1 万亿美元同比增长 29%，外汇衍生品增长迅速，尤其是外汇掉期交易，远超外汇现货交易。全球外汇市场方面，保持在第一位的是英国，日均交易额是 3.58 万亿美元；排在第二的美国则为 1.37 万亿美元；新加坡外汇市场以 6330 亿美元排名第三；中国香港以 6320 亿美元位居第四；第五名为日本，日均交易量为 3760 亿美元。值得关注的是，中国上海以 1360 亿美元跻身全球第八大外汇交易中心。在外汇币种份额方面，美元仍保持全球货币主导地位，在所有交易货币中占比 88.3%，欧元交易份额有所上升，达到 32.3%。相比之下，日元份额虽有所下降，但仍是第三大活跃交易货币（占比 16.8%），此后分别是英镑（12.8%）、澳大利亚元（6.8%）、加拿大元（5%）和瑞士法郎（5%）（见图 3.1）。

根据国际清算银行 2019 年《全球外汇调查报告》的统计数据，新兴市场经济体（EMEs）货币再次扩大市场份额，占全球整体交易量的 25%，但人民币在全球排名并未出现进一步攀升，保持全球第八大货币地位，占比 4.3%，仅次于瑞士法郎。全球八大外汇交易中心依次是英国伦敦、美国纽约、新加坡、中国香港、日本东京、瑞士苏黎世、法国巴黎及中国上海。

本书选取了以下 23 个主要发达经济体和新兴市场经济体的境内货币竞争状况进行分析和比较（见表 3.1）。

---

① 国际清算银行每隔 3 年发布一次《全球外汇调查报告》。

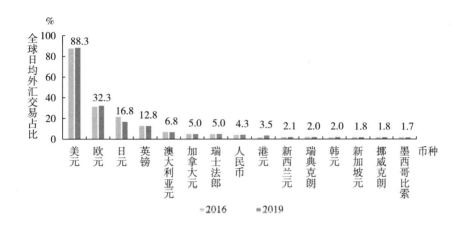

注：图中标注数据为2019年4月全球主要货币日均外汇交易占比。

图 3.1 全球外汇交易主要币种及其份额

（数据来源：国际清算银行. 全球外汇调查报告 ［EB/OL］. https：//www. bis. org/，2016）

表 3.1　　　　　　　选取的国家（或地区）及其货币代码

类型	国家（或地区）	货币	货币代码
发达经济体（12个）	美国（United States）	美元	USD
	欧元区（Euro Area）	欧元	EUR
	日本（Japan）	日元	JPY
	英国（United Kingdom）	英镑	GBP
	澳大利亚（Australia）	澳大利亚元	AUD
	加拿大（Canada）	加拿大元	CAD
	瑞士（Switzerland）	瑞士法郎	CHF
	瑞典（Sweden）	瑞典克朗	SEK
	新加坡（Singapore）	新加坡元	SGD
	中国香港（Hong Kong, China）	港元	HKD
	挪威（Norway）	挪威克朗	NOK
	韩国（Korea）	韩元	KRW

类型	国家（或地区）	货币	货币代码
新兴市场经济体（11 个）	中国（China）	人民币	CNY
	俄罗斯（Russia Federation）	俄罗斯卢布	SUR
	印度（India）	印度卢比	INR
	巴西（Brazil）	巴西雷亚尔	BRL
	南非（South Africa）	南非兰特	ZAR
	墨西哥（Mexico）	墨西哥比索	MXN
	泰国（Thailand）	泰铢	THB
	菲律宾（Philippines）	菲律宾比索	PHP
	印度尼西亚（Indonesia）	印度尼西亚卢比	IDR
	土耳其（Turkey）	新土耳其里拉	YTL
	阿根廷（Argentina）	阿根廷比索	ARS

资料来源：根据国际标准组织（ISO）货币代码整理得到。

表 3.1 中列出了 23 个经济体，其中包括 12 个发达经济体和 11 个新兴市场经济体。本书通过国际货币基金组织（IMF）、世界银行（WB）、国际清算银行（BIS）、相关国家或地区的中央银行网站等搜集了上述 23 个经济体的相关数据，采用国内外常用的货币替代与反货币替代的估算方法，计算得出 23 个经济体的货币替代率和反货币替代率，进一步分析发达经济体和新兴市场经济体在境内货币竞争中的发展状况及其不同特征。

货币替代率的计算公式如下：

$$CS = \frac{FD}{M3} \times 100\% \tag{3.1}$$

式（3.1）中，CS 表示货币替代率，用百分数表示；FD 表示本国（或地区）金融体系内居民和非居民的外币存款总额；$M3$ 表示国际组织使用的广义货币供应量。CS 是运用一国（或地区）的境内外币存款占金融资产的份额来表示本国（或地区）货币替代程度。CS 的数值越大，表明本国（或地区）的境内货币竞争越明显，境内使用的外币数量越多，本币被外币取代的可能性越大。

反货币替代率的计算公式如下：

$$ACS = \frac{FR}{M3} \times 100\% \tag{3.2}$$

式（3.2）中，ACS 表示反货币替代率，用百分数表示；FR 表示本国（或地区）外汇储备增加额；M3 表示国际组织使用的广义货币供应量。式（3.2）在一定程度上反映了一国（或地区）境内本币反过来替代外币的程度。当 ACS > 0 时，说明本国（或地区）外汇储备量增加，本币反过来替代外币。ACS 的数值越大，表明本国（或地区）货币竞争力越强，本币被外币替代的可能性越小。当 ACS < 0 时，说明本国（或地区）外汇储备量减少，本币被外币替代，表明本国（或地区）的境内货币竞争加剧，外币替代本币的需求加大。当 ACS = 0 时，说明本国（或地区）外汇储备量没有变化，表明本国（或地区）当前未发生明显的反货币替代现象，境内货币竞争状况基本保持不变。因此，只有当 ACS > 0，即本国（或地区）的外汇储备量增加时，才表明本国（或地区）出现了反货币替代现象，且 ACS 的数值越大，反货币替代程度越高。

3.2 发达经济体的境内货币竞争状况

本书通过查阅相关国际组织和中央银行官网的数据，深入分析了 12 个发达经济体在 2001—2017 年的货币替代和反货币替代状况，希望以此得出一些重要的结论与启示。

3.2.1 发达经济体的货币替代状况

根据表 3.1 中列出的 12 个主要发达经济体在 2001—2017 年的境内居民与非居民外币存款总额（用 FD 表示）和国际组织使用的广义货币供应量（用 M3 表示），运用式（3.1）求出 12 个发达经济体的货币替代率（见表 3.2）。

表 3.2　　　　主要发达经济体的货币替代率（2001—2017 年）　　　单位:%

年份	美国	欧元区	日本	英国	澳大利亚	加拿大	瑞士	瑞典	新加坡	中国香港	挪威	韩国
2001	1.66	0.42	7.74	165.99	30.08	18.94	219.21	84.17	381.23	90.15	15.49	16.89
2002	1.39	0.34	6.39	161.78	34.50	19.55	193.44	83.90	370.87	88.27	17.27	14.48
2003	1.00	0.19	6.33	182.80	46.99	16.85	174.49	68.36	354.05	90.78	20.25	15.01
2004	1.28	0.17	6.47	187.99	49.68	15.79	173.08	79.91	373.01	94.18	17.90	13.12
2005	1.28	0.12	9.68	194.76	49.24	17.91	199.78	75.01	375.11	89.58	21.83	9.71

年份	美国	欧元区	日本	英国	澳大利亚	加拿大	瑞士	瑞典	新加坡	中国香港	挪威	韩国
2006	1.87	0.16	9.40	183.06	55.14	18.60	212.66	70.42	323.52	86.63	25.94	12.89
2007	3.48	0.21	9.12	200.30	49.75	18.83	267.98	70.13	347.32	92.76	29.74	19.24
2008	3.51	0.17	9.18	205.68	56.82	21.31	183.33	102.26	296.06	101.69	82.57	25.18
2009	2.53	0.15	8.51	214.11	49.17	18.19	144.57	75.36	254.18	89.96	66.84	19.96
2010	2.11	0.17	8.48	214.25	43.63	18.10	111.92	80.45	239.84	101.20	56.37	18.19
2011	2.40	0.14	9.11	231.96	41.68	20.41	100.21	79.20	225.95	103.99	68.22	18.78
2012	1.74	0.10	11.56	204.68	39.06	21.28	83.94	73.19	246.18	98.77	65.62	14.17
2013	1.67	0.08	13.48	176.87	41.42	18.99	83.85	51.75	258.86	104.90	68.21	13.95
2014	1.57	0.06	15.03	197.57	45.04	23.50	81.09	63.80	259.46	103.60	76.93	15.14
2015	1.25	0.06	15.25	176.87	49.20	26.22	88.26	54.63	260.88	98.48	81.03	14.64
2016	1.17	0.11	16.39	192.98	46.18	27.53	89.30	54.11	244.28	96.48	74.50	14.02
2017	1.33	0.13	14.82	190.71	40.04	27.60	85.37	61.82	239.65	97.84	70.34	13.19
平均	1.84	0.16	10.41	193.08	45.15	20.56	146.62	72.26	297.09	95.84	50.53	15.80

数据来源：根据国际货币基金组织（IMF）、国际清算银行（BIS）、世界银行集团（WBG）、美联储（FED）、欧洲央行（ECB）及部分国家中央银行官方网站相关数据整理计算得到。

运用 Stata 14.0 统计分析软件对表 3.2 中 12 个发达经济体在 2001—2017 年的货币替代率数据进行描述性统计分析，其结果如表 3.3 所示。

表 3.3　　　　　发达经济体的货币替代率描述性统计结果　　　单位:%

发达经济体	样本数	均值	标准差	最小值	最大值	偏度	峰度
美国	17	1.84	0.75	1.00	3.51	1.20	3.41
欧元区	17	0.16	0.09	0.06	0.42	1.52	4.94
日本	17	10.41	3.35	6.33	16.39	0.53	1.90
英国	17	193.08	18.11	161.78	231.96	0.22	2.71
澳大利亚	17	45.15	6.91	30.08	56.82	-0.41	2.83
加拿大	17	20.56	3.61	15.79	27.60	0.91	2.66
瑞士	17	146.62	60.30	81.09	267.98	0.37	1.87
瑞典	17	72.26	12.83	51.75	102.26	0.30	3.08
新加坡	17	297.09	58.04	225.95	381.23	0.33	1.40
中国香港	17	95.84	6.01	86.63	104.90	0.04	1.63
挪威	17	50.53	26.16	15.49	82.57	-0.25	1.30
韩国	17	15.80	3.59	9.71	25.18	0.94	3.96
总体平均	17	79.11	16.65	57.14	108.40	0.48	2.64

由表 3.3 可以看出，2001—2017 年，12 个发达经济体的平均货币替代率相差比较大。其中，新加坡最高，平均达到 297.09%；欧元区最低，平均为 0.16%。2001—2017 年货币替代率波动较大的是瑞士和新加坡，标准差分别为 60.30% 和 58.04%。从偏度和峰度来看，中国香港和挪威的货币替代率分布状况更接近正态分布，且中国香港为正偏态，挪威为负偏态。欧元区的货币替代率分布相比其他发达经济体呈较为显著的正偏态。从 12 个发达经济体总体情况来看，货币替代率平均值为 79.11%，平均标准差为 16.65%。

根据表 3.2 和表 3.3 的数据可以分别得出 2001—2017 年 12 个发达经济体年均货币替代率变化趋势以及每个经济体平均货币替代率比较（见图 3.2 和图 3.3）。

图 3.2　发达经济体年均货币替代率变化趋势（2001—2017 年）

（数据来源：根据表 3.2 中数据计算得到）

综合上述分析可以看出，进入 21 世纪，发达经济体的货币替代状况主要呈现出以下特点：

第一，发达经济体的年均货币替代率比较高，总体波动不大。图 3.2 中数据显示，12 个发达经济体的境内居民与非居民外币存款总额占广义货币供应量的年平均比例较高，基本保持在 69%～93%，平均为 79.11%，且变动不明显。这说明发达经济体的货币自由化程度以及金融市场开放度都非常高，能够吸引境内居民与非居民更多地持有外币充当计价结算和价值贮藏手段，且近年来发达经济体的本币币值较为稳定，外汇市场交易活跃，外币替代本币的程度

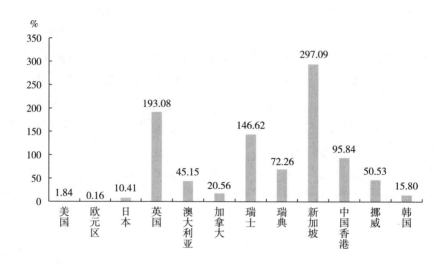

图 3.3　各发达经济体平均货币替代率比较（2001—2017 年）

（数据来源：根据表 3.3 中数据绘制）

并未发生显著变化。

第二，2007—2008 年，发达经济体的年均货币替代率达到 90% 以上，此后呈小幅下降趋势。这说明 2008 年后发达经济体为应对国际金融危机而采取量化宽松的货币政策，导致境内外币存款的数量相对本币数量有所下降，且 2015 年以来美国连续加息，也吸引全球美元大量回流美国，发达经济体的境内货币竞争状况总体得到一定程度改善。

第三，各个发达经济体的平均货币替代率存在较大差异。其中，平均货币替代率排在最低的 3 位分别为欧元区（0.16%）、美国（1.84%）、日本（10.41%），而英国、瑞士、新加坡的平均货币替代率均超过 100%，且新加坡最高，达到 297.09%。此外，中国香港的平均货币替代率为 95.84%，接近 100%。这说明：（1）美国、欧元区和日本的境内外币替代本币的程度很低，本币在境内占据绝对优势，境内金融市场的交易以本币为主；（2）英国、瑞士、新加坡、中国香港的境内金融市场开放度很高，是世界主要的国际金融中心和欧洲货币市场，境内外汇交易十分活跃，且外币存款数量超过或接近本币供应量，外币替代本币的程度很高，境内货币竞争激烈；（3）澳大利亚、加拿大、瑞典、挪威和韩国的年均货币替代率在 15% ~ 73%，外币替代本币程度较高，境内货币竞争较为显著。

3.2.2 发达经济体的反货币替代状况

如前文所述，反货币替代率在一定程度上反映一国（或地区）境内本币反过来替代外币的程度，它可以通过外汇储备增加额（FR）与国际组织使用的广义货币供应量（$M3$）之比来表示。这一比率上升，说明本国（或地区）外汇储备量增加，本币反过来替代外币，表明本国（或地区）货币竞争力逐渐增强，本币被外币替代的可能性下降；相反，这一比率下降，说明本国（或地区）外汇储备量减少，本币被外币所替代，表明本国（或地区）境内货币竞争加剧，外币替代本币的需求加大。因此，只有当这一比率上升，即本国（或地区）的外汇储备量增加时，表明本国（或地区）出现了反货币替代现象，且数值越大，反货币替代程度越高。

根据 2001—2017 年 12 个主要发达经济体的外汇储备增加额（FR）与国际组织使用的广义货币供应量（$M3$），运用式（3.2）求出 12 个发达经济体的反货币替代率（见表 3.4）。

表 3.4　　　　主要发达经济体的反货币替代率（2001—2017 年）　　　　单位:%

年份	美国	欧元区	日本	英国	澳大利亚	加拿大	瑞士	瑞典	新加坡	中国香港	挪威	韩国
2001	0.012	−0.43	0.52	−0.31	0.34	0.23	0	−1.30	−0.98	0.84	−2.89	1.30
2002	0.010	0.03	0.52	−0.06	−0.10	−0.09	0	0.37	1.09	−0.31	5.07	1.57
2003	0.009	−0.40	1.96	−0.11	1.55	−0.34	0	1.23	5.66	−0.05	0.31	3.40
2004	0.010	−0.10	1.64	0.07	0.31	−0.21	0	−0.40	9.36	0.50	3.57	4.19
2005	0.009	−0.09	0.30	0.20	1.56	0.25	−3.70	0.62	9.20	−0.31	3.04	2.01
2006	0.010	0.13	0.38	−0.01	1.61	0.11	0.11	0.55	9.70	1.48	2.95	1.78
2007	0.013	0.09	0.41	0.09	−4.07	0.25	0.66	−0.07	9.14	1.05	0.37	1.12
2008	0.015	0.03	0.26	−0.16	0.43	0.08	0.59	0.56	5.46	3.54	0.86	−5.01
2009	0.008	−0.06	0.06	−0.21	0.32	0.07	6.45	3.92	3.73	9.25	−4.65	4.80
2010	0.006	0.06	0.32	0.34	0.03	0.16	16.27	−0.48	13.30	0.83	1.46	1.85
2011	−0.005	−0.01	1.15	0.28	0.25	0.35	6.32	0.04	4.86	1.07	−1.43	0.82
2012	0.004	0.13	−0.26	0.42	0.15	0.07	19.92	0.12	6.56	2.10	0.15	0.75
2013	0.003	0.07	0.34	0.28	0.37	0.20	1.39	3.81	4.50	0.57	1.13	0.91
2014	0.002	0.10	0.10	0.44	0.30	0.27	3.79	0.27	1.76	1.26	2.88	0.97
2015	0.002	0.17	0.07	1.16	−0.15	0.46	10.11	0.46	0.33	2.42	−2.31	0.65
2016	0.0004	0.16	−0.08	0.35	0.62	0.28	8.07	1.52	−0.51	0.07	1.30	0.38
2017	0.0003	0.02	0.22	0.28	0.54	0.05	5.91	0.00	6.26	1.82	−0.14	0.18
平均	0.0064	−0.01	0.47	0.18	0.24	0.13	4.46	0.66	5.26	1.54	0.69	1.27

数据来源：根据国际货币基金组织、国际清算银行、世界银行集团、美联储、欧洲央行以及部分发达国家中央银行官方网站相关数据整理计算得到。

运用 Stata 14.0 统计分析软件对表 3.4 中 12 个发达经济体 2001—2017 年的反货币替代率数据进行描述性统计分析，其结果如表 3.5 所示。

表 3.5 　　　　　　发达经济体的反货币替代率描述性统计结果 　　　　单位：%

发达经济体	样本数	均值	标准差	最小值	最大值	偏度	峰度
美国	17	0.0064	0.0054	−0.005	0.015	−0.36	2.33
欧元区	17	−0.01	0.17	−0.43	0.17	−1.49	4.32
日本	17	0.47	0.59	−0.26	1.96	1.43	4.18
英国	17	0.18	0.34	−0.31	1.16	1.16	5.02
澳大利亚	17	0.24	1.24	−4.07	1.61	−2.47	10.00
加拿大	17	0.13	0.20	−0.34	0.46	−0.76	3.26
瑞士	17	4.46	6.31	−3.70	19.92	1.14	3.54
瑞典	17	0.66	1.37	−1.30	3.92	1.40	4.40
新加坡	17	5.26	4.06	−0.98	13.30	0.12	2.20
中国香港	17	1.54	2.23	−0.31	9.25	2.58	9.61
挪威	17	0.69	2.50	−4.65	5.07	−0.37	2.70
韩国	17	1.27	2.08	−5.01	4.80	−1.23	6.41
总体平均	17	1.24	1.76	−1.78	5.14	0.10	4.83

由表 3.5 可以看出，2001—2017 年，12 个发达经济体的平均反货币替代率相差并不大。其中，新加坡最高，平均为 5.26%；欧元区最低，平均为 −0.01%，接近 0。平均反货币替代率越高，说明发达经济体的本币替代外币的能力越强；相反，平均反货币替代率越接近 0，说明发达经济体的本币替代外币的能力变化不大。2001—2017 年反货币替代率波动较大的是瑞士和新加坡，标准差分别为 6.31% 和 4.06%。从偏度和峰度来看，美国和新加坡的反货币替代率分布状况更接近正态分布，且美国为正偏态，新加坡为正偏态。澳大利亚的反货币替代率分布相比其他发达经济体呈较为显著的负偏态，而中国香港呈较为显著的正偏态。

根据表 3.4 和表 3.5，可以求出 2001—2017 年 12 个发达经济体的年均反货币替代率以及各个经济体平均反货币替代率的变化趋势（见图 3.4 和图 3.5）。

综合上述分析可以看出，进入 21 世纪以来，发达经济体的反货币替代状况主要呈现出以下特点：

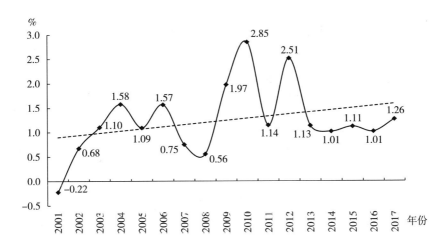

图 3.4 发达经济体年均反货币替代率变化趋势（2001—2017 年）

（数据来源：根据表 3.4 中数据计算得到）

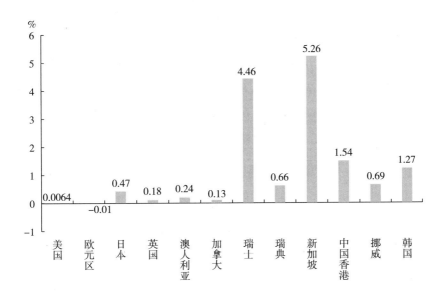

图 3.5 各发达经济体平均反货币替代率比较（2001—2017 年）

（数据来源：根据表 3.5 中数据绘制）

第一，发达经济体的反货币替代率总体较低，年均变动不大。图 3.4 中数据显示，发达经济体的外汇储备增加额占广义货币供应量的比例，基本保持在 −0.22% ~2.85%，平均为 1.24%，且变化不大。这说明发达经济体的本币往往是国际间对外贸易与投资的主要结算货币，外汇储备并不构成其主要的国际储备资产，发达经济体内本币替代外币（即"去外币化"）的趋势并不明显。

第二，2008 年以来，发达经济体的年均反货币替代率呈小幅上升趋势，2010 年达到最高值 2.85%。这说明 2008 年后发达经济体为应对国际金融危机而采取量化宽松的货币政策，致使国内市场本币贬值、外币升值，货币当局为对冲外汇储备增加而投放的外汇占款数量就会增加，境内货币竞争状况有小幅改善。

第三，大多数发达经济体的平均反货币替代率水平很低。除了瑞士、新加坡、中国香港和韩国以外，其余 8 个发达经济体的平均反货币替代率均不到 1%，例如：欧元区为 −0.01%，美国为 0.0064%。这说明：（1）美国和欧元区的反货币替代率几乎为 0，意味着美国和欧元区在对外经济交往活动中主要以本币计价结算，外汇占款较少，本币替代外币的程度极低，美元和欧元在本国（或地区）内具有稳定的货币地位；（2）日本、英国、澳大利亚、加拿大、瑞典、挪威的年均反货币替代率在 0.13%~0.69%，说明上述 6 个发达经济体的外汇储备增长缓慢，"去外币化"程度较低，本币的国内地位较为稳定；（3）瑞士、新加坡、中国香港和韩国的平均反货币替代率在 1.27%~5.26%，对外贸易与投资中较多使用外币计价结算，外汇占款较多，从而提高本币替代外币的程度，使境内货币竞争状况得到改善。

3.2.3 发达经济体的境内货币竞争比较

综上所述，发达经济体的境内货币竞争既存在共性，也存在个性。从共性角度分析，由图 3.2 和图 3.4 的比较可以看出，2001—2017 年 12 个发达经济体的年均货币替代率与反货币替代率的变动总体呈负相关。长期来看，货币替代率较高，且呈小幅下降趋势；反货币替代率较低，且呈小幅上升趋势。这说明主要发达经济体境内外币存款相对减少，本币数量相对增加，境内货币竞争压力降低。从个性角度分析，各发达经济体的实际情况有所不同，由图 3.3 和图 3.5 的比较可分为以下三种情况：第一种是货币替代率与反货币替代率均很低的国家（或地区），包括美国、欧元区、日本、澳大利亚、加拿大、瑞典、挪威；第二种是货币替代率和反货币替代率一高一低的国家，包括英国、韩国；第三种是货币替代率与反货币替代率均很高的国家（或地区），包括新加坡、瑞士、中国香港。

以下将结合上述三种情况，分别以美国、英国、新加坡为例，分析2001—2017 年以来 3 个国家的境内货币竞争状况，并进行比较分析。

3.2.3.1 美国、英国、新加坡的货币替代分析

（1）货币供应量与货币替代率的变动关系

根据国际货币基金组织、国际清算银行、世界银行集团以及美国联邦储备银行的官方数据可以得到 2001—2017 年美国、英国、新加坡的广义货币供应量（$M3$）与货币替代率（CS）之间的变动关系如图 3.6、图 3.7、图 3.8所示。

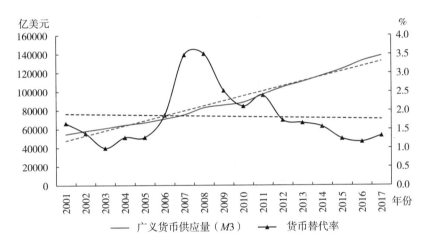

图 3.6 美国货币供应量与货币替代率的关系（2001—2017 年）

（数据来源：国际货币基金组织、世界银行集团、美联储的官方网站）

由图 3.6 可以看出，2001—2017 年，美国的广义货币供应量（$M3$）呈现持续增长趋势。货币替代率在 2003—2008 年和 2010—2011 年两个阶段出现较明显的上升趋势，其余年份均出现下降。从总体来看，美国广义货币供给量（$M3$）的增长速度略快于美国货币替代率的下降速度。这说明美国金融机构外币存款增长速度小于本币供应量的增长速度，境内货币竞争并不显著，货币替代率与货币供应量增长总体负相关，若美元供给量增加，美国的国内货币竞争下降。但这一变化特征在 2008 年国际金融危机爆发前以及后金融危机时期出现例外，这两个时期的美国广义货币供应量与货币替代率之间正相关，若美元

供给量增加，美国金融机构外币存款快速增长，美国境内货币竞争加剧。这是由于美国境内宽松的货币政策以及更加活跃的金融市场交易引起国内金融机构外币存款增加，致使国内货币竞争状况有所加剧。

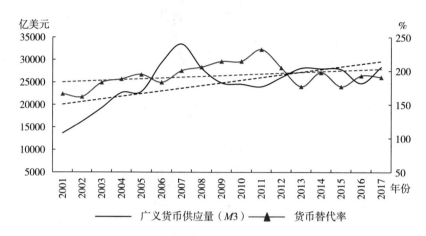

图 3.7　英国货币供应量与货币替代率的关系（2001—2017 年）

（数据来源：国际货币基金组织、世界银行集团的官方网站）

由图 3.7 可以看出，2001—2007 年，英国的广义货币供应量呈现明显的增长趋势，但 2008 年国际金融危机爆发后出现小幅震荡。货币替代率很高，保持在 161%～215%，长期来看略有下降，且货币替代率的变动与广义货币供应量的变动在 2005 年以后总体负相关，二者波幅相差不大。这说明英国的金融市场开放度极高，境内的外币替代本币现象十分显著。英镑供给量的变化，对于英国的国内货币竞争影响较小。

由图 3.8 可以看出，2001—2012 年，新加坡的广义货币供应量呈现明显的增长趋势，2013—2017 年增长放缓，且 2015 年有所下降。新加坡国内货币替代率极高，保持在 225%～382%，长期来看有下降趋势。除 2003—2005 年、2007 年、2011—2014 年以外，货币替代率的变动与广义货币供应量的变动总体负相关，二者波幅相差较大。这说明新加坡的金融市场开放度极高，境内的外币替代本币现象十分显著。随着新加坡货币供给量的不断增加，国内货币竞争有所削弱。

（2）金融机构外币存款与货币替代率的变动关系

根据国际货币基金组织、国际清算银行、世界银行集团以及美国联邦储备

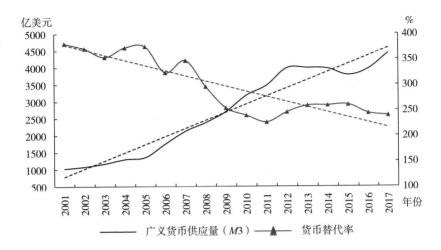

图 3.8 新加坡货币供应量与货币替代率的关系（2001—2017 年）

（数据来源：国际货币基金组织、世界银行集团的官方网站）

银行的官方数据可以得到 2001—2017 年美国、英国、新加坡的金融机构外币存款（*FD*）与货币替代率（*CS*）之间的变动关系如图 3.9、图 3.10、图 3.11 所示。

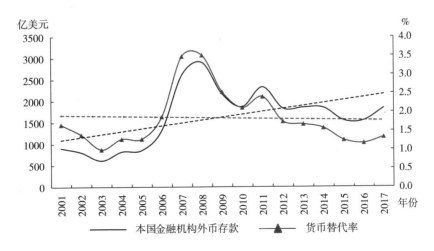

图 3.9 美国金融机构外币存款与货币替代率的关系（2001—2017 年）

（数据来源：国际货币基金组织、国际清算银行、世界银行集团、美联储的官方网站）

由图 3.9 可以看出，2001—2017 年，美国金融机构外币存款数量呈现波动，在 2003—2008 年、2010—2011 年、2016—2017 年三个阶段出现较明显的上升趋势，其余年份有所下降，这与美国同期货币替代率的变动方向基本吻合，且2013—2017年美国金融机构外币存款的变动幅度逐渐大于货币替代率的变动幅度。这说明美国金融机构的居民与非居民外币存款数量的变化基本反映出美国的货币竞争状况，且美国的境内货币竞争并不显著。

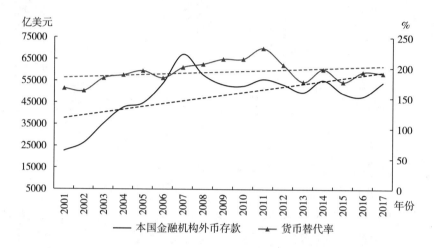

图3.10　英国金融机构外币存款与货币替代率的关系（2001—2017年）

（数据来源：国际货币基金组织、国际清算银行、世界银行集团的官方网站）

由图3.10可以看出，2001—2007年，英国金融机构外币存款数量呈现较快增长，但2008年国际金融危机爆发后外币存款数量先降后小幅震荡，2017年呈上升趋势。英国金融机构外币存款数量与同期货币替代率的变动基本正相关，但2005—2006年、2007—2010年、2015—2017年二者的变动方向相反。从长期来看，英国金融机构外币存款增长速度快于货币替代率的增长速度，这说明英国广义货币供应量的增长速度要慢于国内金融机构外币存款数量的增长，英国的境内货币竞争十分激烈。

由图3.11可以看出，2001—2007年，新加坡金融机构外币存款数量稳步增长，但2008年国际金融危机爆发后外币存款数量有所下降，2009年后呈现先增长后小幅下降的趋势，2016—2017年又转向上升趋势。总体来看，这与新加坡货币替代率的变动成较明显的负相关，但二者差距逐渐缩小，说明新加坡广义货币供应量的增长速度明显快于国内金融机构外币存款数量的增长，新加坡的境内货币竞争有所削弱。

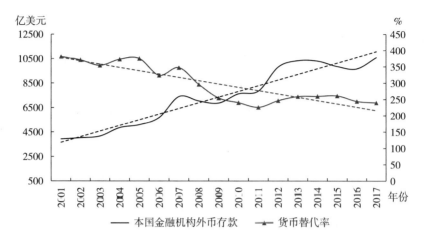

图 3.11 新加坡金融机构外币存款与货币替代率的关系（2001—2017 年）

（数据来源：国际货币基金组织、国际清算银行、世界银行集团的官方网站）

3.2.3.2 美国、英国、新加坡的反货币替代分析

（1）货币供应量与反货币替代率的变动关系

根据国际货币基金组织、世界银行集团以及美国联邦储备银行的官方数据可以得到 2001—2017 年美国、英国和新加坡的外汇储备增加额（FR）的年末数据，并计算得出 3 个国家的广义货币供应量（$M3$）与反货币替代率（ACS）二者之间的变动关系如图 3.12、图 3.13 和图 3.14 所示。

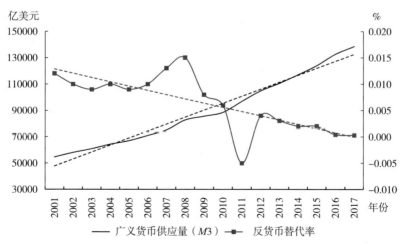

图 3.12 美国货币供应量与反货币替代率的关系（2001—2017 年）

（数据来源：国际货币基金组织、世界银行集团、美联储的官方网站）

由图 3.12 可以看出，2001—2017 年，美国的广义货币供应量（M3）总体呈现增长趋势，反货币替代率在 2006—2008 年和 2011—2012 年两个阶段出现明显上升，其余年份基本呈下降趋势，其中 2008—2011 年出现较大幅度下降。这说明美国的本币反替代外币状况并不明显，反货币替代率与货币供应量增长负相关。若美元供给量增加，会导致美元贬值，反货币替代率下降，甚至为负数，说明本币反替代外币减少，甚至转向外币替代本币。由于反货币替代率接近 0，美国国内货币竞争并不显著。

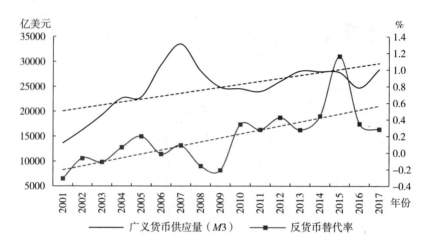

图 3.13　英国货币供应量与反货币替代率的关系（2001—2017 年）

（数据来源：国际货币基金组织、世界银行集团、美联储的官方网站）

由图 3.13 可以看出，2001—2017 年，英国的广义货币供应量在 2001—2007 年呈现快速增长趋势，但 2008 年开始出现大幅回落，2011—2014 年又小幅回升，2015 年以后呈先降后升的趋势。英国的反货币替代率总体呈现震荡上升的趋势，但在 2008—2009 年和 2015—2016 年两个阶段出现大幅下降。总体来看，英国的反货币替代率与货币供应量增长正相关，且二者均呈长期上升趋势。这说明英国的本币反替代外币状况较为明显，但反货币替代率较小，部分年份出现外币替代本币的现象。

由图 3.14 可以看出，2001—2017 年，新加坡的广义货币供应量总体呈现增长趋势（2015 年除外），反货币替代率在 2001—2004 年、2009—2010 年、2016—2017 年三个阶段出现大幅上升，总体来看震荡明显。这说明新加坡的本币反替代外币状况明显。长期来看，反货币替代率与货币供应量增长负相

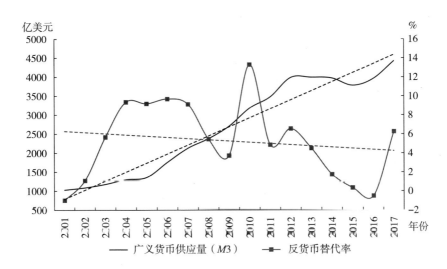

图 3.14　新加坡货币供应量与反货币替代率的关系（2001—2017 年）

（数据来源：国际货币基金组织、世界银行集团、美联储的官方网站）

关，若新加坡元供给量增加，会导致新加坡元贬值，反货币替代率下降，甚至为负数，说明本币替代外币减少，甚至转向外币替代本币，使国内货币竞争加剧。

（2）外汇储备增加额与反货币替代率的变动关系

根据国际货币基金组织、世界银行集团以及美国联邦储备银行的官方数据可以得到 2001—2017 年美国、英国和新加坡的外汇储备增加额（FR）的年末数据，通过计算可以得出 3 个国家的外汇储备增加额（FR）与反货币替代率（ACS）二者之间的变动关系如图 3.15、图 3.16 和图 3.17 所示。

由图 3.15 可以看出，2001—2017 年，美国外汇储备增长缓慢，在 2006—2008 年和 2011—2012 年两个阶段出现较明显的上升趋势，其余年份有所下降，尤其是 2008 年国际金融危机爆发后，美国外汇储备增加额大幅减少，2011 年甚至出现负增长，2012—2017 年持续下降到接近 0。美国外汇储备增加额的变动与同期反货币替代率的变动趋势基本吻合，二者成较为明显的正相关，长期来看美国外汇储备增加额与反货币替代率均呈下降趋势。这说明美国外汇储备数量的变化基本反映出美元反替代外币的状况，且反货币替代率接近 0，美元对外币的反替代并不明显，美国国内货币竞争并不明显。

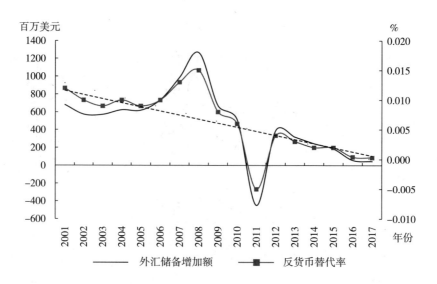

图 3. 15 美国外汇储备增加额与反货币替代率的关系（2001—2017 年）

（数据来源：国际货币基金组织、世界银行集团、美联储的官方网站）

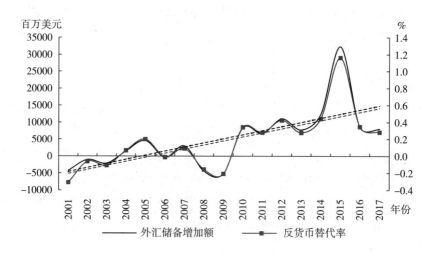

图 3. 16 英国外汇储备增加额与反货币替代率的关系（2001—2017 年）

（数据来源：国际货币基金组织、世界银行集团、美联储的官方网站）

由图 3. 16 可以看出，2001—2014 年，英国外汇储备由最初的负增长缓慢上升为正增长，2014—2015 年外汇储备大幅增加，2015—2016 年外汇储备增加额明显下降。英国外汇储备增加额的变动与同期反货币替代率的变动成显著正相关。长期来看，英国外汇储备增加额与反货币替代率均呈上升趋势。这说明英国外汇储备数量的变化能够反映出英镑反替代外币的状况，且英国国内英镑对外币的反替代程度较低。

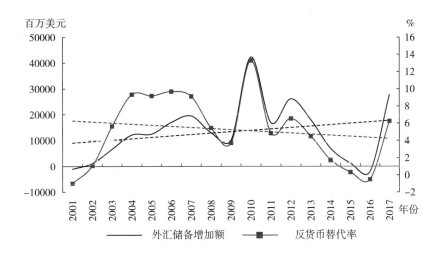

图 3.17　新加坡外汇储备增加额与反货币替代率的关系（2001—2017 年）

（数据来源：国际货币基金组织、世界银行集团、美联储的官方网站）

　　由图 3.17 可以看出，2001—2017 年，新加坡的外汇储备增长状况与反货币替代率的变动总体正相关，但 2002—2007 年新加坡外汇储备增长速度快于反货币替代率，2008 年国际金融危机爆发后，二者均出现大幅下降，2010 年出现较大反弹，此后震荡下行，2016—2017 年二者均出现大幅上升。总体来看，新加坡外汇储备增加额与反货币替代率均呈明显的波动态势，近年来二者上升趋势显著，相关度提高。这说明新加坡外汇储备数量的变化更加能够反映新加坡元反替代外币的状况，2017 年以来新加坡国内货币竞争状况有所加剧。

3.3　新兴市场经济体的境内货币竞争状况

　　本书通过查阅国际组织和央行官网的相关数据，深入分析了 11 个新兴市场经济体 2001—2017 年的货币替代和反货币替代状况，由此分析出新兴市场经济体境内货币竞争的发展趋势及特征。

3.3.1 新兴市场经济体的货币替代状况

根据上节表 3.1 中列出的 11 个新兴市场经济体 2001—2017 年境内居民与非居民外币存款总额（用 FD 表示）和国际组织使用的广义货币供应量（用 $M3$ 表示），运用上节中式（3.1）求出 11 个新兴市场经济体的货币替代率（见表 3.6）。

表 3.6　　　　新兴市场经济体的货币替代率（2001—2017 年）　　　　单位:%

年份	中国	墨西哥	俄罗斯	印度	巴西	南非	泰国	菲律宾	印度尼西亚	土耳其	阿根廷
2001	13.20	3.66	208.48	6.69	10.98	39.60	10.63	32.00	13.45	76.93	68.63
2002	12.18	4.51	164.23	6.73	17.90	25.18	8.54	29.59	10.28	66.31	3.37
2003	10.55	5.72	130.30	6.10	13.85	18.09	6.12	31.03	9.89	54.34	5.26
2004	10.25	6.14	103.28	6.36	9.18	14.22	5.93	33.01	11.66	52.42	8.15
2005	9.64	13.68	91.31	6.01	8.59	13.93	6.07	30.89	11.17	43.11	7.28
2006	9.11	11.34	65.44	5.35	8.12	13.92	4.77	24.44	11.26	47.19	8.23
2007	8.44	11.17	63.53	5.08	9.56	11.29	4.00	19.38	13.76	42.29	8.79
2008	6.96	10.90	72.71	4.38	11.62	14.25	4.67	21.31	18.61	43.76	11.14
2009	5.98	11.17	60.41	4.10	5.48	11.32	5.28	21.20	18.67	39.07	13.16
2010	5.41	10.37	50.37	3.75	7.38	8.67	7.26	19.93	18.31	38.55	13.50
2011	5.48	10.60	46.94	3.42	8.13	10.75	6.67	18.36	19.73	45.92	9.83
2012	5.79	9.56	43.16	3.49	8.12	10.97	8.86	16.74	20.37	44.90	7.05
2013	5.61	10.03	47.39	4.83	8.59	13.12	10.43	14.40	26.14	54.31	5.89
2014	5.70	10.62	64.61	4.70	9.76	15.54	9.65	15.84	26.38	56.90	6.84
2015	4.64	12.65	61.84	4.82	12.11	21.74	9.78	15.59	26.67	65.45	9.08
2016	4.43	14.93	48.07	3.56	8.61	14.78	9.31	16.04	26.09	65.56	16.89
2017	4.27	16.51	35.42	3.24	7.80	11.66	9.67	24.44	25.02	68.59	16.85
平均	7.51	10.21	79.85	4.86	9.75	15.83	7.51	22.60	18.09	53.27	12.94

数据来源：根据国际货币基金组织、国际清算银行以及部分新兴市场经济体中央银行官方网站相关数据整理计算得到。

运用 Stata 14.0 统计分析软件对表 3.6 中 11 个新兴市场经济体 2001—2017 年的货币替代率数据进行描述性统计分析，其结果见表 3.7。

表 3.7　　　　　　　新兴市场经济体的货币替代描述性统计结果　　　　　单位:%

新兴市场经济体	样本数	均值	标准差	最小值	最大值	偏度	峰度
中国	17	7.51	2.83	4.27	13.20	0.64	2.11
墨西哥	17	10.21	3.50	3.66	16.51	-0.31	2.57
俄罗斯	17	79.85	47.23	35.42	208.48	1.58	4.56
印度	17	4.86	1.19	3.24	6.73	0.22	1.74
巴西	17	9.75	2.89	5.48	17.90	1.37	4.89
南非	17	15.83	7.38	8.67	39.60	2.17	7.45
泰国	17	7.51	2.22	4.00	10.63	-0.07	1.54
菲律宾	17	22.60	6.47	14.4	33.01	0.39	1.67
印度尼西亚	17	18.09	6.29	9.89	26.67	0.12	1.53
土耳其	17	53.27	11.66	38.55	76.93	0.50	2.06
阿根廷	17	12.94	14.85	3.37	68.63	3.35	13.17
总体平均	17	22.04	9.68	11.90	47.12	0.91	3.94

　　根据表 3.6 和表 3.7 的数据可以分别求出 2001—2017 年 11 个新兴市场经济体的平均货币替代率以及各个经济体年均货币替代率的变化趋势（见图 3.18 和图 3.19）。

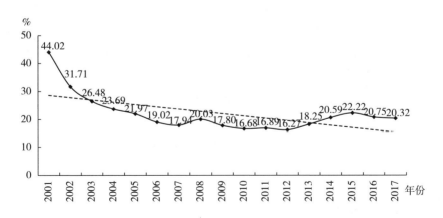

图 3.18　新兴市场经济体平均货币替代率变化趋势（2001—2017 年）

（数据来源：根据表 3.6 中数据计算得到）

　　综合上述分析可以看出，与发达经济体相比，新兴市场经济体的货币替代

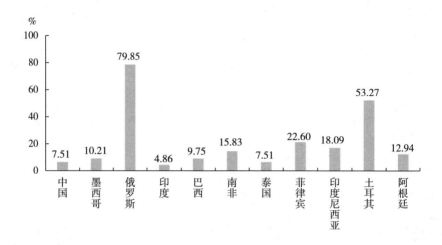

图 3.19　各新兴市场经济体年均货币替代率比较（2001—2017 年）

（数据来源：根据表 3.7 中数据绘制）

状况主要呈现以下特点：

第一，新兴市场经济体的货币替代率总体低于发达经济体。图 3.18 中数据显示，新兴市场经济体的境内居民与非居民外币存款总额占广义货币供应量的比例并不高，基本保持在 15%～45%，平均为 22.04%，远低于发达经济体 79.11% 的平均货币替代率水平。这说明新兴市场经济体境内货币自由化程度以及金融市场开放度仍比较低，本币币值稳定性较弱，且存在一定程度的金融管制，境内外汇市场交易并不活跃，与外汇有关的金融产品数量较少，外币替代本币的程度较低。

第二，新兴市场经济体货币替代程度变化不大。亚洲金融危机以后，新兴市场经济体的平均货币替代率在 2002 年出现较大下滑，此后保持在 15%～25% 之间小幅震荡。2008 年国际金融危机爆发，使新兴市场经济体的平均货币替代率降到 16%，2014 年以后回升到 20% 左右。这说明两次金融危机的爆发导致国际资金从新兴市场流回发达国家。随着发达国家经济回暖，国际资金重新流向新兴市场经济体，但 2016—2017 年，由于美国率先退出了量化宽松（QE）的货币政策，欧盟国家也面临加息预期，使新兴市场经济体境内外币存款减少，货币替代程度出现下降趋势。

第三，各个新兴市场经济体的年均货币替代率存在一定的差异。由图

3.19 中的数据可以看出，除了俄罗斯（79.85%）和土耳其（53.27%）的年均货币替代率远超过 11 个新兴市场经济体的年均水平（22%）以外，其余 9 国都低于平均水平，其中，印度的年均货币替代率（4.86%）最低。这说明：（1）绝大多数新兴市场经济体境内居民与非居民对外币的依赖程度都比较低，本币在境内占据较大优势；（2）俄罗斯、土耳其两国的境内金融市场开放度比较高，境内居民与非居民的外汇交易较为活跃，外币替代本币的程度较高，境内货币竞争比较激烈；（3）印度、泰国、巴西三国的年均货币替代率低于10%，境内金融市场开放度较低，与外汇有关的交易品种和投资工具较少，境内货币竞争并不显著。

3.3.2　新兴市场经济体的反货币替代状况

尽管美日欧经济依然是世界经济增长的重要引擎，但是近年来新兴市场经济体已发展成为拉动世界经济增长的重要引擎，其对全球经济增长的贡献率不断攀升。根据国际货币基金组织的相关数据，近十年来新兴市场经济体的 GDP 对世界经济增长的贡献率一直超过 50%，国际贸易额占 40%，直接投资额占 60%，外汇储备占 70%。特别是 2008 年国际金融危机爆发后，新兴市场经济体更是力挽狂澜，对全球经济增长贡献率超过了 70%，世界经济重心逐步向新兴市场经济体转移。尽管新兴市场经济体在制造业上呈现出较好的发展势头，但在高端技术产业和金融业上仍处于弱势。2012 年随着美国退出量化宽松的货币政策，国际经济形势发生逆转，新兴市场经济体经济增速普遍放缓，但却为其调整经济结构和完善金融体制创造了有利时机。2015年 12 月美联储开启了美元加息和缩表的货币政策，外资的大规模流出使得新兴市场经济体境内外汇储备增速放缓甚至出现负增长，若境内金融机构外币存款同时下降，都会降低新兴市场经济体境内本币与外币之间的竞争力，缓解境内竞争压力。

为了更好地反映新兴市场经济体境内本币反替代外币的货币竞争状况，本书根据 2001—2017 年 11 个新兴市场经济体的外汇储备增加额（用 *FR* 表示）和国际组织使用的广义货币供应量（用 *M3* 表示），运用式（3.2）求出 11 个新兴市场经济体的反货币替代率（见表 3.8）。

表 3.8　　　　新兴市场经济体的反货币替代率（2001—2017 年）　　　单位:%

年份	中国	墨西哥	俄罗斯	印度	巴西	南非	泰国	菲律宾	印度尼西亚	土耳其	阿根廷
2001	2.47	4.74	11.57	3.13	1.12	0.13	1.01	1.10	-1.69	-3.62	-15.55
2002	3.47	3.03	12.64	5.80	0.05	-0.30	2.93	-0.54	3.77	7.21	-18.24
2003	4.16	4.31	19.60	6.63	2.64	0.34	0.00	0.26	3.61	3.53	6.66
2004	6.50	2.45	23.69	5.00	0.54	3.93	2.94	-1.42	-0.75	0.56	9.40
2005	7.20	4.34	24.42	2.83	0.78	3.31	2.79	5.63	-0.43	9.16	8.76
2006	6.45	0.98	27.92	4.34	4.22	1.93	5.38	5.01	4.70	2.68	10.36
2007	8.34	3.95	25.67	9.34	8.17	2.35	6.34	9.40	7.26	2.54	15.30
2008	6.88	3.2	-7.14	2.73	0.25	1.09	8.59	2.04	-1.12	-0.35	0.02
2009	4.28	0.04	-1.00	1.01	2.78	0.65	7.09	4.31	4.30	-0.36	-1.42
2010	4.28	6.27	4.71	0.95	2.63	1.21	7.85	12.30	11.04	3.19	3.39
2011	2.85	7.02	1.17	-0.37	3.01	1.70	-0.43	8.01	3.74	-0.48	-4.60
2012	0.64	4.22	2.77	-0.31	0.82	0.41	1.07	4.74	0.05	4.72	-2.27
2013	2.39	4.47	-1.90	0.74	-0.30	0.17	-1.05	2.74	-2.46	2.23	-7.65
2014	0.59	4.14	-14.00	2.38	0.60	0.56	-0.24	-1.41	4.55	-0.10	0.78
2015	-1.6	-3.83	0.34	2.63	0.15	-0.62	1.23	1.30	-0.33	-2.79	-3.66
2016	-2.01	-0.05	1.06	0.99	0.45	1.24	2.50	-0.19	3.25	0.20	9.53
2017	0.36	-1.28	2.44	0.35	0.28	0.62	1.44	-0.33	1.13	-2.34	8.75
平均	3.37	2.82	7.88	2.83	1.66	1.10	2.91	3.11	2.39	1.53	1.15

数据来源：根据国际货币基金组织、国际清算银行、世界银行集团以及部分新兴市场经济体中央银行官方网站相关数据整理计算得到。

运用 Stata 14.0 统计分析软件对表 3.8 中 11 个新兴市场经济体 2001—2017 年的反货币替代率数据进行描述性统计分析，其结果如表 3.9 所示。

表 3.9　　　　新兴市场经济体的反货币替代描述性统计结果　　　单位:%

新兴市场经济体	样本数	均值	标准差	最小值	最大值	偏度	峰度
中国	17	3.37	3.09	-2.01	8.34	-0.14	2.04
墨西哥	17	2.82	2.81	-3.83	7.02	-0.80	3.07
俄罗斯	17	7.88	12.52	-14.00	27.92	0.23	1.95
印度	17	2.83	2.67	-0.37	9.34	0.89	3.15
巴西	17	1.66	2.12	-0.30	8.17	1.83	6.17
南非	17	1.10	1.23	-0.62	3.93	0.89	3.12
泰国	17	2.91	3.06	-1.05	8.59	0.58	2.05
菲律宾	17	3.11	4.00	-1.42	12.30	0.83	2.78

新兴市场经济体	样本数	均值	标准差	最小值	最大值	偏度	峰度
印度尼西亚	17	2.39	3.56	-2.46	11.04	0.69	3.08
土耳其	17	1.53	3.42	-3.62	9.16	0.60	2.87
阿根廷	17	1.15	9.30	-18.24	15.30	-0.57	2.59
总体平均	17	2.80	4.34	-4.36	11.01	0.46	2.99

根据表3.8和表3.9的数据可以求出11个新兴市场经济体的平均反货币替代率和各经济体年均反货币替代率的变化趋势（见图3.20和图3.21）。

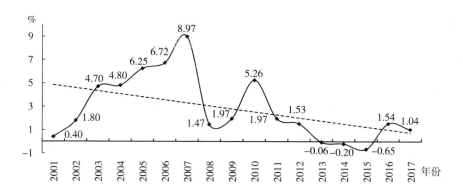

图3.20 新兴市场经济体平均反货币替代率变化趋势（2001—2017年）

（数据来源：根据表3.8和表3.9中数据计算得到）

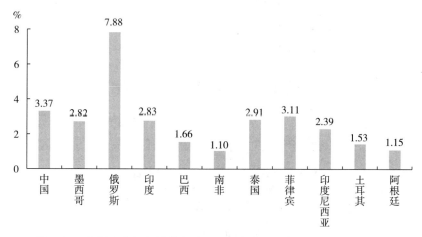

图3.21 各新兴市场经济体年均反货币替代率比较（2001—2017年）

（数据来源：根据表3.9中数据绘制）

综合上述分析可以看出，与发达经济体相比，新兴市场经济体的反货币替代状况主要呈现出以下特点：

第一，新兴市场经济体的平均反货币替代率总体高于发达经济体。图3.20中数据显示，2001—2017年，新兴市场经济体的平均反货币替代率在 -1%~9%之间出现较大波动，平均为2.8%，而发达经济体这一指标仅为1.24%。这说明新兴市场经济体的本币往往不是国际间对外贸易与投资的主要支付结算货币，外汇储备构成其主要的国际储备资产。进入21世纪以来，随着新兴市场经济体对外经济的迅速发展，外汇储备增长迅速，境内本币替代外币（即"去外币化"）的状况较为显著。

第二，新兴市场经济体的年均反货币替代率波动明显，呈现出先升后降的趋势。2001—2007年，这一指标由0.4%大幅上升到8.97%。2008年以来，受国际金融危机的影响，新兴市场经济体的年均反货币替代率大幅下降，仅在2010年超过5%，其余年份维持在 -1%~2%。这说明2008年后新兴市场经济体境内外汇储备增量下滑，同时国内为刺激经济投放了更多的本币，使新兴市场经济体境内本币替代外币的趋势不断减弱，境内货币竞争更加激烈。

第三，各个新兴市场经济体的年均反货币替代率存在一定差异。图3.21中数据显示，年均反货币替代率在3%以上的有：俄罗斯（7.88%）、中国（3.37%）、菲律宾（3.11%）。年均反货币替代率最低的两个国家是南非（1.10%）和阿根廷（1.15%）。这说明在11个新兴市场经济体中，除了俄罗斯、中国和菲律宾境内的本币反替代外币程度较高以外，其余8国境内"去外币化"程度比较低，境内货币竞争较为显著。

3.3.3 新兴市场经济体的境内货币竞争比较

根据11个新兴市场经济体2001—2017年货币替代率和反货币替代率由高到低进行排名，可以比较得出11个新兴市场经济体的境内货币竞争状况。

表3.10　　　　　　新兴市场经济体的境内货币竞争状况排名　　　　　单位:%

位次	新兴市场经济体	年均货币替代率	位次	新兴市场经济体	年均反货币替代率
1	俄罗斯	79.85	1	俄罗斯	7.88
2	土耳其	53.27	2	中国	3.37
3	菲律宾	22.60	3	菲律宾	3.11

位次	新兴市场经济体	年均货币替代率	位次	新兴市场经济体	年均反货币替代率
4	印度尼西亚	18.09	4	泰国	2.91
5	南非	15.83	5	印度	2.83
6	阿根廷	12.94	6	墨西哥	2.82
7	墨西哥	10.21	7	印度尼西亚	2.39
8	巴西	9.75	8	巴西	1.66
9	泰国	7.51	9	土耳其	1.53
10	中国	7.51	10	阿根廷	1.15
11	印度	4.86	11	南非	1.10

根据表 3.10 可以看出，通过对 2001—2017 年 11 个新兴市场经济体的年均货币替代率和年均反货币替代率进行排名，可以显示出如下结果：（1）俄罗斯和菲律宾的两项指标均靠前，分别居第 1 位和第 3 位，且远高于其他新兴市场经济体，这表明俄罗斯和菲律宾两国的境内货币竞争最为激烈，无论是外币替代本币还是本币反替代外币的程度都十分显著，两国经济发展状况极不稳定；（2）泰国、中国和印度 3 国的年均货币替代率排名靠后，分别居第 9 位、第 10 位和第 11 位，但这 3 国的年均反货币替代率排名靠前，分别居第 4 位、第 2 位和第 5 位，这表明泰国、中国和印度 3 国经济发展水平较高，本币的国内竞争力提高，不容易被外币替代；（3）土耳其、阿根廷和南非 3 国的年均货币替代率排名靠前，分别居第 2 位、第 5 位和第 6 位，但这 3 个国家的年均反货币替代率排名靠后，分别居第 9 位、第 10 位和第 11 位，这说明土耳其、阿根廷和南非 3 国的经济发展水平下降，受货币危机的影响，居民外币存款增加，本币的国内竞争力下降，容易被外币替代；（4）印度尼西亚、墨西哥、巴西 3 国的两项指标排名均接近中间位次，且差距不大，这说明印度尼西亚、墨西哥、巴西 3 国的经济发展较为平稳，居民外币存款未出现显著变化，国内货币竞争状况并不显著。

3.4 中国境内货币竞争状况

3.4.1 中国境内货币竞争总体状况及变化趋势

根据前文的计算结果，全球 23 个经济体境内本币竞争力排名前十位如表

3.11 所示。

表3.11			主要经济体境内本币竞争力排名前十位		单位:%
位次	经济体	货币替代率	位次	经济体	反货币替代率
1	欧元区	0.16	1	俄罗斯	7.88
2	美国	1.84	2	新加坡	5.26
3	印度	4.86	3	瑞士	4.46
4	中国	7.51	4	中国	3.37
4	泰国	7.51	5	菲律宾	3.11
6	巴西	9.75	6	泰国	2.91
7	日本	10.41	7	印度	2.83
8	墨西哥	10.21	8	墨西哥	2.82
9	阿根廷	12.94	9	印度尼西亚	2.39
10	南非	15.83	10	巴西	1.66

注:表中数据为2001—2017年各主要经济体的年均值,其中:货币替代率位次按照从小到大排列,反货币替代率位次按照从大到小排列,位次越靠前代表境内本币竞争力越强。

由表3.11可以看出,在23个主要经济体中,中国无论是货币替代率还是反货币替代率均排名第4位,说明我国境内不存在明显的外币替代本币现象,人民币在我国金融机构存款中占据绝对优势,且我国外汇储备不断增长,本币对外币的反替代作用显著,我国境内人民币竞争力很强。

2001—2017年,中国境内货币竞争变化趋势如图3.22所示。

由图3.22可以看出,2001—2017年,中国货币替代率总体呈现下降趋势,由2001年的13.2%逐步下降到2017年的4.27%,说明我国金融机构外币存款数量占广义货币供应量(M2)①的比例不断降低,境内货币竞争状况有所减弱。同时,中国的反货币替代率总体呈现先升后降的变动趋势,在经历了2001—2007年大幅上涨之后,2008年国际金融危机的爆发使我国外汇储备增量不断减少,甚至在2015—2016年出现了外汇储备的负增长,2017年小幅回升。总体来看,2008年以前,我国境内货币竞争状况有所缓和,但2008年后虽然货币替代率小幅下降,但由于外汇储备增量的减少引起反货币替代率大幅下降,削弱了我国境内"去外币化"程度。

---

① 本书中使用广义货币供应量 M2 来计算中国的货币替代率。

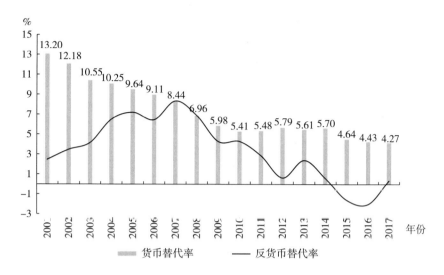

图 3.22　中国境内货币竞争的变化趋势（2001—2017 年）

（数据来源：根据表 3.6 和表 3.8 中数据计算得到）

3.4.2　中国境内货币竞争结构及其变化

根据国际清算银行的统计数据，可以得到历年来我国金融机构外币存款的币种结构，由此可以粗略看出中国境内货币竞争结构及其变化（见图 3.23）。

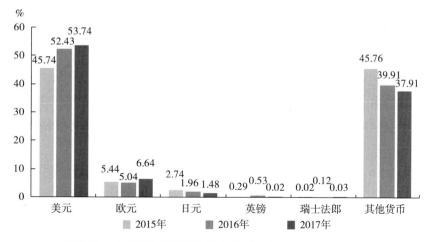

图 3.23　中国境内货币竞争结构及其变化（2015—2017 年）

（数据来源：根据国际清算银行官方网站相关数据计算得到）

由图 3.23 可以看出，2015—2017 年，我国金融机构外币存款中，美元占据最主要地位，约占 50%，且 2015 年以来美元占比上升较快，这与美国经济增长强劲和美元加息预期有直接关系。其次是欧元，约占 6%，欧元占比也有小幅上升。第三位是日元，约占 2%，且呈下降趋势。英镑、瑞士法郎占比均不足 1%，且 2017 年出现明显下降。此外，其他货币存款占比在 2017 年也下降到 37.91%。由此看出，未来一段时期，人民币面临的主要竞争货币依然是走势强劲的美元。关注美国的经济政策变化以及美元利率、汇率走势，处理好人民币与美元之间的关系，保持人民币币值相对稳定，是摆在我国货币当局面前的重要任务。

3.4.3　中国境内货币竞争影响因素的实证分析

3.4.3.1　变量选择及数据说明

根据第 2 章中关于境内货币竞争的理论可以看出，各种理论对于货币替代和反货币替代的形成机制各有侧重，国内外学者运用这些理论对一些国家或地区的境内货币竞争进行了实证分析。在此基础上，结合上节图 3.22 的分析可以看出，2008 年国际金融危机爆发后，我国货币替代率与反货币替代率呈现出同向的变化趋势。本书将聚焦 2008 年下半年以来影响我国境内货币竞争的主要因素进行实证分析。

下述实证分析涉及以下 8 个变量：货币替代率（LCS）、反货币替代率（$LACS$）、经济增长率（$Lgdp$）、商品和服务进口总额（$Limport$）、对外投资总额（$Linvest$）、居民消费价格指数（$Lcpi$）①、人民币实际有效汇率（$Lexchange$）、中美利差（$Linterest$）②。数据采集范围包括 2008 年第三季度至 2018 年第一季度的季度数据。数据来源于国家统计局、中国人民银行、国家外汇管理局、国际货币基金组织的 IFS 数据库、美联储等官方网站数据。上述各变量均取对数形式，其中反货币替代率为加 1 后取对数形式。

3.4.3.2　变量之间的相关分析

运用 Stata 14.0 软件对上述 8 个变量进行相关分析，研究各变量之间关系的密切程度，选取影响我国现阶段境内货币竞争的主要因素，这对于后面将要

---

① 按照国际货币基金组织的统一标准，以 2010 年为基期。
② 中美利差为我国金融机构 1 年期存款利率与 1 年期美国联邦基金利率（FFR）之差。

进行的回归分析具有一定的意义。相关分析的结果如表 3.12 所示。

表 3.12 各变量间的相关系数矩阵

变量	LCS	LACS	Lgdp	Limport	Linvest	Lcpi	Lexchange	Linterest
LCS	1.0000	—	—	—	—	—	—	—
LACS	0.4776 *	1.0000	—	—	—	—	—	—
	0.0021	—	—	—	—	—	—	—
Lgdp	0.5710 *	0.6218 *	1.0000	—	—	—	—	—
	0.0001	0.0000	—	—	—	—	—	—
Limport	− 0.4659 *	− 0.4027 *	− 0.6757 *	1.0000	—	—	—	—
	0.0028	0.0110	0.0000	—	—	—	—	—
Linvest	− 0.2387	− 0.3579 *	− 0.3305 *	0.5342 *	1.0000	—	—	—
	0.1434	0.0253	0.0399	0.0005	—	—	—	—
Lcpi	− 0.7364 *	− 0.5663 *	− 0.8418 *	0.8615 *	0.4563 *	1.0000	—	—
	0.0000	0.0002	0.0000	0.0000	0.0035	—	—	—
Lexchange	− 0.6556 *	− 0.7132 *	− 0.8134 *	0.6678 *	0.3368 *	0.8917 *	1.0000	—
	0.0000	0.0000	0.0000	0.0000	0.0361	0.0000	—	—
Linterest	0.6892 *	0.1682	0.4014 *	− 0.2647	− 0.0804	− 0.5038 *	0.3817 *	1.0000
	0.0000	0.3060	0.0113	0.1035	0.6265	0.0011	0.0165	—

由表 3.12 可以得出如下结论:

(1) 货币替代率与反货币替代率成显著的正相关,说明 2008 年国际金融危机爆发后我国金融机构外币存款与外汇储备增量相对本币供应量均出现下降,国内"去外币化"需求降低,这与危机引起的贸易收支下滑和资本外流有直接关系,在回归分析中可将货币替代率作为被解释变量,研究影响我国现阶段境内货币竞争的主要因素。

(2) 除对外投资总额与货币替代率之间的相关性较弱以外,经济增长率、商品和服务进口总额、居民消费价格指数、人民币实际有效汇率、中美利差 5 个变量与货币替代率之间相关性显著,可用作回归分析的解释变量。

(3) 上述 5 个解释变量中,经济增长率和中美利差两个变量与货币替代率成显著正相关关系,说明我国近年来经济增速放缓、中美利差缩小,引起我国金融机构外币存款相对于货币供应量减少,货币竞争有所减弱;

商品和服务进口总额、居民消费价格指数和人民币实际有效汇率三个变量与货币替代率成显著负相关关系，说明商品和服务进口总额增加、消费物价上涨、人民币贬值均会带来境内外币存款相对减少，货币替代率下降，反之则相反。

3.4.3.3 单位根检验

运用 Stata14.0 软件对相关分析中选取的 6 个变量进行 4 期移动平均修匀，修匀后的变量分别用 $LCS1$、$Lgdp1$、$Limport1$、$Lcpi1$、$Lexchange1$、$Linterest1$ 表示，然后对这 6 个变量进行单位根检验，检验结果见表 3.13。

表 3.13　　　　　　　　　　　单位根检验结果

检验变量	未差分的 DF 检验		DF 检验		PP 检验	
	t 统计量	临界值	t 统计量	临界值	t 统计量	临界值
$LCS1$	-0.475	-2.964	-5.259 **	-2.969	-5.250 **	-2.969
$Lgdp1$	-0.598	-2.964	-3.826 *	-2.966	-3.936 *	-2.966
$Limport1$	-3.227	-2.964	-3.227	-2.964	-5.422 **	-2.969
$Lcpi1$	-1.378	-2.964	-4.155 **	-2.969	-4.349 **	-2.969
$Lexchange1$	-0.689	-2.964	-3.971 **	-2.969	-3.914 **	-2.969
$Linterest1$	9.250	-2.964	-9.860 **	-2.969	-9.867 **	-2.969

注：单位根检验的方程只含常数项，且解释变量的滞后项数为 1。* 代表差分次数（即协整阶数），在 5% 的显著性水平上进行单位根检验。

表 3.13 的数据显示，只有变量 $Limport1$ 的 DF 检验和 PP 检验结果并不相同，进一步采用 ADF 检验结果显示，变量 $Limport1$ 的一阶差分是平稳的，记为 $dLimport1$。其余 5 个变量中：$Lgdp1$ 的一阶差分是平稳的，记为 $dLgdp1$。$LCS1$、$Lcpi1$、$Lexchange1$、$Linterest1$ 的二阶差分是平稳的，分别记为 $d2LCS1$、$d2Lcpi1$、$d2Lexchange1$、$d2Linterest1$。由上述检验结果可以得出，所有变量均服从二阶单整，可记作 $I(2)$。

3.4.3.4 VAR 模型回归

以下运用 VAR 方法对二阶差分后的被解释变量 $d2LCS1$ 进行回归。首先使用 Stata14.0 软件对 VAR 模型的滞后阶数进行识别，结果如表 3.14 所示。

表 3.14 VAR 模型的滞后阶数识别

样本区间：2010q1 – 2018q1 样本数：33

检验标准 滞后阶数	对数 似然值	似然比 检验	自由度	P 值	FPE 检验	AIC 检验	HQIC 检验	SBIC 检验
0	701.757	—	—	—	2.0e – 26	– 42.1671	– 42.0756	– 41.895
1	736.839	70.163	36	0.001	2.2e – 26	– 42.1114	– 41.4706	– 40.2068
2	787.175	100.67	36	0.000	1.1e – 26	– 42.9803	– 41.7902	– 39.4431
3	873.035	171.72	36	0.000	1.1e – 27	– 46.0021	– 44.2627	– 40.8324
4	977.601	209.13 *	36	0.000	1.1e – 28 *	– 50.1576 *	– 47.8688 *	43.3553 *

由表 3.14 可以看出，根据 AIC 最小准则，被解释变量 $d2LCS1$ 的滞后 4 阶对应的 AIC 值为 – 50.1576，为最小者，故该模型应选滞后 4 阶。

表 3.15 约翰逊协整检验

样本区间：2010q1 – 2018q1 样本数：33 滞后阶数：4

最大秩	参数	对数似然值	特征值	迹统计量	5% 临界值
0	114	848.27445	—	258.6525	94.15
1	125	923.18968	0.98933	108.8220	68.52
2	134	945.91516	0.74774	63.3711	47.21
3	141	963.8597	0.66296	27.4820 *	29.68
4	146	974.23056	0.46663	6.7402	15.41
5	149	977.35957	0.17274	0.4822	3.76
6	150	977.60069	0.01451	—	—

从表 3.15 的约翰逊（Johansen）协整检验结果可以看出，在 rank = 3 时，迹统计量值为 27.4820，小于 5% 的临界值为 29.68，所以不能拒绝存在 3 个或小于 3 个协整关系的原假设。因此，可以判断上述变量之间存在协整关系，但不具有长期均衡关系。

然后对变量 $d2LCS1$、$d2Lgdp1$、$d2Limport1$、$d2Lcpi1$、$d2Lexchange1$、$d2Linterest1$ 进行 VAR 模型回归，滞后 1~4 期。回归结果如表 3.16 和表 3.17 所示。

表 3.16 变量 $d2LCS1$ 的 VAR 回归结果（一）

样本区间：2010q1 – 2018q1 样本数：33

回归方程	参数	标准差	R^2	卡方统计量（Chi2）	P 值 > Chi2
$d2LCS1$	25	0.003841	0.9274	421.8019	0.0000

表 3.17 变量 *d2LCS1* 的 VAR 回归结果（二）

回归方程	系数	标准差	z 值	P 值 > |z|	95% 的置信区间	
d2LCS1						
d2LCS1						
L1	− 0.5650608	0.1024275	− 5.52	0.000	− 0.7658149	− 0.3643066
L2	0.4262749	0.1047871	4.07	0.000	0.220896	0.6316539
L3	0.3294681	0.1275483	2.58	0.010	0.079478	0.5794582
L4	− 0.2850843	0.1327492	− 2.15	0.032	0.545268	− 0.0249005
d2Lgdp1						
L1	0.2664479	0.0500459	5.32	0.000	0.1683596	0.3645361
L2	0.362131	0.0652296	5.55	0.000	0.2342833	0.4899786
L3	0.3337319	0.0628989	5.31	0.000	0.2104523	0.4570115
L4	− 0.0571853	0.0559532	− 1.02	0.307	− 0.1668516	0.052481
d2Limport1						
L1	0.5821629	0.0950364	6.13	0.000	0.3958949	0.7684308
L2	0.5377278	0.1200952	4.48	0.000	0.3023454	0.7731101
L3	− 0.332827	0.1000786	− 3.33	0.001	− 0.5289774	− 0.1366766
L4	0.0953941	0.0828518	1.15	0.250	− 0.0669924	0.2577805
d2Lcpi1						
L1	− 1.874235	1.300506	− 1.44	0.150	− 4.42318	0.6747104
L2	− 3.551647	1.418213	− 2.50	0.012	− 6.331293	− 0.7720012
L3	0.6128632	1.705677	0.36	0.719	− 2.730202	3.955929
L4	11.17488	1.619569	6.90	0.000	8.000585	14.34918
d2Lexchange1						
L1	− 0.8645245	0.3516775	− 2.46	0.014	− 1.5538	− 0.1752492
L2	0.8166965	0.3835454	2.13	0.033	0.0649613	1.568432
L3	0.391301	0.3571727	1.10	0.273	− 0.3087446	1.091347
L4	0.5997021	0.2470529	2.43	0.015	0.1154873	1.083917
d2Linterest1						
L1	0.0177252	0.0170277	1.04	0.298	− 0.0156486	0.0510989
L2	0.0298899	0.0248724	1.20	0.229	− 0.0188592	0.078639
L3	− 0.075192	0.0471513	− 1.59	0.111	− 0.1676068	0.0172229
L4	− 0.1097422	0.0835182	− 1.31	0.189	− 0.2734349	0.0539505
_cons	7.51e − 06	0.0004427	0.02	0.986	− 0.0008602	0.0008752

注：自变量为滞后 1~4 期。

由表 3.16 可知，被解释变量 $d2LCS1$ 的 VAR 模型的 $R^2 = 0.9274$ ，表明回归模型的拟合程度很好。P 值为 0，说明自变量能够很好地解释因变量。但对上述 VAR 模型进行稳定性检验，结果发现该模型中存在 3 个根的特征值大于 1，即位于单位圆外，这说明上述 VAR 模型是不稳定的。笔者进一步对上述 VAR 模型的自变量进行回归比较分析，得出了修正后的 VAR 模型，回归结果如表 3.18 和表 3.19 所示。

表 3.18 修正后的 VAR 模型回归结果（一）

样本区间：2010q1 – 2018q1   样本数：33

回归方程	参数	标准差	R^2	卡方统计量（Chi2）	P 值 > Chi2
$d2LCS1$	21	0.003821	0.8923	273.3577	0.0000

表 3.19 修正后的 VAR 模型回归结果（二）

回归方程	系数	标准差	z 值	P 值 > $|z|$	95% 的置信区间	
$d2LCS1$						
$d2LCS1$						
L1	− 0.4899089	0.1177811	− 4.16	0.000	− 0.7207556	− 0.2590623
L2	0.2454518	0.1026768	2.39	0.017	0.0442099	0.4466936
L3	0.306089	0.1473077	2.08	0.038	0.0173712	0.5948068
L4	− 0.1357631	0.1252874	− 1.08	0.279	− 0.381322	0.1097957
$d2Lgdp1$						
L1	0.3128896	0.0485675	6.44	0.00	0.2176991	0.4080802
L2	0.3981522	0.0582245	6.84	0.000	0.2840343	0.51227
L3	0.3356023	0.0584917	5.74	0.000	0.2209607	0.450244
L4	− 0.0306215	0.0491273	− 0.62	0.533	− 0.1269093	0.0656662
$d2Limport1$						
L1	0.4208188	0.0986097	4.27	0.000	0.2275474	0.6140902
L2	0.3625925	0.0994886	3.64	0.000	0.1675985	0.5575865
L3	− 0.3274829	0.0863361	− 3.79	0.000	− 0.4966985	− 0.1582673
L4	0.0924241	0.0779269	1.19	0.236	− 0.0603099	0.2461581
$d2Lcpi1$						
L1	− 1.372726	1.174016	− 1.17	0.242	− 3.673754	0.9283026
L2	− 1.711085	1.413373	− 1.21	0.226	− 4.481247	1.059076
L3	1.774055	1.426579	1.24	0.214	− 1.021989	4.570098
L4	8.169373	1.283944	6.36	0.000	5.652889	10.68586

续表

回归方程	系数	标准差	z 值	P 值 > |z|	95% 的置信区间	
d2Lexchange1						
L1	−0.9398571	0.3329253	−2.82	0.005	−1.592379	−0.2873354
L2	0.371889	0.3835792	0.97	0.332	−0.3799124	1.12369
L3	0.2931646	0.3436398	0.85	0.394	−0.380357	0.9666862
L4	0.7223399	0.2912437	2.48	0.013	0.1515128	1.293167
_cons	0.00003926	0.0004279	0.92	0.359	−0.000446	0.0012312

由表 3.19 可知，变量 d2LCS1 可以由自变量 d2Lgdp1、d2Limport1、d2Lcpi1 和 d2Lexchange1 进行解释。修正后的 VAR 模型的 $R^2 = 0.8923$，表明模型的拟合程度很好。P 值为 0，说明上述 4 个自变量能够很好地解释因变量。

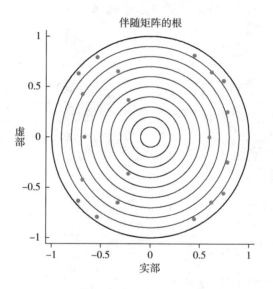

图 3.24　修正后的 VAR 模型稳定性检验

由图 3.24 可以看出，修正后的 VAR 模型中所有根的特征值都小于 1，即位于单位圆内，这表明该模型是稳定的。因此，变量 d2LCS1 的向量自回归方程如下：

$$d2LCS1 = 0.0004 - 0.49d2LCS1_{t-1} + 0.245d2LCS1_{t-2} + 0.306d2LCS1_{t-3}$$
$$- 0.136d2LCS1_{t-4} + 0.313d2Lgdp1_{t-1} + 0.398d2Lgdp1_{t-2}$$
$$+ 0.336d2Lgdp1_{t-3} - 0.031d2Lgdp1_{t-4} + 0.421d2Limport1_{t-1}$$

$$+ 0.363d2Limport1_{t-2} - 0.327d2Limport1_{t-3} + 0.092d2Limport1_{t-4}$$

$$- 1.373d2Lcpi1_{t-1} - 1.711d2Lcpi1_{t-2} + 1.774d2Lcpi1_{t-3}$$

$$+ 8.169d2Lcpi1_{t-4} - 0.94d2Lexchange1_{t-1} \tag{3.3}$$

$$+ 0.372d2Lexchange1_{t-2} + 0.293d2Lexchange1_{t-3}$$

$$+ 0.722d2Lexchange1_{t-4}$$

由式（3.3）可以看出，2008 年国际金融危机爆发后，我国境内货币替代率总体呈现下降的趋势，这与上一年的货币替代率、国内 GDP 增长率、商品和服务进口总额、居民消费价格指数、人民币实际有效汇率的变化有关，而与利率的变化相关性不大。我国经济增长放缓、进口需求下降、居民消费价格水平下降以及人民币汇率升值将会引起国内金融机构外币存款下降，导致货币替代率下降；反之，经济增长加快、进口需求增加、居民消费价格水平上升以及人民币汇率贬值将会引起国内金融机构外币存款增加，导致货币替代率上升。

3.4.3.5　格兰杰因果检验

运用 Stata 14.0 软件对上述修正后的 VAR 模型进行格兰杰（Granger）因果检验，其检验结果如表 3.20 所示。

表 3.20　　　　　　　　　　格兰杰因果检验结果

被解释变量	自变量	卡方统计量（Chi2）	自由度	P 值 > Chi2
$d2LCS1$	$d2Lgdp1$	64.204	4	0.000
$d2LCS1$	$d2Limport1$	49.679	4	0.000
$d2LCS1$	$d2Lcpi1$	58.561	4	0.000
$d2LCS1$	$d2Lexchange1$	23.188	4	0.000
$d2LCS1$	ALL	178.72	16	0.000

从表 3.20 可以看出，P 值为 0，说明上述修正后的 VAR 模型中，4 个自变量与被解释变量 $d2LCS1$ 的因果关系都是成立的。

3.4.3.6　脉冲响应与方差分解

由于上述修正后的 VAR 模型具有稳定性，且存在因果关系，因此可以进行脉冲响应分析，结果如图 3.25 所示。

由图 3.25 可以看出，货币替代率的正冲击导致其自身先大幅下降，然后上升，在大约 8 期后响应逐渐消失；消费价格指数的正冲击导致货币替代率先小幅下降，然后上升，然后下降，在大约 8 期后响应逐渐消失；人民币汇率的

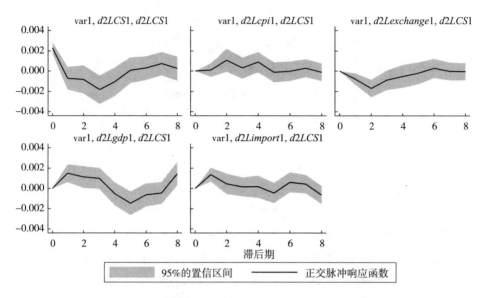

图 3.25 脉冲响应图

正冲击导致货币替代率先大幅下降，然后小幅上升，在大约 7 期后响应逐渐消失；经济增长率的正冲击导致货币替代率先大幅上升，然后大幅下降，再大幅上升，对货币替代率的冲击长期存在；商品和服务进口总额的正冲击导致货币替代率先上升，然后下降，再上升，再下降，对货币替代率的冲击长期存在。

表 3.21　　　　　　　　Cholesky 方差分解结果

滞后期	(1)		(2)		(3)		(4)		(5)	
	方差	标准差	方差	标准差	方差	标准差	方差	标准差	方差	标准差
0	0	0	0	0	0	0	0	0	0	0
1	1	0	0	0	0	0	0	0	0	0
2	0.556075	0.10719	0.209561	0.108541	0.174458	0.083678	0.001054	0.00683	0.058851	0.039734
3	0.388512	0.107918	0.207632	0.101776	0.122387	0.064224	0.06971	0.068448	0.211759	0.069777
4	0.450246	0.122537	0.201615	0.099562	0.094278	0.053301	0.057235	0.057274	0.196626	0.069129
5	0.450082	0.124193	0.192987	0.092539	0.08589	0.049246	0.083678	0.069591	0.187364	0.067028
6	0.409518	0.121086	0.256443	0.11669	0.085686	0.051433	0.076628	0.063787	0.171724	0.066586
7	0.398949	0.121522	0.262392	0.119624	0.095734	0.049673	0.074044	0.06223	0.168881	0.064894
8	0.403913	0.122759	0.260029	0.117108	0.09872	0.051529	0.074401	0.06099	0.162937	0.063614

注：(1) – (5) 分别代表变量 $d2LCS1$、$d2Lgdp1$、$d2Limport1$、$d2Lcpi1$、$d2Lexchange1$ 对被解释变量 $d2LCS1$ 的冲击响应。

由表 3.21 中 Cholesky 方差分解结果可以看出，在从 2 到 8 的预测期内，我国货币替代率的降低由其自身的贡献率在第 2 期达到最高的 55.61%，第 3 期达到最低的 38.85%；经济增长率对货币替代率降低的贡献率小幅上升，基本保持在 20%~26%；商品和服务进口总额对货币替代率降低的贡献率下降较大，第 2 期达到最高的 17.45%，第 6 期达到最低的 8.57%；居民消费价格指数对货币替代率降低的贡献率小幅上升，第 2 期达到最低的 0.11%，第 5 期达到最高的 8.37%；人民币实际有效汇率对货币替代率降低的贡献率在第 2 期达到最低的 5.89%，第 3 期达到最高的 21.18%。这说明，从长期来看，我国货币替代率下降的趋势主要受其自身因素下降、经济增长率提高以及人民币汇率升值的影响。

3.4.3.7　模型预测

下面给出修正后的 VAR 模型在 2016 年第一季度至 2018 年第一季度的动态预测结果（见图 3.26）。

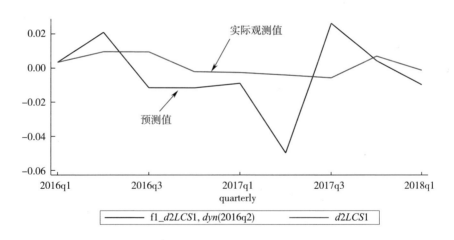

图 3.26　修正后的 VAR 模型动态预测结果

由图 3.26 可以看出，在 95% 的置信区间内，修正后的 VAR 模型的预测值与实际观测值的拟合误差基本控制在 ±0.5% 之内，且随时间推移拟合误差加大，在滞后 1~4 个季度内的预测效果相对较好。

3.4.4　分析结论

综合上述分析得出如下结论：

（1）2001—2017 年，在 23 个主要经济体中，中国无论是货币替代率还是反货币替代率均排名第 4 位，说明我国境内货币竞争尚不显著。

（2）2001—2017 年，中国货币替代率总体呈现下降趋势，反货币替代率呈现先升后降的变动趋势。总体来看，2008 年以前，我国境内货币竞争状况有所缓和，但 2008 年后虽然货币替代率小幅下降，但由于外汇储备增量的减少引起反货币替代率大幅下降，削弱了我国境内的人民币竞争力。

（3）2015—2017 年，我国金融机构外币存款中，美元约占 50%，欧元约占 6%，日元约占 2%，英镑、瑞士法郎占比均不足 1%。未来一段时期，人民币面临的主要竞争货币依然是走势强劲的美元。关注美国的经济政策变化以及美元利率、汇率走势，处理好人民币与美元之间的关系，保持人民币币值相对稳定，依然是十分重要的任务。

（4）根据 2008 年第三季度至 2018 年第一季度数据的实证分析，我国境内货币替代率与其自身变化、国内 GDP 增长率、商品和服务进口总额、居民消费价格指数、人民币实际有效汇率的变化有关，而与利率的变化相关性不大。通过对上述变量的 VAR 模型进行动态预测，结果表明，在滞后 1～4 个季度内的预测效果较好。

3.5　本章小结

第 3 章主要阐述境内货币竞争现状及其发展趋势。首先界定了境内货币竞争的定义，进而从货币替代和反货币替代两个视角对全球 23 个国家（地区）的境内货币竞争进行详尽分析，其中包括 12 个发达经济体和 11 个新兴市场经济体。该部分研究涉及的国家（地区）众多，通过比较发达经济体和新兴市场经济体的境内货币竞争状况及其发展趋势，总结出两者不同的特征，最后结合中国境内货币竞争总体与结构状况展开深入分析，采用实证研究得出影响我国境内货币竞争的主要因素是货币替代率的自身变化、国内 GDP 增长率、商品和服务进口总额、居民消费价格指数、人民币实际有效汇率等，为提升人民币境内竞争力提供理论与实践依据。

4 区域货币竞争与合作框架

自 20 世纪 30 年代以来，纸币流通条件下的货币区（Currency Area）不断形成和发展，成为主要货币之间竞争并逐步实现货币国际化的必由之路。尽管已形成的主要货币区在产生原因、表现形式等方面存在较大差异，但其最终目的都是实现区域内的经济发展与合作以及提升核心货币的国际地位。在组建货币区的过程中，区域内的货币竞争不可避免，实力较强的货币会在竞争中胜出，发挥主导作用，成为区域内的核心货币。本书在认真分析世界主要货币区的形成原因及发展特征基础上，深入探究东亚地区面临的货币竞争新格局，为"一带一路"合作框架下的泛人民币货币区建设提出合理构想。

4.1 世界主要货币区的现状及特征

4.1.1 货币区的内涵及其理论诠释

货币区是指在世界上一定区域范围内，各成员国货币之间实行钉住汇率制，并对区域外其他货币实行联合浮动。

货币区的初级阶段是在区域内实行固定汇率制度，比如货币局制度和美元化的货币安排；货币区的高级阶段是区域内成员国使用统一货币，比如欧元区的建立。需要讨论的是，究竟依据什么准则来确定哪些国家适合组成一个货币区，即最适度货币区产生的标准有哪些？

不同的学者提出了各自不同的观点，在第 2 章中已有所阐述。罗伯特·蒙代尔（Robert Mundell）最早于 1961 年提出最适度货币区理论。随后，罗纳德·麦金农（Ronald I. McKinnon）、彼得·凯南（Peter Kenen）、詹姆斯·英格拉姆（James Ingram）、哈伯勒（C. Haberler）和弗莱明（J. M. Fleming）、托维尔和威利特（Tower and Willett）等学者依据各自提出的准则诠释了构成

"最适度货币区"的主要条件包括：（1）生产要素的高度流动性；（2）经济开放度较高；（3）产品生产多样化；（4）通货膨胀相似性；（5）政策一体化程度较高；（6）国际金融一体化程度较高。

1976年1月，国际货币体系正式确立为牙买加体系，浮动汇率制度实现合法化，各国可以自主选择适合本国国情的汇率制度。在此情形下，逐步形成了"经济论"和"依附论"两大汇率制度选择理论。其中，"经济论"的创始人是罗伯特·赫勒（Robert Heller），他指出，经济因素是一国选择汇率制度的决定性因素，主要包括一国经济规模、经济开放度、国内外通货膨胀率差异、进出口贸易额及商品结构、国内金融市场发达程度及一体化程度等。当一国经济规模越小、经济开放度越高、国内外通货膨胀率差异越小、进出口商品越单一、金融一体化程度越低，则该国越倾向于实行钉住汇率制或固定汇率制；反之，当一国经济规模越大、经济开放度越低、国内外通货膨胀率差异越大、进出口商品越多样化、金融一体化程度越高，则该国越倾向于实行弹性汇率制或浮动汇率制。"依附论"是由一些发展中国家的经济学者提出来的。他们认为，发展中国家在实行钉住汇率制时，怎样选择被钉住货币，很大程度上取决于本国在经济、政治、军事等方面的对外依附程度。

一国加入货币区后可以获得以下收益：（1）区域内实行固定汇率制，降低了交易成本；（2）减少成员国之间的投机性资本流动；（3）节约区域内成员国外汇储备资产；（4）带动区域内经济政策一体化发展。同时，一国加入货币区后也会面临以下成本：（1）失去各国原有的货币政策自主权；（2）财政政策的制定受到区域内货币政策一体化的影响；（3）失业程度可能加剧；（4）地区经济失衡状况可能加剧。

4.1.2 从当前汇率制度选择看货币区的格局

4.1.2.1 各国汇率安排分类及其比较

2009年2月2日，国际货币基金组织对汇率安排分类制度进行了自1999年以来的新一轮修订并生效。新的汇率安排分为10种类型。国际货币基金组织于2018年9月30日发布了最新的《汇兑安排与汇兑限制年报》（ARE-AER）[131]，其中列出了国际货币基金组织189个成员国和3个地区在2009—2017年的汇率安排分类及其份额，由此可以清楚地看出10种汇率制度安排的占比情况（见表4.1）。

表 4.1　　　2009—2017 年国际货币基金组织成员国（地区）

汇率安排分类及其份额　　　　　单位:%

类型	2009 年	2010 年	2011 年	2012 年	2013 年	2014 年	2015 年	2016 年	2017 年
硬钉住	12.2	13.2	13.2	13.2	13.1	13.1	12.6	13.0	12.5
无独立法定货币	5.3	6.3	6.8	6.8	6.8	6.8	6.8	7.3	6.8
货币局	6.9	6.9	6.3	6.3	6.3	6.3	5.8	5.7	5.7
软钉住	34.5	39.7	43.2	39.5	42.9	43.5	47.1	39.6	42.2
传统钉住	22.3	23.3	22.6	22.6	23.6	23.0	23.0	22.9	22.4
稳定化安排	6.9	12.7	12.1	8.4	9.9	11.0	11.5	9.4	12.5
爬行钉住	2.7	1.6	1.6	1.6	1.0	1.0	1.6	1.6	1.6
类似爬行安排	0.5	1.1	6.3	6.3	7.9	7.9	10.5	5.2	5.2
水平带钉住	2.1	1.1	0.5	0.5	0.5	0.5	0.5	0.5	0.5
浮动制度	42.1	36.0	34.7	34.7	34.0	34.0	35.1	37.0	35.9
浮动	24.5	20.1	18.9	18.4	18.3	18.8	19.4	20.8	19.8
自由浮动	17.6	15.9	15.8	16.3	15.7	15.2	15.7	16.1	16.1
其他有管理的安排	11.2	11.1	8.9	12.6	9.9	9.4	5.2	10.4	9.4

数据来源：国际货币基金组织发布的《汇兑安排与汇兑限制年报（2017）》。

由表4.1可以看出，固定汇率制或钉住汇率制包含了硬钉住和软钉住中的7种汇兑安排分类。（1）在硬钉住的2种汇率安排中，本国货币不再使用或与某一外币保持严格的固定比价。其中，无独立法定货币的安排是一国采用另一国（地区）的货币作为唯一法定货币，包括美元化和货币联盟。货币局是本币与某一外币保持固定比价，如果货币当局需要发行货币时，需要增持等值的外汇储备，长期保持固定平价不变。（2）在软钉住的5种汇率安排中，本币钉住一种货币或货币篮子，允许汇率在小幅范围内波动或根据所选取的指标定期调整平价。其中，传统钉住是本国货币以一个固定汇率钉住另一种货币或货币篮子，市场汇率围绕中心汇率在不超过±1%的狭窄范围内波动至少6个月。稳定化安排又称类似钉住，指本国货币钉住单一货币或货币篮子，即期市场汇率围绕中心汇率在±2%范围内至少6个月。爬行钉住是中心汇率按预先宣布的固定范围作较小的定期调整或根据选取的定量指标（如通货膨胀率）的变化作定期调整，即货币当局每隔一段时间就对本国汇率平价进行一次小幅度的贬值或升值。类似爬行安排要求汇率定期调整波幅必须保持在 2% 范围内至少 6 个月。水平带钉住是围绕固定的中心汇率将货币价值维持在至少 ±1% 的某个波动范围内。（3）在浮动制度的 2 种汇率安排中，浮动汇率基本由市场来决定，政府对外汇市场的干预极少。其中，浮动是汇率在很大程度上由市场决定，没有一个确定或可预测的汇率路径，外汇市场干预可以是直接的或间接的，旨在防止汇率的过度波动。自由浮动指干预只是偶尔发生，旨在处理无序的市场状况，有证据表明货币当局在以前的 6 个月中至多有 3 例干预，且每例持续不超过 3 个交易日。（4）在其他有管理的安排中，汇率制度并没有满足上述任何类别的标准。上述四大类汇兑安排的构成及变化如图 4.1 和图 4.2 所示。

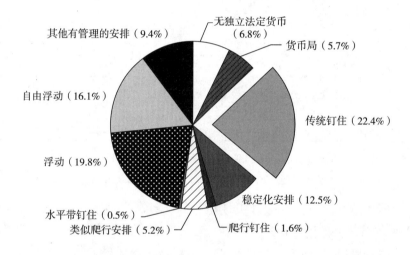

图 4.1 2017 年国际货币基金组织成员国（地区）汇率安排的构成

[数据来源：根据国际货币基金组织发布的《汇兑安排与汇兑限制年报》

（AREAER，2017）整理得到]

由图 4.1 可以看出，在国际货币基金组织 192 个成员国（地区）中，实行传统钉住汇率安排的国家（或地区）占比最高，达到 22.4%；其次是浮动汇率安排，占比 19.8%。水平带钉住汇率安排占比最小，仅为 0.5%。从总体来看，实行固定汇率制的国家（或地区）占比为 54.7%，实行浮动汇率制的国家（或地区）占比为 45.3%。

由图 4.2 可以看出，从 2009 年 2 月 2 日国际货币基金组织最新修订的 10

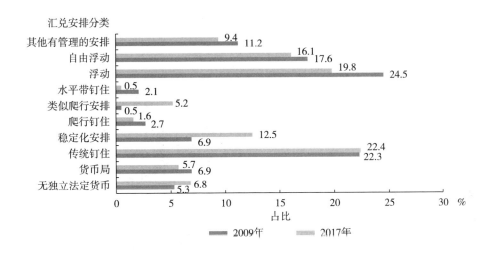

图 4.2 国际货币基金组织成员国（地区）汇率安排的构成变化

[数据来源：根据国际货币基金组织发布的《汇兑安排与汇兑限制年报》

（AREAER，2017）整理得到]

种汇兑安排分类来看，相比 2009 年，2017 年采取无独立法定货币、传统钉
住、稳定化安排、类似爬行安排 4 种汇兑安排的国家（或地区）有所增加，
其中占比提高由高到低分别为：稳定化安排，占比提高 5.6 个百分点；类似
爬行安排，占比提高 4.7 个百分点；无独立法定货币，占比提高 1.5 个百分
点；传统钉住，占比提高 0.1 个百分点。2017 年其余 6 种汇兑安排的占比相
比 2009 年有所下降，排在前三位的分别是：浮动，占比下降 4.7 个百分点；
其他有管理的安排，占比下降 1.8 个百分点；水平带钉住，占比下降 1.6 个
百分点。总体上看，采取固定汇率制的国家（地区）占比由 2009 年的
46.7% 上升到 2017 年的 54.7%，采取浮动汇率制的国家（地区）占比由
2009 年的 53.3% 下降到 2017 年的 45.3%。这反映出 2017 年有越来越多的
国家（地区）采取了相对稳定的汇率制度，货币当局对本币汇率走势及形成
机制更加关注。

　　从目前全球汇率制度安排来看，固定汇率制略占优势，尤其是传统钉住的
汇兑安排占比最高且呈上升趋势，实行更加稳定的汇率机制以及无独立法定货
币的国家（地区）不断增加，而放任本币汇率自由浮动和管理浮动的国家
（地区）明显减少，反映出自牙买加体系确立以来，历次货币危机、金融危机

的发生使世界各国已经越来越清醒地认识到浮动汇率制度合法化所带来的优势和弊端，如何建立一整套符合本国国情的汇率制度，以及加强各国及国际组织之间的货币协调与合作是亟待解决的重大问题。

4.1.2.2　各国（地区）汇率政策框架及货币区的格局

以下给出了 2017 年 192 个国家（地区）的汇率政策框架（见表 4.2）。

表 4.2　　　2017 年国际货币基金组织成员国（地区）的汇率政策框架　单位：个

汇率安排	汇率锚				货币总量目标	通货膨胀目标框架	其他目标	合计
	美元	欧元	合成货币	其他货币				
无独立法定货币	7	3	—	3	—	—	—	13
货币局	8	2	—	1	—	—	—	11
传统钉住	14	18	4	5	—	—	2	43
稳定化安排	5	2	2	—	9	2	4	24
爬行钉住	2	—	1	—	—	—	—	3
类似爬行安排	—	—	1	—	4	1	4	10
水平带钉住	—	—	—	—	—	—	1	1
其他有管理的安排	3	—	1	—	8	—	6	18
浮动	—	—	—	—	3	27	8	38
自由浮动	—	—	—	—	—	10	21	31
合计	39	25	9	9	24	40	46	192

资料来源：根据国际货币基金组织发布的《汇兑安排与汇兑限制年报（2017）》整理得到。

由表 4.2 可以看出，在国际货币基金组织现有 192 个成员国（地区）中，设有汇率锚的有 82 个国家（地区）。其中：以美元为汇率锚的有 39 个，占全部成员的 20.3%；以欧元为汇率锚的有 25 个，占全部成员的 13.0%；以合成货币或其他货币为汇率锚的有 18 个，占全部成员的 9.4%。因此，美元和欧元依然是世界上许多国家愿意选择的汇率锚货币，以美元和欧元为核心货币所形成的货币区占据着重要地位。

4.1.3　松散型货币区——美元区

美元是外汇交易中的基础货币，也是国际支付和投资中的主要货币，在国际外汇市场上占有极其重要的地位。美元的世界霸主地位和以美元为中心所形成的松散型货币区——美元区，成为美国利用货币手段统治全球经济的重要武器。

4.1.3.1 美元区的发展历程

20 世纪初至今，美元区经历了崛起—垄断—竞争的三个特殊发展阶段，美元区的发展历程代表着国际货币体系的发展过程，美元区的兴衰将预示着未来全球货币制度的变迁方向。

第一阶段：20 世纪 30 年代——崛起中的美元区

1913 年美国建立联邦储备制度，开始发行联邦储备券。目前美元现钞中 99% 以上为联邦储备券。美元的发行由国会负责，具体发行业务由美国联邦储备银行办理。

1933 年，国际金本位制解体，主要西方国家先后实行了不兑现的纸币制度。这一阶段国际货币制度进入浮动汇率制，各国货币之间的汇率发生剧烈波动，国际贸易与国际金融关系陷入一片混乱。美国为了加强与英国、法国等西方国家在商品市场和金融投资领域的争夺，联合了加拿大、墨西哥、玻利维亚、萨尔瓦多、哥伦比亚、洪都拉斯、多米尼加、危地马拉、利比里亚、哥斯达黎加、委内瑞拉、厄瓜多尔、巴拿马、菲律宾等一些国家，组建美元集团，1939 年又上升为美元区。美元区内的各国货币与美元建立固定比价关系，黄金、美元均可作为本国货币发行准备。美元区内的贸易往来采用美元计价结算，不存在贸易与外汇管制。美元区与英镑区、法郎区不同，美元区内各国间并未形成统一的法律体系与相关法律文件，它只是一个松散的非正式组织。

第二阶段：1944—1973 年——垄断中的美元区

1944 年 7 月，新的国际货币体系——布雷顿森林体系形成了。美元与黄金挂钩，各国货币与美元建立固定比价关系，美元被确立为国际储备货币。第二次世界大战结束后，美国通过"马歇尔计划"向西欧和日本进行大量资本输出和商品输出，迫使欧洲主要国家同意使用美元进行国际间货币支付和结算，使美元作为主要储备货币和结算工具在美国以外的国家广泛使用，包括所有的资本主义国家，新的美元区从实质上取代了原有意义上的美元区。20 世纪 60 年代以来，随着美国出现国际收支逆差，美元贬值压力加大，这使美元的国际地位不断下降。1973 年 2 月，布雷顿森林体系瓦解，各国自主选择适合本国国情的汇率制度，以美元为中心的国际货币体系发生了深刻变革。

第三阶段：20 世纪 70 年代后期至今——竞争中的美元区

1976 年 1 月，国际货币体系进入牙买加体系，浮动汇率制实现合法化。20 世纪 70 年代后期，美元一再贬值，各国货币竞相放弃与美元的固定比价，转向实行浮动汇率制，美元作为国际储备和结算工具的功能正部分地被其他硬通货代替。

早在 20 世纪 60 年代，有关汇率制度选择与货币政策之间关系的研究就已取得重要进展。1963 年，罗伯特·蒙代尔（Robert A. Mundell）和 J. 马库斯·弗莱明（J. Marcus Fleming）对开放经济下的 IS - LM 模型进行了研究，提出了蒙代尔—弗莱明模型（M - F Model），该模型是对固定汇率制下货币政策运用的理论模型分析，并由此推导出"不可能三角"，即货币政策独立性、资本自由流动和汇率稳定目标不可能同时实现，只能同时选择其中两个目标。保罗·克鲁格曼（Paul Krugman）在蒙代尔"不可能三角"的基础上，画出了一个"永恒的三角形"，进一步确立了"三元悖论"（The Impossible Trinity）的基本原则，即本国货币政策独立性、资本完全流动和固定汇率制不可能同时实现，最多同时选择两个政策目标，放弃另一个政策目标。

根据"三元悖论"的基本原则，发达国家与发展中国家在选择政策目标时的考量是不同的。首先，坚持货币政策独立性和资本完全流动，则必须实行浮动汇率制。但这种情况不适用于发展中国家，因为发展中国家一旦受到金融危机的冲击，市场信心下降的程度相比发达国家更加明显，浮动汇率制难以发挥自发调节经济的作用。此时，发展中国家政府为调节经济，将最终转向实行资本管制。其次，坚持货币政策独立性和固定汇率制，则必须实行资本管制。这是绝大多数发展中国家实行的政策组合。一方面，实行固定汇率制有利于发展中国家维护对外经济稳定；另一方面，发展中国家的资本流动监管能力有限，更容易实行资本管制政策。最后，坚持资本完全流动和固定汇率制，则必须放弃货币政策独立性。一些发展中国家或外向型经济体选择了无法定货币、实行货币局制度或者参加货币联盟的汇率安排。

综上所述，一方面在经济、金融全球化发展的今天，发展中国家逐步开放本国资本市场、减少金融管制是必然趋势，但发展中国家并未获得世界货币计价、结算与投资的话语权，为了促进对外经济发展，许多发展中国家需要在较长时期内保持汇率相对稳定，必然选择放弃货币政策的自主性，采取无法定货币、货币局制度或者货币联盟的汇率安排。因此，松散型的美元区有着历史及现实存在的必然性。

4.1.3.2 美元区的构成

如前文所述，货币区内各成员国货币之间实行钉住汇率制，对区域外货币实行联合浮动。货币区的初级阶段是在区域内实行固定汇率制度，其高级阶段是在区域内实现统一货币。Bergsten（2017）指出如果一国（地区）不打算采取对资本自由流动造成巨大损害的资本管制政策，则较为理想的选择是建立与美元化等货币本位体制十分接近的货币局体制[42]。看来对于一些小经济体而言，实行美元化的汇率制度不失为一种较好的政策选择。从当前国际货币体系来看，以美元作为汇率锚货币的国家（地区）较多。本书所指的美元区仅仅是从汇率制度相似性角度考虑的，包括美国及其他以美元作为汇率锚的国家（地区）和货币联盟。尽管东加勒比海的 9 个国家（地区）建立了东加勒比货币联盟（ECCU）①，该联盟内发行的统一货币为东加勒比元，它与美元保持固定比价，即 1 美元＝2.76 东加勒比元，但是全球并没有形成严格意义上的美元区，而是遍布世界一些国家或地区以美元作为本位货币或者锚货币，在一定程度上实行固定汇率制或者钉住汇率制。

目前松散型的美元区包括 41 个国家（地区），其中除美国（包括其海外属地波多黎各、北马里亚纳群岛、美属维尔京群岛、美属萨摩亚、关岛、美属太平洋边远诸岛等）采取自由浮动汇率制度以外，硬钉住美元的有 15 个（包括 7 个无独立法定货币和 8 个货币局），软钉住美元的有 22 个（包括 15 个传统钉住、5 个稳定化安排和 2 个爬行钉住），其他有管理的安排的有 3 个，具体分布情况如表 4.3 所示。

---

① 东加勒比货币联盟（ECCU）是全球四大货币联盟之一，它由加勒比海的 9 个成员组成，包括 7 个正式成员（安提瓜和巴布达、多米尼克、格林纳达、圣基茨和尼维斯、圣卢西亚、圣文森特和格林纳丁斯、蒙特塞拉特）和 2 个非正式成员（安圭拉、英属维尔京群岛）。其中：安圭拉和蒙特塞拉特均是英国海外领土；英属维尔京群岛是英联邦成员国之一，是英属殖民地。东加勒比货币联盟中除英属维尔京群岛的货币是美元外，其余 8 个成员的货币均为东加勒比元，由东加勒比中央银行统一监管。

表4.3 松散型美元区的国家（地区）

汇率安排		美元区的国家（地区）
硬钉住 （15个）	无独立法定 货币（7个）	厄瓜多尔（Ecuador）、萨尔瓦多（El Salvador）、马绍尔群岛（Marshall Islands）、密克罗尼西亚（Micronesia）、帕劳（the Republic of Palau）、巴拿马（the Republic of Panama）、东帝汶（Timor-Leste）
	货币局 （8个）	吉布提（Djibouti）、香港特别行政区（Hong Kong SAR）、安提瓜和巴布达（Antigua and Barbuda）、多米尼克（Dominica）、格林纳达（Grenada）、圣基茨和尼维斯（St. Kitts and Nevis）、圣卢西亚（St. Lucia）、圣文森特和格林纳丁斯（St. Vincent and the Grenadines）
软钉住 （22个）	传统钉住 （15个）	阿鲁巴（Aruba）、巴哈马（The Bahamas）、巴林（Bahrain）、巴巴多斯（Barbados）、伯利兹（Belize）、库拉索和圣马丁（Curacao and Sint Maarten）、厄立特里亚（Eritrea）、伊拉克（Iraq）、约旦（Jordan）、阿曼（Oman）、卡塔尔（Qatar）、沙特阿拉伯（Saudi Arabia）、土库曼斯坦（Turkmenistan）、阿联酋（United Arab Emirates）、委内瑞拉（Venezuela）
	稳定化安排 （5个）	安哥拉（Angola）、圭亚那（Guyana）、黎巴嫩（Lebanon）、马尔代夫（Maldives）、特立尼达和多巴哥（Trinidad and Tobago）
	爬行钉住（2个）	洪都拉斯（Honduras）、尼加拉瓜（Nicaragua）
其他有管理的安排（3个）		柬埔寨（Cambodia）、利比里亚（Liberia）、津巴布韦（Zimbabwe）
自由浮动（1个）		美国（United States）

资料来源：根据国际货币基金组织发布的《汇兑安排与汇兑限制年报（2017）》整理得到。

尽管这种松散型的美元区内存在东加勒比货币联盟这样的国家组织，但9名成员都是加勒比地区最小的国家（地区），整体经济实力有限。东加勒比货币联盟使用的统一货币并不是美元，而是东加勒比元[①]。美元是区域内主要储备货币，东加勒比元与美元建立硬钉住的货币局制度，这表明东加勒比货币联盟与欧洲经济与货币联盟（EMU）相比还存在许多差异。因此，总体上看，美元区的国家（地区）普遍可以独立制定和执行货币政策，整个美元区结构松散，并没有形成以美国为核心的完整、统一的货币联盟。

4.1.3.3 美元区的发展状况

国际货币基金组织的报告表明，2009—2017年，以美元作为汇率锚的国家（地区）的数量呈现下降趋势，而采取其他货币政策调控目标作为汇率锚

---

① 英属维尔京群岛除外。

的国家（地区）数量明显增加（见表4.4）。

表4.4　　　　　　　汇率锚及货币政策框架变化　　　　　　单位:%

年份汇率锚	美元	欧元	合成货币	其他货币	货币供应量	通货膨胀目标	其他货币政策目标
2009	28.7	14.4	7.4	4.3	13.3	15.4	16.5
2010	26.5	14.8	7.9	3.7	13.2	16.4	17.5
2011	25.3	14.2	7.4	4.2	15.3	16.3	17.4
2012	22.6	14.2	6.8	4.2	15.3	16.8	20.0
2013	23.0	14.1	6.8	4.2	13.6	17.8	20.4
2014	22.5	13.6	6.3	4.2	13.1	17.8	22.5
2015	22.0	13.1	6.3	4.2	13.1	18.8	22.5
2016	20.3	13.0	4.7	4.7	12.5	19.8	25.0
2017	20.3	13.0	4.7	4.7	12.5	20.8	24.0

资料来源：根据国际货币基金组织发布的《汇兑安排与汇兑限制年报（2017）》整理得到。

由表4.4可以看出，2017年，在国际货币基金组织的192个成员国（地区）的汇率锚及货币政策框架安排中，选择单一货币或合成货币的国家（地区）占42.7%，选择参考单一或多个货币政策调控目标的国家（地区）占57.3%。2009—2017年，美元、欧元等锚货币的汇率制度选择也出现了不同程度的变化（见图4.3）。

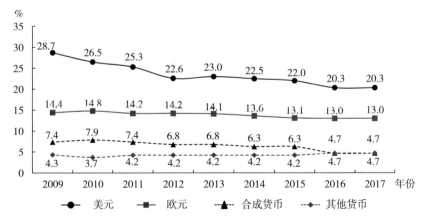

图4.3　采用不同锚货币的国家（地区）占比变化（2009—2017年）

［数据来源：根据国际货币基金组织发布的《汇兑安排与汇兑限制年报（2017）》整理得到］

由图 4.3 可以看出，2009—2017 年，尽管美元区的国家（地区）数量占比由 28.7% 下降到 20.3%，但美元依然是占比最多的锚货币，其次是欧元，约占 13%。因此，美元区在全球货币区域化发展中占有重要地位。

以下对美元区的总体经济发展状况进行分析。本书选取了 2017 年美元区 41 个国家（地区）的主要经济发展指标，包括：（1）经济增长率（GDP 增长率）；（2）经常账户余额/GDP；（3）政府财政赤字/GDP；（4）国债总额/GDP；（5）通货膨胀率（CPI 增长率）；（6）长期贷款利率；（7）本币汇率变动率（美元/本币汇率变动率）。上述各指标均取 2017 年末较 2016 年末的变化率，结果如表 4.5 所示。

表 4.5　　　　　　　　　　2017 年美元区主要经济指标统计结果　　　　　　单位:%

经济指标	样本数	均值	标准差	最小值	最大值
经济增长率	40	1.795	3.549	−14.0	6.947
经常账户余额/GDP	40	−7.065	8.263	−25.034	5.465
政府财政赤字/GDP	40	−4.200	6.927	−31.848	8.740
国债总额/GDP	40	62.491	34.206	0.055	152.846
通货膨胀率	39	2.477	3.120	−1.033	13.894
长期贷款利率	40	9.795	4.325	4.0	21.420
本币汇率变动率	41	−0.629	2.964	−18.294	0.074

数据来源：国际货币基金组织、世界银行、部分中央银行等官方网站数据计算得到。

注：库拉索和圣马丁仅统计了本币汇率数据，委内瑞拉在 2017 年出现严重的通货膨胀，为避免对总体产生影响，表内未包括委内瑞拉的通货膨胀率数据。

根据美元区的统计结果，2017 年美元区 40 个国家和地区（不包括库拉索和圣马丁）的平均经济增长率为 1.795%，经常账户余额和政府财政赤字占 GDP 的比率较高。美元区国家外债负担较重，国债总额占 GDP 的比率平均达到 62.491%，且各国之间债务差异较大。美元区物价较为稳定，少数国家物价上涨较快。美元区的长期利率水平不高，本币对美元汇率波动率很小，利率和汇率比较稳定。

4.1.4　紧密型货币联盟——泛欧元区

1999 年 1 月 1 日，欧元正式启动，欧盟国家中首批加入欧元区的有 11 个国家，这些国家开始实施统一的货币政策。欧元诞生后，欧元区内成员不断增加，对促进欧洲经济与贸易发展以及提升欧洲货币的国际地位起到了积极作用。截至 2019 年 5 月，欧元区已有 19 个成员国，另有一些国家使用欧元作为其法定货币或实行钉住欧元的汇率制度。欧元成为当今世界能够与美元相抗衡的最主要的储备货币。为了更加全面地分析欧元的国际地位与发展趋势，本书讨论的"泛欧元区"不仅包括欧盟成员中的欧元区国家，还包括其他以欧元作为汇率锚的国家（地区）。

4.1.4.1 加入欧元区的趋同标准

1991 年 12 月 10 日，欧洲经济共同体首脑会议在荷兰的马斯特里赫特城签署了《马斯特里赫特条约》（以下简称《马约》），决定将欧共体改名为欧洲联盟。1992 年 2 月 7 日，《马约》正式生效，欧盟国家决定在 1999 年 1 月 1 日启动欧元，并实施货币政策一体化。

《马约》规定了欧盟成员国加入欧元区的 5 项"趋同标准"：（1）欧盟成员国年度财政赤字与国内生产总值之比 <3%；（2）公共债务与国内生产总值之比 <60%；（3）欧盟成员国的通货膨胀率≤三个通胀最低成员国上年的平均通货膨胀率 +1.5%；（4）长期利率不超过上述三个通胀最低国家平均长期利率的 2%；（5）欧盟成员国货币汇率保持正常波动范围不少于 2 年。

综合来说，上述趋同标准包括政府财政赤字、公共债务、通货膨胀率、长期利率和汇率。只有在满足这 5 项"趋同标准"的条件下，欧盟成员国才有可能加入欧元区。

4.1.4.2 泛欧元区的构成

泛欧元区包括欧元区已有 19 个成员国，以及其他使用欧元作为法定货币或实行钉住欧元的汇率制度的国家（地区）（见表 4.6）。

表 4.6　　　　　　　　　泛欧元区的国家（地区）

汇率安排		泛欧元区的国家（地区）
硬钉住 （5 个）	无独立法定货币 （3 个）	科索沃（Kosovo）、黑山（Montenegro）、圣马力诺（San Marino）
	货币局（2 个）	波斯尼亚和黑塞哥维那（Bosnia and Herzegovina）、保加利亚（Bulgaria）

续表

汇率安排		泛欧元区的国家（地区）
软钉住 （20个）	传统钉住 （18个）	佛得角（Cabo Verde）、科摩罗（Comoros）、丹麦（Denmark）、圣多美和普林西比（Sao Tome and Principe）；西非经济与货币联盟（WAEMU），包括贝宁（Benin）、布基纳法索（Burkina Faso）、科特迪瓦（Cote d'Ivoire）、几内亚比绍（Guinea Bissau）、马里（Mali）、尼日尔（Niger）、塞内加尔（Senegal）、多哥（Togo）；中非经济与货币共同体（CEMAC），包括喀麦隆（Cameroon）、中非共和国（Central African Republic）、乍得（Chad）、刚果（the Republic of Congo）、赤道几内亚（Equatorial Guinea）、加蓬（Gabon）
	稳定化安排 （2个）	克罗地亚（Croatia）、托马其顿共和国（the Republic of North Macedonia）
自由浮动 （19个）		欧洲货币联盟（EMU），包括奥地利（Austria）、比利时（Belgium）、塞浦路斯（Cyprus）、爱沙尼亚（Estonia）、芬兰（Finland）、法国（France）、德国（Germany）、希腊（Greece）、爱尔兰（Ireland）、意大利（Italy）、拉脱维亚（Latvia）、立陶宛（Lithuania）、卢森堡（Luxembourg）、马耳他（Malta）、荷兰（Netherlands）、葡萄牙（Portugal）、斯洛伐克（the Slovak Republic）、斯洛文尼亚（Slovenia）、西班牙（Spain）

资料来源：根据国际货币基金组织发布的《汇兑安排与汇兑限制年报（2017）》整理得到。

根据表4.6，泛欧元区包括44个国家，除了19个欧元区国家对外统一实行自由浮动汇率制度以外，实行硬钉住欧元的有5个国家，实行软钉住欧元的有20个国家。

在泛欧元区内的主要成员国是19个欧元区国家，即德国、法国、比利时、荷兰、卢森堡、意大利、西班牙、葡萄牙、芬兰、奥地利、爱尔兰、希腊、塞浦路斯、爱沙尼亚、立陶宛、斯洛伐克、马耳他、拉脱维亚和斯洛文尼亚，目前，欧元区总人数已超过3.3亿。

1999年1月1日，欧元区国家开始实行统一的货币政策（Single Monetary Act）。2002年，欧元现金进入市场流通。欧元区总部设在德国法兰克福，欧元的发行与使用受欧洲中央银行（European Central Bank，ECB）和欧洲中央银行系统（European System of Central Banks，ESCB）的监管。此外，欧盟以外还有6个国家（地区）同样使用欧元作为其法定货币，它们分别是摩纳哥、梵蒂冈、安道尔、科索沃、黑山和圣马力诺。[①]

在泛欧元区内存在着欧洲货币联盟、西非经济与货币联盟和中非经济与货币共同体3个货币联盟，泛欧元区的所有44个国家（地区）中有33个国家（地区）处在三大货币联盟内，它们与前文所述的东加勒比货币联盟（ECCU）共同构成了当今世界四大货币联盟。相比松散型的美元区来说，泛欧元区无论从国家组织形式、政策制定统一性，还是地缘政治、文化等方面来看，都更加成熟、紧密，更具竞争力。

4.1.4.3　泛欧元区的发展状况

前文中表4.4和图4.3的数据显示，2009—2017年，欧元一直处于美元以外的第二大锚货币地位，以欧元作为汇率锚的国家（地区）的数量呈现小幅下降趋势，由2009年的14.4%下降到2017年的13.0%。

以下对泛欧元区的总体经济发展状况进行分析。本书选取了2017年泛欧元区44个国家（地区）的主要经济发展指标，包括：（1）经济增长率（GDP增长率）；（2）经常账户余额/GDP；（3）政府财政赤字/GDP；（4）国债总额/GDP；（5）通货膨胀率（CPI增长率）；（6）长期贷款利率；（7）本币汇率变动率（美元/本币汇率变动率）。上述各指标均取2017年末较2016年末的变化率，分析结果如表4.7所示。

表4.7　　　　　　　2017年泛欧元区主要经济指标统计结果　　　　单位:%

经济指标	样本数	均值	标准差	最小值	最大值
经济增长率	44	2.961	3.164	-4.608	7.771
经常账户余额/GDP	44	-4.129	8.755	-18.944	25.972
政府财政赤字/GDP	44	-2.649	2.60	-8.209	1.93
国债总额/GDP	44	55.926	26.437	20.94	126.029
通货膨胀率	44	1.827	1.959	-1.551	7.17
长期贷款利率	44	5.908	3.520	0.41	19.61
本币汇率变动率	44	12.04	5.893	-12.415	14.458

数据来源：根据国际货币基金组织官方网站WEO、IFS数据计算得到。

根据国际货币基金组织的统计数据计算得出，2017年泛欧元区44个国家

[①]　由于摩纳哥、梵蒂冈和安道尔尚未加入国际货币基金组织，鉴于数据的可得性，本书中有关泛欧元区的统计分析不包括这三国。

（地区）的平均经济增长率为 2.961%，经常账户余额和政府财政赤字占 GDP 的平均比率并不高，但各国之间经济发展不均衡。泛欧元区国债总额占 GDP 的比率平均达到 55.926%，未超出 60% 的国际安全警戒线，但各国之间债务差异较大，例如，佛得角的国债总额占 GDP 的比率在 2017 年末达到了 126.029%。泛欧元区物价水平总体稳定，少数国家物价上涨较快，例如非洲的乍得 2017 年通货膨胀率高达 7.17%。泛欧元区的长期利率水平大多不高，由于多使用或者钉住欧元，本币对美元汇率波动方向及变化率基本保持一致，2017 年泛欧元区货币对美元平均升值 12.04%。

4.1.5 世界主要货币区的发展比较

当前，世界主要货币区有两个：美元区和泛欧元区。两大货币区在全球支付结算中占据显著地位，二者竞争激烈。本书根据前文所采集的数据，对 2017 年美元区和泛欧元区的主要经济发展状况指标进行比较分析，进而探究两个货币区的竞争差距，结果如表 4.8 所示。

表 4.8　　　　　　2017 年美元区与泛欧元区经济发展状况比较　　　　单位：%

经济指标	美元区	泛欧元区
在世界 GDP 中的占比	19.577	12.512
经济增长率	1.795	2.961
经常账户余额/GDP	−7.065	−4.129
政府财政赤字/GDP	4.20	2.649
国债总额/GDP	62.491	55.926
通货膨胀率	2.477	1.827
长期贷款利率	9.795	5.908
本币汇率变动率	−0.629	12.04

数据来源：根据国际货币基金组织 WEO、IFS 数据整理得到。

由表 4.8 可以看出：（1）从世界整体经济实力来看，美元区依然位居全球经济核心地位，2017 年美元区的 GDP 总量占全球 GDP 总量的近 1/5，仅美国的 GDP 就占到全球 GDP 的 15.260%，而欧元区 19 国的 GDP 仅占全球 GDP 的 11.605%。美国经济在历经国际金融危机后依然增长强劲。（2）2017 年美元区经济平均增速为 1.795%，低于美国的经济增速（2.273%），同期泛欧元区经济平均增速为 2.961%，高于欧元区的经济增速（2.332%）。这说明当前美元区的货币合作形式比较松散，经济发展并未形成较强的合力。相反，泛欧元区由于存在三大货币联盟，联盟内部实行统一的货币政策，强有力地支持了泛欧元区的经济增长。（3）2017年美元区的贸易赤字率、财政赤字率、国债比率、通货膨胀率等指标均超过了泛欧元区，美元区的内外部失衡状况显著，且债务率指标超出了安全警戒线，加重了偿债负担。（4）2017年美元区平均通货膨胀率超过2%，与泛欧元区相比，包括美国在内的美元区国家及地区经济在未来几年内有望出现强劲反弹，因此美元区的长期贷款利率水平高于泛欧元区。同时，2017年美元区货币与美元之间币值稳定，而泛欧元区货币相对美元出现较大幅度的升值，平均升值幅度为12.04%，其中，19个欧元区国家的欧元对美元平均升值幅度为14.458%。由此可见，建立货币区或货币联盟有助于区域内国家的经济发展、汇率稳定和政策协调，货币区内主导货币的选择必然是通过区域货币竞争产生出来的，它可以是现有货币抑或新产生的货币。

4.2　东亚地区货币竞争

在第2章的理论分析中，塞驰（Sachs）指出，区域内国家加强货币领域的合作，有利于降低交易成本，形成区域一体化的资本市场，提高小国在国际货币领域的竞争力。但是，区域内货币合作的过程也是区域内国家争做货币合作领导者的竞争过程，区域内货币合作的领导者也能得到比其他国家更多的货币合作的收益。在实现区域货币一体化的动态过程中，往往伴随着区域内主要国家争取使本币成为区域核心货币的竞争。例如，东亚货币合作既是东亚国家更好地参与国际货币竞争的需要，也是日本、中国等有竞争力的国家不断增强自身实力、争夺区域货币主导权的竞争过程。[①]

4.2.1　东盟共同体与"10+3"机制

4.2.1.1　东盟共同体的产生及特点

1967年8月7—8日，马来西亚、新加坡、印度尼西亚、泰国和菲律宾的

---

①　本书中所指的东亚是包括东北亚和东南亚在内的更加广阔的地理范围。

代表在曼谷召开会议，发表了《东南亚国家联盟成立宣言》（也称《曼谷宣言》），宣布东南亚国家联盟（Association of Southeast Asian Nations，ASEAN，简称东盟）正式成立。20 世纪 80 年代后，文莱（1984 年）、越南（1995 年）、老挝（1997 年）、缅甸（1997 年）、柬埔寨（1999 年）五国相继加入该组织，东盟成员国达到 10 个。东盟国家的国土总面积约 450 万平方公里，总人口约 6.25 亿人。东盟秘书处设在印度尼西亚首都雅加达。东盟除了 10 个正式成员国以外，其观察员国为巴布亚新几内亚。此外，为了更好地加强国际交往与合作，东盟还增加了 10 个对话伙伴国（地区），它们分别是中国、日本、韩国、印度、加拿大、澳大利亚、俄罗斯、新西兰、美国、欧盟。东盟建立的宗旨是坚持平等合作精神，共同努力实现本地区的经济增长、社会进步以及文化发展；加强本地区的合作与援助，实现本地区的和平与稳定；同国际组织和区域性组织保持紧密和互利的合作。

1997—1998 年发生的亚洲金融危机使东盟各国深刻认识到，只有加强政治、经济、社会、文化等领域的务实合作，在区域内构建应对外部冲击的有效机制，才能确保本区域的经济发展和安全稳定。东盟共同体就是基于上述设想并借鉴欧盟经验而产生的。

2003 年 10 月，第九届东盟国家首脑会议宣布将于 2020 年建成东盟共同体，这一决定标志着东盟将由松散型的以经济合作为主体的地区联盟转变为关系更加密切的、一体化的区域性组织。2012 年 11 月 18 日，在第 21 届东盟峰会上，东盟 10 国领导人同意在 2015 年 12 月 31 日建成东盟共同体，比原先的计划提前了 5 年。东盟共同体是维护东盟国家权利和利益的实体组织，它由东盟经济共同体（AEC）、东盟政治安全共同体以及东盟社会文化共同体三个部分组成。

东盟各国在政治、经济、社会、文化等方面存在着很大差异，比如：新加坡的国内生产总值（GDP）已达到东盟 10 国平均 GDP 的 14 倍，并且是缅甸 GDP 的 87 倍；印度尼西亚人口占东盟国家总人口的 40%，并且是文莱人口的 570 倍。这些差异使东盟国家难以在短期内实现像欧盟一体化所取得的发展成就。尽管如此，由 10 个国家组成的东盟经济共同体（AEC）将会在未来 5 年，依靠市场规模扩大、购买力增强和东盟所签订的各种自由贸易协议的优惠权益，吸引各国转向更加重视东盟市场，特别是在投资方面，将有更多的生产基地迁移至东盟，依据东盟各国的业务优势将跨国公司的不同部门分设在东盟内部的不同国家，例如将生产基地设在越南，将市场营销部设在泰国，将财务会计部设在新加坡等。加上国际金融危机的影响，欧美和日本的跨国公司将向东盟出口销售更多产品，利用东盟市场提高销售和利润，同时跨国公司也将加大对东盟的投资，有利于降低成本、优势互补，实现区域经济合作共赢。

2015 年底建立的东盟共同体看似是区域经济一体化的核心成员，但要实现经济发展目标——区域生产总值到 2020 年翻一番，到 2030 年成为全球第四大经济休，就必须和相关大国，尤其是中美两国维持更密切的经贸合作关系，处理好区域全面经济伙伴关系协定（10 + 6，简称 RCEP）和跨太平洋伙伴关系协定（简称 TPP）之间的平衡关系。偏离中美主导的经贸秩序，东盟共同体的经济抱负将难以实现。相比当年欧共体经济自主且主要国家均为世界主要经济体的情况，东盟共同体的经济自主能力很弱。

4.2.1.2　东盟 10 + 3 合作机制

1997 年 12 月 15 日，东盟 10 国与中国、日本、韩国 3 国领导人的首次会议在吉隆坡召开。各国领导人结合 21 世纪东亚地区经济发展前景与合作问题展开深入交谈，达成广泛共识，东盟 10 + 3 合作进程由此启动。经过 20 年的发展，截至 2017 年 11 月，10 + 3 已建立了 65 个对话与合作机制，其中包括经济、财政、外交、劳动、农林、旅游等 17 个部长级会议机制。10 + 3 领导人会议是最高层级机制，每年举行一次，主要对 10 + 3 发展作出战略规划和指导。

2017 年 11 月 14 日，第 20 次东盟 10 + 3 领导人会议在马尼拉举行。此次会议通过了《10 + 3 领导人关于粮食安全合作的声明》和《关于 10 + 3 合作 20 周年的马尼拉宣言》。粮食安全合作被视为 10 + 3 合作发展的优先领域，并将推动各成员国在新领域的合作，带来新的活力。

李克强总理在会议发言中指出，东盟 10 + 3 合作机制的重要战略目标是建立东亚经济共同体，这符合东亚各国人民的根本利益。他提出了如下六点建议：（1）大力推进贸易自由化便利化，逐步向单一市场迈进；（2）扩大产能和投资合作，打造互利共赢的产业链；（3）加强基础设施合作，构建互联互通网络；（4）深化金融合作，维护地区金融稳定；（5）加强可持续发展合作，打造均衡包容普惠的地区发展格局；（6）扩大人文交流合作，凝聚共同体

121

意识。

东盟 10 国在经济、政治、外交、宗教和文化等方面差异很大。之所以能够抱团而为，完全是因为其独特的地缘政治和地缘经济。夹于强国之间，使东盟 10 国可以利用大国博弈获得重要利益。因而，就有了东盟 10 + 3 合作机制，以及包括美国、澳大利亚等域外国家参加的东亚峰会。此外，东盟共同体国家还加入跨太平洋伙伴关系协定、区域全面经济伙伴关系协定、亚太自贸区（FTAAP）等大国主导的自贸协定和自贸区。尽管如此，东盟 10 + 3 合作机制仍是目前亚洲地区架构最完善、成果最显著的合作机制之一，为促进东亚地区和平稳定、发展繁荣作出了积极贡献。

4.2.1.3 清迈倡议与多边化协议

亚洲金融危机结束后，为了加强东亚地区金融稳定，2000 年 5 月，东盟 10 + 3 财长相聚在泰国清迈，共同签订了建立东亚区域性货币互换网络的清迈倡议（CMI）。该协议旨在当某一成员国出现流动性短缺或者较为严重的国际收支失衡时，能够通过区域内建立的货币互换网络，向其他成员国请求获得援助。CMI 决定在原有货币互换网络基础上扩大资金规模，并基于自愿原则，根据成员国达成的基本原则签署双边货币互换协议，一旦某一成员国出现外汇流动性短缺或者面临严重的国际收支逆差，货币互换网络将启动应急外汇资金，为危机国提供援助，实现东亚地区金融稳定目标。2008 年 5 月 4 日，东盟 10 + 3 财长同意共同出资至少 800 亿美元建立外汇储备基金，当某一成员国面临外汇短缺且可能出现危机时，更好地帮助成员国抵御金融危机。按照协议，中国、日本、韩国 3 国分担 80% 的出资额，东盟 10 国分担 20%。该项协议在原有的双边货币互换机制基础上，将应对外汇资金短缺危机的清迈倡议开始转向多边机制。2009 年 2 月 24 日，东盟 10 + 3 特别财长会议又进一步将区域外汇储备基金的总规模从 800 亿美元扩大到 1200 亿美元。

2010 年 3 月东盟 10 + 3 财长会议上，为提高东亚地区对抗国际金融危机的能力，各国决定将清迈倡议进一步升级为清迈倡议多边化协议（CMIM），建立一个资源巨大、多边与统一管理于一体的区域性外汇储备库，通过多边互换协议的统一决策机制，解决区域内国际收支不平衡和短期流动性短缺等问题，更加有效地防范和抵御货币危机带来的金融风险。

与清迈倡议仅有部分东盟国家加入不同，清迈倡议多边化协议成员不仅包括东盟10国，而且包括中国、日本、韩国、中国香港，总共有14个经济体。最初，清迈倡议多边化互换协议总额定为1200亿美元，2012年各成员决定将总额度扩大到2400亿美元，并于2014年7月17日正式实施。

清迈倡议多边化互换协议的各成员出资比例分别为：中国、日本、韩国及中国香港占80%，东盟10国占20%[132]。其中，中国（包括香港特区）与日本各占32%，韩国占比为16%；东盟国家中，泰国、马来西亚、新加坡、菲律宾、印度尼西亚5国各占3.793%，缅甸、柬埔寨、越南、文莱、老挝5国分别占0.05%、0.1%、0.833%、0.025%、0.025%。各成员申请贷款的额度是按其出资额乘以不同倍数来确定。缅甸、柬埔寨、越南、文莱、老挝可申请其出资额5倍的贷款，泰国、马来西亚、新加坡、菲律宾、印度尼西亚为2.5倍，韩国为1倍，中国和日本为0.5倍，中国香港为2.5倍，但不超过63亿美元（见表4.9）。

表4.9　　　　　　　　清迈倡议多边化协议（CMIM）安排

成员		出资额		购买倍数	最大贷款安排（亿美元）	总投票权	
		金额（亿美元）	占比（%）			票数	占比（%）
中国（China）	中国（不包括香港）China（excluding Hong Kong）	768	684	32.0	28.5	0.5	342	716	25.43
	中国香港（Hong Kong, China）		84		3.5	2.5	63	84	2.98
日本（Japan）		768		32.0		0.5	384	800	28.41
韩国（Korea）		384		16.0		1	384	416	14.77
+3（Plus 3）		1920		80.0		—	1173	2016	71.59
文莱（Brunei）		0.6		0.025		5	3	32.6	1.158
印度尼西亚（Indonesia）		91.04		3.793		2.5	227.6	123.04	4.369
泰国（Thailand）		91.04		3.793		2.5	227.6	123.04	4.369
马来西亚（Malaysia）		91.04		3.793		2.5	227.6	123.04	4.369
新加坡（Singapore）		91.04		3.793		2.5	227.6	123.04	4.369
菲律宾（Philippines）		91.04		3.793		2.5	227.6	123.04	4.369
越南（Vietnam）		20		0.833		5	100	52	1.847

续表

成员	出资额		购买倍数	最大贷款安排（亿美元）	总投票权	
	金额（亿美元）	占比（%）			票数	占比（%）
柬埔寨（Cambodia）	2.4	0.100	5	12	34.4	1.222
缅甸（Myanmar）	1.2	0.050	5	6	33.2	1.179
老挝（Lao PDR）	0.6	0.025	5	3	32.6	1.158
东盟（ASEAN）	480	20.0	—	1262	800	28.41
总计	2400	100.0	42	2435	2816	100.0

数据来源：东盟与中日韩宏观经济研究办公室（AMRO）① 官方网站。

此外，清迈倡议多边化协议还修改了原先只能在经济危机发生后才能提供贷款的规定，可在经济危机发生前给予成员贷款援助，并将在无国际货币基金组织融资情况下进行的双边货币互换比例由先前的 20% 提高到 30%。总之，清迈倡议多边化协议机制的贷款额度更适合东盟国家的经济规模，且获得货币互换安排贷款比较容易，足够应对成员短期流动性短缺。

清迈倡议多边化协议是亚洲货币与金融合作所取得的重要成果，对于防范亚洲金融危机、推动东亚货币合作有着极其重大的意义，是东盟经济共同体团结合作、保证金融稳定的重要举措，能够在一定程度上应对或降低经济危机带来的冲击，并使成员有充足的时间向国际货币基金组织等其他方面申请援助金。同时，清迈倡议多边化协议还将面对未来各种各样的挑战，包括尽快提高监管成员经济平稳状况系统的效能，以便及时预警，防范危机扩散到其他国家（地区）和继续扩大援助贷款的总额度等。

4.2.2 东盟经济共同体的现状与目标

2007 年 11 月，东盟国家在第 13 次领导人会议上签署了《东盟经济共同体蓝图》，明确建立东盟经济共同体的时间表、目标及举措，这标志着东盟经济共同体的建设已正式启动。2015 年 12 月 31 日东盟共同体成立，它由东盟经济共同

---

① 东盟与中日韩宏观经济研究办公室（ASEAN + 3 Macroeconomic Research Office，AMRO）成立于 2011 年 4 月，由东盟 10 国与中日韩财政部、中央银行共同设立，总部在新加坡。2016 年 2 月 AMRO 升级为国际组织。AMRO 主要对东亚区域经济体进行宏观经济与金融监测，服务东亚地区金融安全。

体、东盟政治安全共同体、东盟社会文化共同体三大部分组成。其中，东盟经济共同体构成东盟共同体的总基石，它属于次区域经济一体化组织。东盟经济共同体的建立意味着东盟已经迈入经济一体化时代，这对全球地缘经济、政治格局将会产生深远的影响，也为"一带一路"建设奠定了经济合作基础。

4.2.2.1 东盟经济共同体的现状

2007—2017 年，东盟 10 国在经济一体化进程中加快实现区域内商品、劳务、资本、劳动力的自由流动，不断实施减让关税和非关税措施，努力促进区域内贸易便利化，扩大服务贸易开放，放宽投资准入限制，加快专业人才资质认可制度建设，使本地区贸易和资本流动一体化程度不断提高。截至 2017 年底，东盟区域内 95.99% 的货物贸易已取消关税，而较发达的东盟 6 国（新加坡、泰国、马来西亚、菲律宾、印度尼西亚、文莱）这一比例高达 99.2%，其他 4 国（缅甸、柬埔寨、老挝、越南）达到 90.86%。东盟内部货物贸易成本平均下降 15%，有力地带动了东盟区域内贸易规模增加，且增速快于东盟区域外贸易增速。

表 4.10　　　　　2007—2017 年东盟各国及地区 GDP 增长率　　　　单位:%

国家（地区）	2007 年	2008 年	2009 年	2010 年	2011 年	2012 年	2013 年	2014 年	2015 年	2016 年	2017 年
文莱	0.120	-1.979	-1.819	2.652	3.744	0.913	-2.125	-2.508	-0.405	-2.465	1.329
泰国	5.435	1.726	-0.691	7.514	0.840	7.243	2.687	0.984	3.134	3.356	4.024
新加坡	9.112	1.788	-0.603	15.240	6.516	4.271	4.952	4.116	2.505	2.844	3.929
菲律宾	6.617	4.153	1.148	7.632	3.660	6.684	7.064	6.145	6.067	6.876	6.685
马来西亚	6.299	4.832	-1.514	7.528	5.294	5.473	4.694	6.007	5.092	4.223	5.897
印度尼西亚	6.345	7.442	4.702	6.378	6.170	6.030	5.557	5.007	4.876	5.033	5.067
越南	7.129	5.662	5.398	6.423	6.240	5.247	5.422	5.984	6.679	6.211	6.812
柬埔寨	10.213	6.692	0.087	5.963	7.070	7.313	7.357	7.143	7.036	6.863	6.997
缅甸	11.991	3.600	5.144	5.345	5.591	7.333	8.426	7.991	6.993	5.862	6.759
老挝	7.851	7.822	7.373	8.018	7.986	7.805	7.612	7.270	7.023	6.832
东盟经济共同体	7.1	4.2	1.9	7.3	5.3	5.8	5.2	4.8	4.9	4.6	5.4
东盟 6 国	5.7	3.0	0.2	7.8	4.4	5.1	3.8	3.3	3.5	3.3	4.5
其他东盟 4 国	9.3	5.9	4.5	6.4	6.7	6.9	7.3	7.2	7.0	6.5	6.9

数据来源：根据国际货币基金组织 WEO 数据整理得到。

　　注：表中东盟经济共同体包括东盟（ASEAN）10 国；东盟 6 国（ASEAN-6）指经济相对发达的 6 个东盟国家，包括文莱、泰国、新加坡、菲律宾、马来西亚、印度尼西亚；其他东盟 4 国（CLMV）指经济欠发达的 4 个东盟国家，包括越南、柬埔寨、缅甸、老挝。

表 4.10 给出了 2007—2017 年东盟各国及地区 GDP 增长率。2008 年国际金融危机的爆发对全球经济特别是发达经济体带来了严重的冲击，导致部分东盟国家 GDP 在 2008—2009 年出现不同程度的下滑，但 2010 年后东盟经济发展良好，依然保持了较快的经济增长速度（见图 4.4）。

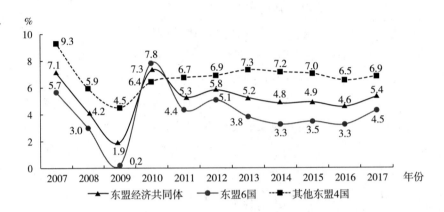

图 4.4　2007—2017 年东盟地区 GDP 增长率比较

（数据来源：根据表 4.10 中数据整理得到）

从图 4.4 可以看出，2007—2017 年，经济较为发达的东盟 6 国 GDP 增速总体慢于欠发达的其他东盟 4 国（2010 年除外）。受 2008 年国际金融危机的影响，2010—2016 年，东盟经济共同体 GDP 增速略有下降，2017 年经济增长开始明显加快。

2007—2017 年，东盟经济共同体的货物贸易总额、区域内货物贸易额占比总体呈增长趋势，但 2009 年受国际金融危机的影响出现较大幅度下降。2015—2016 年，受美国经济复苏、美元加息以及贸易保护主义抬头等影响，东盟经济共同体的货物贸易总额、区域内货物贸易额和对外货物贸易额均出现小幅下降，2017 年出现较大幅度回升（见图 4.5）。

自 1996 年起，东盟就已开始服务贸易自由化谈判，并逐步取消服务贸易的限制，促进了区内服务贸易的自由化。截至 2018 年底，东盟国家已有 80 多个服务部门对外资开放，扩大了外资控股比例。在原有的《东盟投资框架协议》基础之上，2008 年 12 月东盟成员国共同签署了《东盟全面投资协议》，又经过 2014 年通过的《东盟全面投资协议的修正议定书》，进一步放宽或者取消了外商投资限制，其中制造业、采矿业、农业、服务业等领域对外开放更

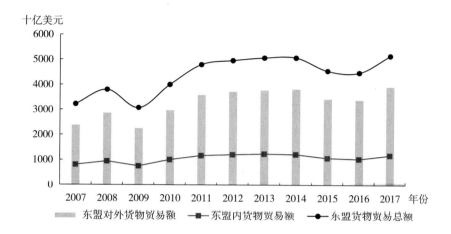

图 4.5 2007—2017 年东盟经济共同体货物贸易总额及其分布趋势

［数据来源：东盟经济共同体. 东盟统计年鉴 2017/2018 ［R］. 2018 (12)］

为明显。东盟经济共同体的相关数据显示，东盟国家吸收的外国直接投资
（FDI）总额由 2007 年的 788.86 亿美元增至 2017 年的 1356.21 亿美元，增幅
达到 71.92%；区域外 FDI 总额由 2007 年的 704.52 亿美元增至 2017 年的
1086.46 亿美元，增幅达到 54.21%；区域内 FDI 总额由 2007 年的 84.35 亿美
元增至 2017 年的 269.75 亿美元，增幅达到 219.80% （见图 4.6）。

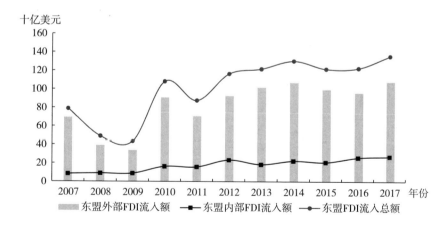

图 4.6 2007—2017 年东盟经济共同体 FDI 流入额及其分布趋势

［数据来源：东盟经济共同体. 东盟统计年鉴 2017/2018 ［R］. 2018 (12)］

由图 4.6 可以看出，2007—2014 年，东盟 FDI 流入总额呈震荡上升的趋

势，其中 2008 年、2009 年和 2011 年出现明显下降，2012—2014 年持续小幅上升。2015—2016 年，受美国经济复苏、美联储加息等影响，东盟外部 FDI 流入额以及 FDI 流入总额均出现明显回落，2017 年出现较大幅度回升。2007—2017 年，东盟内部 FDI 流入额呈现出持续上升的趋势，区内 FDI 占总额的比重从 2007 年的 10.69% 上升至 2017 年的 19.89%，东盟经济共同体内部的投资合作日益增强。

东盟经济共同体从 2007 年提出至今只经历了十多年时间，在推动东盟地区各国之间的贸易、投资、技术引进、人才交流等方面进行了务实的磋商与合作，为解决地区经济发展不均衡、改善贫穷与教育落后现状以及建设区域金融安全网起到了重要作用。近年来，尽管受到国际金融危机的冲击，但东盟总体经济仍保持较快的增长速度，东盟已成为世界经济最活跃的地区之一。

但是，由于东盟各国的经济发展水平、政治体制、法律制度、意识形态等差异明显，东盟经济一体化发展存在较大局限性。从目前实行的共同市场相关规划和实际运作情况看，主要存在以下问题：（1）成员国对外统一关税尚未形成，一些成员国对部分商品未实行关税减让，对敏感商品仍保持原有关税，非关税措施削减较慢；（2）有选择地开放服务贸易，成员国对服务贸易方式自由化仍存在诸多限制，在市场准入以及国民待遇方面开放度有限；（3）虽然成员国放宽了对外商投资企业的各类限制，但对于敏感部门，例如金融服务业等部门的开放依然缓慢，区域内共同资本市场建设仍处于起步阶段；（4）区域内劳动力的自由流动仅限于专业技术人员以及技能工人，有关专业人才资质互认的制度尚不健全。

4.2.2.2 东盟经济共同体的近期目标

东盟是世界上最具多样性的地区合作组织之一，其成员国在经济发展水平、政治制度、民族、宗教和文化等方面都有明显差异，既有发展水平比较高的新加坡、文莱、马来西亚、泰国、印度尼西亚、菲律宾，也有经济相对落后的缅甸、老挝、柬埔寨和越南，这些新东盟国家仍存在着大量的贫穷人口和普遍的收入分配不均现象。

2015 年 11 月，第 27 届东盟峰会在马来西亚首都吉隆坡举行。此次峰会最令人瞩目的成果就是东盟 10 国领导人共同签署了关于建立东盟共同体的《吉隆坡宣言》，宣布 2015 年 12 月 31 日正式建成以政治安全共同体、经济共同体和社会文化共同体三大支柱为基础的东盟共同体，这是继 1967 年东盟成立以来又一个重要的里程碑，它标志着东盟一体化进程迈出了实质性步伐。这次峰会还通过了题为《东盟 2025：携手前行》的愿景文件，该文件指出东盟未来十年的发展方向是让本地区更多的人获得经济利益，发展目标是到 2030 年将 GDP 总量扩大一倍。

为了更好地实现东盟 2025 年发展目标，第 27 届东盟峰会还出台了《2025 年东盟经济共同体蓝图》，提出了东盟经济共同体建设的五大支柱：一是高度一体化和凝聚力的经济；二是竞争、创新和活力的东盟；三是促进互联互通和部门合作；四是有弹性、包容和以人为本的东盟；五是全球性的东盟。

东盟经济共同体通过"10 + 1"自由贸易协定和《区域全面经济伙伴关系协定》（RCEP），进一步加快东盟融入世界经济的进程，提升东盟的国际地位，并进一步完善东盟现有的自由贸易协定，促进与新兴市场经济体或区域集团的经济合作，开展与非自由贸易对话伙伴的双边贸易和投资项目，积极参与全球性和区域性机构的活动，并积极推进资本账户自由化和支付结算系统建设，以实现区域金融一体化和区域金融稳定的目标。东盟一体化的建设进程，还有利于促进柬埔寨、老挝、缅甸和越南（CLMV）的国内建设，缩小与其他东盟国家（ASEAN－6）的经济发展差距，推动增长三角、大湄公河领域的次区域经济合作，有助于实现东盟一体化的发展目标。

4.2.3 东亚货币竞争影响因素的实证分析

4.2.3.1 数据描述与统计分析

在第 2 章中关于最优货币区的理论以及上一节中有关加入欧元区的趋同标准的分析基础上，本书结合东盟 10 + 3 机制下 14 个国家和地区（包括中国香港）的主要经济指标进行实证分析，得出目前东亚货币竞争状况的基本结论。

下述实证分析涉及 9 个变量：（1）年份（$year$）；（2）GDP 年增长率（gdp）；（3）经常账户余额/GDP（$current$）；（4）财政赤字/GDP（$fiscal$）；（5）国债总额/GDP（$debt$）；（6）CPI 指数变动率（cpi）；（7）长期贷款利率（$interest$）；（8）本币对美元汇率波动率（$exchange$）；（9）国家（地区）（cr）。数据采集范围为 2001—2017 年的年度数据。数据来源于国际货币基金组织及部分中央银行官网数据库。

以下将 2001—2017 年东亚 14 个国家（地区）的上述 9 个变量组成面板数据，并运用 Stata14.0 软件进行统计分析，结果见表 4.11。

表 4.11　　2001—2017 年东亚各国（地区）主要经济变量统计分析

变量		均值	标准差	最小值	最大值	观测值
year	overall	2009	4.909304	2001	2017	N = 238
	between	—	0	2009	2009	n = 14
	within	—	4.909304	2001	2017	T = 17
gdp	overall	5.253303	3.402215	− 5.416	15.24	N = 238
	between	—	2.610862	0.6764118	9.298941	n = 14
	within	—	2.284439	− 2.346992	15.38648	T = 17
current	overall	4.283382	11.77762	− 28.396	45.164	N = 238
	between	—	11.16585	− 15.59524	32.18324	n = 14
	within	—	4.738475	− 21.76685	17.26415	T = 17
fiscal	overall	− 0.864937	5.421065	− 21.48	35.994	N = 238
	between	—	3.529199	− 6.329235	6.504294	n = 14
	within	—	4.21587	− 28.84923	28.62477	T = 17
debt	overall	54.73691	50.53698	0	236.388	N = 238
	between	—	48.86617	1.029235	198.933	n = 14
	within	—	18.09123	2.635912	194.4679	T = 17
cpi	overall	4.05755	6.358824	− 3.594	54.019	N = 238
	between	—	3.82553	0.1288235	14.794	n = 14
	within	—	5.175708	− 11.83045	43.28255	T = 17
interest	overall	8.499916	4.979118	0.99	23.5	N = 238
	between	—	4.817968	1.557059	16.95824	n = 14
	within	—	1.773673	0.5216803	15.04168	T = 17
exchange	overall	− 0.1834076	9.284127	− 99.343	25.62	N = 238
	between	—	2.413176	− 7.33453	1.863118	n = 14
	within	—	8.986921	− 92.19188	24.74659	T = 17
cr	overall					N = 0
	between	—	—	—	—	n = 0
	within	—	—	—	—	T = —
crg	overall	7.5	4.039624	1	14	N = 238
	between	—	4.1833	1	14	n = 14
	within	—	0	7.5	7.5	T = 17

由表4.11可以看出,这是一个平衡的面板数据,图中 *crg* 是将字符型变量 "国家(地区)(*cr*)"转换生成的数值型变量。9个数值型变量的总体变动(overall)被分解为组间(between)和组内(within)两个部分。其中,变量 *year* 的组间标准差为0,称为组间变量(非时变变量),因为不同组的这一变量取值完全相同;变量 *crg* 的组内标准差为0,称为组内变量(时变变量),因为分布在同一组的数据属于同一个国家(地区)。其余7个变量均随个体和时间变化,其中:*gdp*、*current*、*debt*、*interest* 四个变量的组间方差大于组内方差,说明个体变化程度大于随时间变化程度;*fiscal*、*cpi*、*exchange* 三个变量的组间方差小于组内方差,说明个体变化程度小于随时间变化程度。

4.2.3.2 各国(地区)经济变量的变化趋势

以下分别给出了2001—2017年东亚14个国家(地区)7个经济变量的变化趋势,见图4.7至图4.13。

(1)各国(地区)的 GDP 年增长率时间序列图

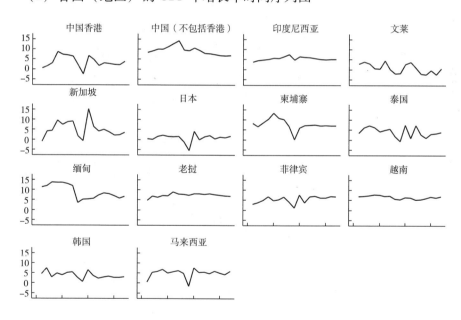

图4.7 2001—2017年东亚各国(地区)GDP 年增长率变化趋势

由图4.7可以看出,2001—2017年东亚14个国家和地区中,GDP 年增长率变化趋势是不一致的:有的国家(地区)变化一直比较平稳,例如老挝、越南,其他大多数国家(地区)变化起伏较大。

（2）各国（地区）的经常账户余额/GDP 时间序列图

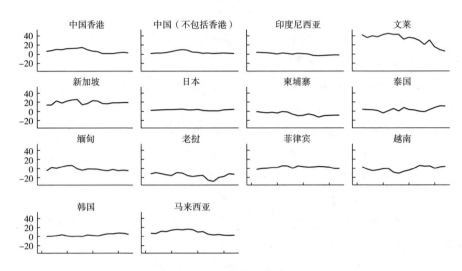

图 4.8　2001—2017 年东亚各国（地区）经常账户余额/GDP 变化趋势

由图 4.8 可以看出，2001—2017 年东亚 14 个国家和地区中，经常账户余额/GDP 变化趋势是不一致的：有的国家（地区）变化一直比较平稳，例如印度尼西亚、日本，其他大多数国家（地区）变化起伏较大。

（3）各国（地区）的财政赤字/GDP 时间序列图

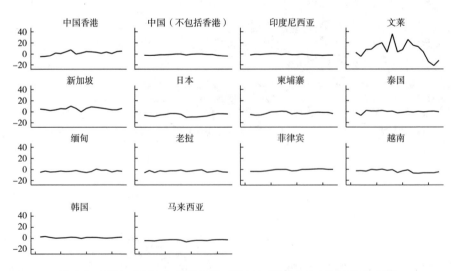

图 4.9　2001—2017 年东亚各国（地区）财政赤字/GDP 变化趋势

由图 4.9 可以看出，2001—2017 年东亚 14 个国家和地区中，除文莱以外，其他国家（地区）财政赤字/GDP 变化趋势一直比较平稳（2009 年除外）。

（4）各国（地区）的国债总额/GDP 时间序列图

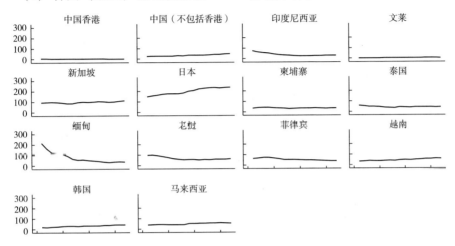

图 4.10 2001—2017 年东亚各国（地区）国债总额/GDP 变化趋势

由图 4.10 可以看出，2001—2017 年东亚 14 个国家和地区中，国债总额/GDP 变化趋势是不一致的：有的国家（地区）变化一直比较平稳，例如中国香港、文莱、柬埔寨，其他国家（地区）呈单边上升或者下降的趋势。

（5）各国（地区）的 CPI 指数变动率时间序列图

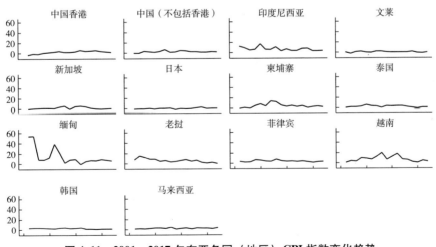

图 4.11 2001—2017 年东亚各国（地区）CPI 指数变化趋势

由图 4.11 可以看出，2001—2017 年东亚 14 个国家和地区中，CPI 指数变化趋势是不一致的：有的国家（地区）变化一直比较平稳，例如中国香港、文莱、日本、韩国；有的国家（地区）变化起伏较大，例如印度尼西亚、柬埔寨、缅甸、越南。

（6）各国（地区）的长期贷款利率时间序列图

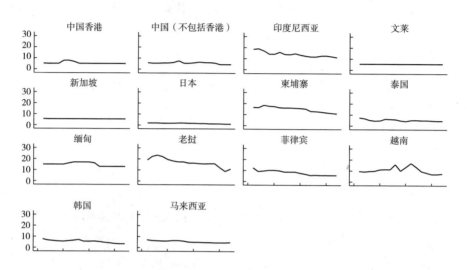

图 4.12 2001—2017 年东亚各国（地区）长期贷款利率变化趋势

由图 4.12 可以看出，2001—2017 年东亚 14 个国家和地区中，长期贷款利率变化趋势是不一致的：有的国家（地区）变化一直比较平稳，例如文莱、新加坡、日本，其他国家（地区）都存在不同程度的变化起伏。

（7）各国（地区）的本币对美元汇率波动率时间序列图

由图 4.13 可以看出，2001—2017 年东亚 14 个国家和地区中，本币对美元汇率变化趋势是不一致的：有的国家（地区）变化一直比较平稳，例如中国香港、柬埔寨，其他国家（地区）都存在不同程度的变化起伏。

4.2.3.3　东亚地区经济增长因素回归分析

本书分别从东盟 10 + 3、东盟 10 国、东盟 6 国三个视角考察东亚 14 个国家（地区）在 2001—2017 年 GDP 年增长率（*gdp*）受经常账户余额/GDP（*current*）、财政赤字/GDP（*fiscal*）、国债总额/GDP（*debt*）、CPI 指数变动率（*cpi*）、长期贷款利率（*interest*）、本币对美元汇率波动率（*exchange*）6

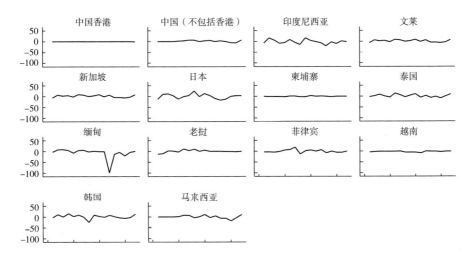

图 4.13 2001—2017 年东亚各国（地区）本币对美元汇率变化趋势

个变量的影响程度，从而深入分析东亚地区建立货币联盟的可行性，模型具体形式为：

$$gdp = \theta_t + \beta_1 current + \beta_2 fiscal + \beta_3 debt + \beta_4 cpi$$
$$+ \beta_5 interest + \beta_6 exchange + \alpha_i + \mu_{it} \qquad (4.1)$$
$$v_{it} = \theta_t + \alpha_i + \mu_{it}$$

式（4.1）中，$\beta_1 \sim \beta_6$ 分别代表参数估计量，θ_t 代表不可观测的时间效应，α_i 代表不可观测的个体效应，μ_{it} 代表随机误差项。v_{it} 代表复合误差。

（1）东盟 10 + 3 区域经济增长影响因素回归分析

本书运用 Stata 14.0 软件对 2001—2017 年东盟 10 + 3 区域 14 个国家和地区（包括中国香港）经济增长的影响因素进行了平衡的长面板数据回归分析。

① 普通最小二乘回归（OLS）

首先使用以 *crg* 为聚类变量的聚类稳健标准差进行普通最小二乘回归分析（OLS 法），回归结果如表 4.12 所示。

表 4.12　　　　　　**普通最小二乘回归模型（OLS 模型）**

样本数：238　　　　　　　　　　　　　　　　　　　　　　$R^2 = 0.6290$

gdp	系数	标准差	t 值	P 值 $> |t|$	95% 的置信区间	
current	0.0676581	0.0529351	1.28	0.224	− 0.0467013	0.1820174
fiscal	0.0511768	0.0694976	0.74	0.475	− 0.0989637	0.2013173

135

gdp	系数	标准差	t 值	P 值 > |t|	95% 的置信区间	
debt	0.0009391	0.0151882	0.06	0.952	-0.031873	0.0337512
cpi	0.0973844	0.0473592	2.06	0.060	-0.004929	0.1996978
interest	-0.2727349	0.0899223	-3.03	0.010	-0.4670002	-0.0784696
exchange	0.0358752	0.0172285	2.08	0.058	-0.0013447	0.0730952
crg2	5.967842	0.5060639	11.79	0.000	4.874558	7.061127
crg3	4.236608	0.8498023	4.99	0.000	2.400722	6.072495
crg4	-4.778321	1.332088	-3.59	0.003	-7.656121	-1.90052
crg5	0.3282019	1.561018	0.21	0.837	-3.044173	3.700577
crg6	-3.181028	3.145102	-1.01	0.330	-9.975607	3.613551
crg7	7.487346	1.124553	6.66	0.000	5.057898	9.916795
crg8	0.5365709	0.6556695	0.82	0.428	-0.8799169	1.953059
crg9	7.663328	1.064438	7.20	0.000	5.36375	9.962906
crg10	8.16247	1.708494	4.78	0.000	4.471493	11.85345
crg11	2.640654	0.7566586	3.49	0.004	1.005993	4.275316
crg12	4.614713	0.75613	6.10	0.000	2.981193	6.248232
crg13	0.368291	0.4786739	0.77	0.455	-0.6658212	1.402403
crg14	1.309608	0.6939164	1.89	0.082	-0.1895076	2.808723
year	-0.1038732	0.0388546	-2.67	0.019	-0.1878135	-0.0199329
_cons	213.0419	78.38417	2.72	0.018	43.70317	382.3806

由表 4.12 可以看出,共有 238 个样本参与了分析,回归模型的可决系数 $R^2 = 0.6290$,说明模型的解释能力较好。但变量 debt、fiscal、current 的回归系数是不显著的,剔除上述三个变量后,仍然使用以国家(地区)为聚类变量的聚类稳健标准差进行普通最小二乘回归,回归结果如表 4.13 所示。

表 4.13　　　　　　　　　　　**修正后的 OLS 模型**

样本数:238　　　　　　　　　　　　　　　　　　　　　$R^2 = 0.6125$

gdp	系数	标准差	t 值	P 值 > |t|	95% 的置信区间	
cpi	0.1021066	0.0246229	4.15	0.001	0.0489121	0.1553011
interest	-0.2881867	0.0943986	-3.05	0.009	0.4921225	-0.084251
exchange	0.0401379	0.0182477	2.20	0.047	0.0007161	0.0795596
crg2	5.591739	0.0397204	140.78	0.000	5.505928	5.67755

gdp	系数	标准差	t 值	P 值 > |t|	95% 的置信区间	
crg3	3.761932	0.8452534	4.45	0.001	1.935873	5.587991
crg4	-2.846717	0.0302765	-94.02	0.000	-2.912125	-2.781308
crg5	1.398261	0.0264807	52.80	0.000	1.341053	1.455469
crg6	-3.760332	0.3783473	-9.94	0.000	-4.577701	-2.942962
crg7	6.519258	0.913336	7.14	0.000	4.546116	8.492401
crg8	0.214191	0.0388189	5.52	0.000	0.1303278	0.2980542
crg9	7.028703	0.9931363	7.08	0.000	4.883163	9.174244
crg10	6.579933	1.120054	5.87	0.000	4.160203	8.999663
crg11	2.219687	0.2569583	8.64	0.000	1.664562	2.774812
crg12	3.8963	0.5256999	7.41	0.000	2.760595	5.032006
crg13	0.0924798	0.039733	2.33	0.037	0.0066417	0.1783178
crg14	1.204147	0.0134493	89.53	0.000	1.175091	1.233202
year	-0.1259297	0.0389084	-3.24	0.006	-0.2099861	-0.0418732
_cons	258.0101	78.38069	3.29	0.006	88.67887	427.3413

由表 4.13 可以看出，修正后的 OLS 模型的可决系数变化不大，说明模型的解释能力仍然较好。3 个解释变量和常数项的回归系数在 5% 的置信区间内都非常显著，修正后的 OLS 模型从整体显著性、系数显著性以及模型整体解释能力来看，均好于修正前的 OLS 模型。修正后的回归模型方程如下：

$$gdp = 0.102cpi - 0.288interest + 0.04exchange + 258.01 \qquad (4.2)$$

由式（4.2）可以看出，使用东亚 14 个国家（地区）为聚类变量的聚类稳健标准差进行普通最小二乘回归分析的结果表明，东盟 10 + 3 区域的 GDP 年增长率（gdp）受长期贷款利率、CPI 指数变动率、本币对美元汇率波动率的影响较为明显，其中 CPI 指数变动率和本币对美元汇率波动率与 GDP 年增长率正相关，长期利率与经济增长率负相关，随机误差项对 GDP 年增长率的影响很大且正相关。

② 可行广义最小二乘回归

如果仅考虑存在组内自相关，且各组的自回归系数相同的情况下，进行可行广义最小二乘回归分析，回归结果如表 4.14 所示。

表 4.14 可行广义最小二乘回归模型（FGLS 模型）

样本数：238 $R^2 = 0.5323$

gdp	系数	面板校正标准差	z 值	P 值 $> |z|$	95% 的置信区间	
cpi	0.0994465	0.0311162	3.20	0.001	0.0384598	0.1604331
$interest$	− 0.2662923	0.0865627	− 3.08	0.002	− 0.4359522	− 0.0966325
$exchange$	0.0417895	0.0192385	2.17	0.030	0.0040828	0.0794963
$crg2$	5.574665	0.6590155	8.46	0.000	4.283018	6.866311
$crg3$	3.600422	1.050856	3.43	0.001	1.540783	5.660061
$crg4$	− 2.80265	0.8470478	− 3.31	0.001	− 4.462833	− 1.142466
$crg5$	1.342367	0.575651	2.33	0.020	0.2141115	2.470622
$crg6$	− 3.641625	0.6610735	− 5.51	0.000	− 4.937306	− 2.345945
$crg7$	6.345328	0.9644989	6.58	0.000	4.454945	8.235711
$crg8$	0.2419782	0.7750098	0.31	0.755	− 1.277013	1.760969
$crg9$	6.852658	1.156577	5.92	0.000	4.585808	9.119508
$crg10$	6.331219	1.221077	5.18	0.000	3.937951	8.724487
$crg11$	2.194417	0.6797172	3.23	0.001	0.8621954	3.526638
$crg12$	3.839182	0.8293293	4.63	0.000	2.213727	5.464638
$crg13$	0.1166804	0.6744595	0.17	0.863	− 1.205236	1.438597
$crg14$	1.190991	0.5644094	2.11	0.035	0.0847684	2.297213
$year$	− 0.1134299	0.0864039	− 1.31	0.189	− 0.2827785	0.0559187
$\_cons$	232.7549	173.8821	1.34	0.181	− 108.0477	573.5575
rho	0.1701161					

仅考虑存在组内自相关，且各组的自回归系数不相同的情况下，进行可行广义最小二乘回归分析，回归结果如表 4.15 所示。

表 4.15 自回归系数不相同的 FGLS 模型

样本数：238 $R^2 = 0.4471$

gdp	系数	面板校正标准差	z 值	P 值 $> |z|$	95% 的置信区间	
cpi	0.0960639	0.0319954	3.00	0.003	0.033354	0.1587737
$interest$	− 0.2590004	0.074657	− 3.47	0.001	− 0.4053254	− 0.1126754
$exchange$	0.031879	0.0170454	1.87	0.061	− 0.0015292	0.0652873
$crg2$	5.33267	0.7974234	6.69	0.000	3.769748	6.895591
$crg3$	3.53381	1.044108	3.38	0.001	1.487397	5.580224

续表

gdp	系数	面板校正标准差	z 值	P 值 > |z|	95% 的置信区间	
crg4	− 2. 750396	0. 9486599	− 2. 90	0. 004	− 4. 609735	− 0. 8910568
crg5	1. 467823	0. 3956623	3. 71	0. 000	0. 6923392	2. 243307
crg6	− 3. 591367	0. 6886924	− 5. 21	0. 000	− 4. 941179	− 2. 241555
crg7	6. 301254	0. 9825112	6. 41	0. 000	4. 375567	8. 226941
crg8	0. 2968812	0. 7569513	0. 39	0. 695	− 1. 186716	1. 780479
crg9	6. 667536	1. 291009	5. 16	0. 000	4. 137204	9. 197867
crg10	6. 264294	1. 180393	5. 31	0. 000	3. 950766	8. 577821
crg11	2. 216458	0. 7364542	3. 01	0. 003	0. 7730345	3. 659882
crg12	3. 822194	0. 8954967	4. 27	0. 000	2. 067053	5. 577336
crg13	0. 1666456	0. 8273387	0. 20	0. 840	− 1. 454908	1. 7882
crg14	1. 281951	0. 6648901	1. 93	0. 054	− 0. 0212097	2. 585111
year	− 0. 1008016	0. 078306	− 1. 29	0. 198	− 0. 2542786	0. 0526754
_ cons	207. 3227	157. 5637	1. 32	0. 188	− 101. 4966	516. 1419
rhos =	0. 2925693	0. 6614591	0. 3674784	0. 2465375…	0. 0064346	0. 0579333

如果不考虑自相关，仅考虑不同个体扰动项存在异方差的情形下，进行可行广义最小二乘回归分析，回归结果如表 4.16 所示。

表 4.16　　仅考虑不同个体扰动项存在异方差的 FGLS 模型

样本数：238　　　　　　　　　　　　　　　　　　　　$R^2 = 0.6125$

gdp	系数	异方差修正后的标准差	z 值	P 值 > |z|	95% 的置信区间	
cpi	0. 1021066	0. 331962	3. 08	0. 002	0. 0370432	0. 16717
interest	− 0. 2881867	0. 0793492	− 3. 63	0. 000	− 0. 4437082	− 0. 1326652
exchange	0. 0401379	0. 0166188	2. 42	0. 016	0. 0075656	0. 0727101
crg2	5. 591739	0. 8027258	6. 97	0. 000	4. 018425	7. 165052
crg3	3. 761932	0. 9589669	3. 92	0. 000	1. 882391	5. 641473
crg4	− 2. 846717	0. 8400851	− 3. 39	0. 001	− 4. 493253	− 1. 20018
crg5	1. 398261	1. 130284	1. 24	0. 216	− 0. 8170558	3. 613578
crg6	− 3. 760332	0. 8946627	− 4. 20	0. 000	− 5. 513838	− 2. 006825
crg7	6. 519258	1. 177339	5. 54	0. 000	4. 211717	8. 826799
crg8	0. 214191	0. 8547608	0. 25	0. 802	− 1. 461109	1. 889491

gdp	系数	异方差修正后的标准差	*z* 值	*P* 值 > |*z*|	95% 的置信区间	
*crg*9	7. 028703	1. 176022	5. 98	0. 000	4. 723742	9. 333665
*crg*10	6. 579933	1. 129308	5. 83	0. 000	4. 36653	8. 793336
*crg*11	2. 219687	0. 8248313	2. 69	0. 007	0. 6030473	3. 836327
*crg*12	3. 8963	0. 7927254	4. 92	0. 000	2. 342587	5. 450014
*crg*13	0. 0924798	0. 7688371	0. 12	0. 904	− 1. 414413	1. 599373
*crg*14	1. 204147	0. 8654209	1. 39	0. 164	− 0. 492047	2. 900341
year	− 0. 1259297	0. 0353699	− 3. 56	0. 000	− 0. 1952533	− 0. 056606
_ *cons*	258. 0101	71. 31754	3. 62	0. 000	118. 2302	397. 7899

③ 回归模型比较分析

将上述各个回归模型的系数估计值和标准差进行比较，结果如表 4.17 所示。

表 4.17　　　　　　　　OLS 模型与 FGLS 模型比较

变量	修正后的普通最小二乘回归（*ols*）	可行广义最小二乘回归（*ar1*）	自回归系数不相同的可行广义最小二乘回归（*psar1*）	仅考虑不同个体扰动项存在异方差的可行广义最小二乘回归（*hetonly*）
cpi	0. 1021066 0. 02462288	0. 09944647 0. 03111621	0. 0960639 0. 03199541	0. 1021066 0. 03319623
interest	− 0. 28818674 0. 09439859	− 0. 26629232 0. 08656274	− 0. 25900041 0. 07465697	− 0. 28818674 0. 07934916
exchange	0. 04013785 0. 01824771	0. 04178953 0. 01923848	0. 03187904 0. 01704536	0. 04013785 0. 01661879
*crg*2	5. 5917388 0. 03972042	5. 5746647 0. 65901553	5. 3326696 0. 79742343	5. 5917388 0. 80272582
*crg*3	3. 7619319 0. 84525345	3. 6004225 1. 0508556	3. 5338104 1. 0441078	3. 7619319 0. 95896694
*crg*4	− 2. 8467165 0. 03027648	− 2. 8026497 0. 84704779	− 2. 750396 0. 94865986	− 2. 8467165 0. 84008507
*crg*5	1. 3982609 0. 02648068	1. 3423668 0. 57565103	1. 467823 0. 39566227	1. 3982609 1. 1302844

变量	修正后的普通最小二乘回归（ols）	可行广义最小二乘回归（ar1）	自回归系数不相同的可行广义最小二乘回归（psar1）	仅考虑不同个体扰动项存在异方差的可行广义最小二乘回归（hetonly）
crg6	- 3.7603315 0.37834735	- 3.6416253 0.66107351	- 3.5913672 0.68869236	- 3.7603315 0.89466273
crg7	6.5192582 0.913336	6.3453279 0.96449887	6.301254 0.98251121	6.5192582 1.1773386
crg8	0.21419098 0.03881892	0.24197822 0.77500975	0.29688123 0.75695131	0.21419098 0.85476077
crg9	7.0287033 0.99313633	6.852658 1.1565775	6.6675357 1.2910092	7.0287033 1.1760223
crg10	6.5799332 1.1200541	6.3312193 1.2210775	6.2642936 1.1803928	6.5799332 1.1293079
crg11	2.219687 0.2569583	2.1944165 0.67971715	2.2164583 0.73645425	2.219687 0.82483134
crg12	3.8963004 0.52569985	3.8391824 0.82932932	3.8221944 0.89549672	3.8963004 0.79272543
crg13	0.09247975 0.03973304	0.11668044 0.6744595	0.16664558 0.82733865	0.09247975 0.76883709
crg14	1.2041469 0.01344929	1.1909906 0.56440942	1.2819508 0.66489007	1.2041469 0.86542094
year	- 0.12592966 0.03890837	- 0.11342988 0.08640393	- 0.1008016 0.07830601	- 0.12592966 0.03536985
_cons	258.01006 78.380694	232.75494 173.88207	207.32269 157.56374	258.01006 71.317543

综合上述结果可以看出，hetonly 模型与修正后的 OLS 模型的可决系数相同，均为 0.6125，且高于其他两个回归模型，二者的回归系数估计值也相同，说明这两个模型的解释能力都比较好。但这两个模型的标准差并不相同，除了变量 cpi 以外，其余解释变量以及随机误差项在 hetonly 模型中的回归系数标准差均小于 OLS 模型。由此得出：上述 4 个模型中，hetonly 模型的回归效果比较好。

在 hetonly 模型基础上，假定不同个体的扰动项相互独立且存在异方差，区分各组的自回归系数相同和不相同两种情形，进行可行广义最小二乘回归分析，回归结果如表 4.18 和表 4.19 所示。

表 4.18　　　　　　　　　各组自回归系数相同的 FGLS 模型

样本数：238

gdp	系数	标准差	z 值	P 值 > |z|	95% 的置信区间	
cpi	0.0910205	0.0056505	16.11	0.000	0.0799458	0.1020953
interest	−0.2558116	0.0138378	−18.49	0.000	−0.2829332	−0.22869
exchange	0.0394349	0.0026128	15.09	0.000	0.034314	0.0445558
crg2	5.580445	0.6581087	8.48	0.000	4.290575	6.870314
crg3	3.550001	0.76591	4.64	0.000	2.048845	5.051157
crg4	−2.813208	0.8449291	−3.33	0.001	−4.469239	−1.157178
crg5	1.344892	0.5747662	2.34	0.019	0.2183714	2.471413
crg6	−3.614376	0.5760274	−6.27	0.000	−4.743369	−2.485384
crg7	6.266977	0.5433113	11.53	0.000	5.202106	7.331847
crg8	0.2503237	0.7740055	0.32	0.746	−1.266699	1.767347
crg9	6.848482	0.7994753	8.57	0.000	5.281539	8.415425
crg10	6.244662	0.7468898	8.36	0.000	4.780785	7.708539
crg11	2.18521	0.6446183	3.39	0.001	0.9217815	3.448639
crg12	3.825166	0.7065801	5.41	0.000	2.440294	5.210037
crg13	0.1250916	0.6734993	0.19	0.853	−1.194943	1.445126
crg14	1.194358	0.5641759	2.12	0.034	0.0885939	2.300123
year	−0.1163486	0.0066556	−17.48	0.000	−0.1293934	−0.1033038
_cons	238.5774	13.43567	17.76	0.000	212.244	264.9109

表 4.19　　　　　　　　　各组自回归系数不相同的 FGLS 模型

样本数：238

gdp	系数	标准差	z 值	P 值 > |z|	95% 的置信区间	
cpi	0.0858631	0.0043821	19.59	0.000	0.0772743	0.0944518
interest	−0.2418249	0.0104236	−23.20	0.000	−0.2622547	−0.2213951
exchange	0.0308192	0.0023085	13.35	0.000	0.0262946	0.0353437
crg2	4.891223	0.7055688	6.93	0.000	3.508334	6.274112
crg3	3.242886	0.7165587	4.53	0.000	1.838457	4.647316

gdp	系数	标准差	z 值	P 值 > ∣z∣	95% 的置信区间	
crg4	− 3.217358	0.8502954	− 3.78	0.000	− 4.883906	− 1.550809
crg5	1.24165	0.3794844	3.27	0.001	0.4978739	1.985426
crg6	− 3.615026	0.5752825	− 6.28	0.000	− 4.74256	− 2.487493
crg7	6.252387	0.6571977	9.51	0.000	4.964304	7.540471
crg8	0.21932	0.678796	0.32	0.747	− 1.111096	1.549736
crg9	7.013018	1.030486	6.81	0.000	4.993302	9.032734
crg10	5.821886	0.6976586	8.34	0.000	4.4545	7.189271
crg11	2.121325	0.620564	3.42	0.001	0.9050415	3.337608
crg12	3.478476	0.6764806	5.14	0.000	2.152599	4.804354
crg13	− 0.2540229	0.6836389	− 0.37	0.710	− 1.593931	1.085885
crg14	1.186225	0.5861478	2.02	0.043	0.0373963	2.335054
year	− 0.0995114	0.0051526	− 19.31	0.000	− 0.1096102	− 0.0894125
_ cons	205.0059	10.38282	19.74	0.000	184.656	225.3559

比较表 4.18 和表 4.19 的回归结果可以看出，在 hetonly 模型基础上，各组自回归系数不相同的回归模型中的回归系数标准差均小于各组自回归系数相同的回归模型，由此得出：各组自回归系数不相同的 hetonly 模型的回归效果更好。

（2）东盟 10 国经济增长影响因素回归分析

运用前文的回归分析方法，本书对东盟 10 国经济增长的影响因素进行了回归分析，回归结果如表 4.20 所示。

表 4.20　　　　　　　东盟 10 国经济增长影响因素回归模型

样本数：170　　　　　　　　　　　　　　　　　　　$R^2 = 0.5564$

gdp10	系数	异方差修正后的标准差	z 值	P 值 > ∣z∣	95% 的置信区间	
cpi10	0.0916722	0.0334632	2.74	0.006	0.0260855	0.1572589
interest10	− 0.3683738	0.0825825	− 4.46	0.000	− 0.5302326	− 0.2065151
exchange10	0.046437	0.0191329	2.43	0.015	0.0089373	0.0839368
crg102	− 7.380014	8372682	− 8.81	0.000	− 9.021029	− 5.738998
crg103	− 3.131178	1.140842	− 2.74	0.006	− 5.367186	− 0.8951696
crg104	2.79607	0.6849679	4.08	0.000	1.453557	4.138582

$gdp10$	系数	异方差修正后的标准差	z 值	P 值 > $|z|$	95% 的置信区间	
$crg105$	−4.318995	0.8741053	−4.94	0.000	−6.03221	−2.60578
$crg106$	3.456068	0.7216047	4.79	0.000	2.043749	4.872387
$crg107$	3.034494	0.4065322	7.46	0.000	2.237705	3.831282
$crg108$	−2.069957	0.657624	−3.15	0.002	−3.358877	−0.7810379
$crg109$	−0.1306478	0.3892438	−0.34	0.737	−0.8935516	0.632256
$crg1010$	−3.294847	0.8731121	−3.77	0.000	−5.006115	−1.583579
$year10$	−0.1395447	0.0437259	−3.19	0.001	−0.225246	−0.0538435
_cons	290.3292	88.57861	3.28	0.001	116.7184	463.9401

由表 4.20 可以看出，东盟 10 国经济增长影响因素回归模型的可决系数 $R^2 = 0.5564$，说明模型的解释能力一般。3 个解释变量和常数项的回归系数在 5% 的置信区间内都非常显著，模型的整体显著性也很好。回归模型方程如下：

$$gdp10 = 0.092cpi10 - 0.368interest10 + 0.046exchange10 + 290.329$$

$$(4.3)$$

由式（4.3）可以看出，东盟 10 国的 GDP 年增长率（gdp）受长期贷款利率、CPI 指数变动率、本币对美元汇率波动率的影响较为明显，其中 CPI 指数变动率和本币对美元汇率波动率与 GDP 年增长率正相关，长期利率与 GDP 年增长率负相关，随机误差项对 GDP 年增长率的影响很大且正相关。

（3）东盟 6 国经济增长影响因素回归分析

运用前文的回归分析方法，本书对东盟 6 国[①]经济增长的影响因素进行了回归分析，回归结果如表 4.21 所示。

表 4.21　　　　　　东盟 6 国经济增长影响因素回归模型

$gdp6$	系数	异方差修正后的标准差	z 值	P 值 > $|z|$	95% 的置信区间	
$cpi6$	0.2718581	0.1002748	2.71	0.007	0.0753231	0.468393
$interest6$	−0.8720425	0.1879317	−4.64	0.000	−1.240382	−0.5037031

---

① 这里所指的东盟 6 国是较早加入东盟经济共同体、经济发展水平比较高的 6 个国家，包括印度尼西亚、泰国、菲律宾、马来西亚、新加坡、文莱。

gdp6	系数	异方差修正后的标准差	z 值	P 值 > |z|	95% 的置信区间	
exchange6	0.1172522	0.0292761	4.01	0.000	0.059872	0.1746324
crg62	- 10.66964	1.679861	- 6.35	0.000	- 13.96211	- 7.377172
crg63	- 6.747363	1.817394	- 3.71	0.000	- 10.30939	- 3.185336
crg64	- 8.08878	1.710523	- 4.73	0.000	- 11.44134	- 4.736217
crg65	- 4.682666	1.197588	- 3.91	0.000	- 7.029895	- 2.335436
crg66	- 6.837866	1.655337	- 4.13	0.000	- 10.08227	- 3.593466
year6	- 0.1426547	0.0649605	- 2.20	0.028	- 0.2699907	- 0.0153187
_ cons	302.4769	132.5776	2.28	0.023	42.62965	562.3241

由表 4.21 可以看出，东盟 6 国经济增长影响因素回归模型的可决系数 $R^2 = 0.4712$，说明模型的解释能力一般。3 个解释变量和常数项的回归系数在 5% 的置信区间内都非常显著，模型的整体显著性也很好。回归模型方程如下：

$$gdp6 = 0.272cpi6 - 0.872interest6 + 0.117exchange6 + 302.477 \quad (4.4)$$

由式 (4.4) 可以看出，东盟 6 国的 GDP 年增长率 (gdp) 受长期贷款利率、CPI 指数变动率、本币对美元汇率波动率的影响较为明显，其中 CPI 指数变动率和本币对美元汇率波动率与 GDP 年增长率正相关，长期贷款利率与 GDP 年增长率负相关，随机误差项对 GDP 年增长率的影响很大且正相关。

(4) 东亚不同区域经济增长影响因素回归比较

根据上述式 (4.2)、式 (4.3)、式 (4.4) 的面板数据回归模型分析结果，可以得出如下结论：

① 进入 21 世纪以来，东亚货币合作取得了积极的成效。东亚经济增长的政策效应更多是来自价格、利率、汇率等货币性因素，而贸易政策、财政政策未能成为促进东亚经济增长的显著因素。

② 影响东亚地区经济增长的最主要因素是利率，且利率与经济增长率负相关，降低利率有助于拉动经济增长。其次是价格和汇率的影响，它们与经济增长率正相关，价格上涨、本币升值有助于刺激经济增长。回归结果符合经济理论的基本观点。

③ 从 3 个模型的回归方程来看，尽管东盟 10 + 3 的模型的可决系数略高于其他两个区域的模型，但从回归系数及其显著性来看，东盟 10 + 3 与东盟

10 国两个模型差别不大，而东盟 6 国模型要远超过其他两个模型，且东盟 6 国的复合误差项数值最小，这说明较早加入东盟经济共同体、经济发展水平较高的东盟 6 国具备同质性，6 国在长期的货币合作方面具有同步稳定性。因此，东盟经济共同体货币合作与竞争的关键取决于经济发展水平较高、政策较为协调统一的东盟 6 国未来的发展方向。

4.3 "一带一路"框架下的泛人民币区构想

从理论上分析，"最优货币区"可以超出国界范围，也可以在一国国界之内。我国地域辽阔、民族众多，除了广泛使用的人民币（CNY）以外，还有金融开放度很高的货币——港元（HKD）、澳门元（MOP）、新台币（TWD）。从我国来看，各区域能否达到最优货币区标准并最终实现单一货币区，对我国货币政策实施效果将带来较大影响。国内学者对生产要素的流动性、经济开放度、产品多样化、通货膨胀率相似标准等多项指标的比较分析表明，中国离"最优货币区"标准还有一定的差距，因而中国货币政策区域效应存在的可能性较大。

亚洲金融危机以后，我国积极加强与东亚各国之间的货币合作，通过"东盟 10 + 3"、中国—东盟"10 + 1"等东亚经济合作机制巩固和发展我国与东亚各国的经贸与货币合作，提升人民币在亚洲的货币地位。但是，加强区域货币合作需要一定的基础条件，从当前亚洲各国经济和金融发展现状来看，难度较大。一方面，东亚各国对生产要素自由流动的限制比较多，特别是对于国际资本流动的管制比较严格，这与蒙代尔最优货币区判断标准相去甚远；另一方面，美国是东亚各国的主要贸易对象，东亚国家对美国出口贸易额占比较大，对美国市场依赖性很强，而区域内贸易占总贸易额的比例还不是很高，并且存在国别差异。此外，中国、日本的工业体系较为完整，其他东亚国家以初级加工产品为主，工业化程度低，再加上东亚国家政治和经济发展极不平衡等，上述一系列因素决定了当前建立东亚统一货币的条件还不成熟。但东亚经济未来发展前景是美好的，这预示着东亚货币合作前途光明。

2008 年国际金融危机爆发后，全球经济下滑，国际贸易和投资规则正在发生深刻变革。在当前环境下，我国提出了共建"一带一路"的宏伟构想，目的是在更广泛的区域内促进经济要素自由流动，提高资源配置效率，推动沿线国家经济政策协调，加强更高水平和更深层次的区域合作，共同打造具有开放、包容、均衡、普惠等特征的区域经济合作框架。"一带一路"倡议的提出是对全球治理模式的创新，将为促进世界和平与发展起到越来越重要的作用。

4.3.1　"一带一路"倡议的提出

"一带一路"（The Belt and Road，B&R）是"丝绸之路经济带"和"21世纪海上丝绸之路"的简称。"一带一路"有利于沿线国家共同打造充满政治互信、经济融合和文化包容的命运共同体。

"一带一路"倡议的提出经历了以下几个发展阶段：

（1）2013年9月7日，国家主席习近平在哈萨克斯坦的纳扎尔巴耶夫大学演讲期间，首次提出了共建"丝绸之路经济带"的构想。

（2）2013年10月3日，国家主席习近平在印度尼西亚国会演讲时又提出了共建"21世纪海上丝绸之路"。

（3）2014年3月，李克强总理在《政府工作报告》中指出要抓紧规划建设"一带"和"一路"。

（4）2014年，国家主席习近平先后出访了中亚、东南亚、东北亚以及南亚的13个国家，将"一带一路"构想付诸实施。

（5）2015年3月28日，国家发展改革委员会、外交部和商务部联合下发了《推动共建丝绸之路经济带和21世纪海上丝绸之路的愿景与行动》，要求各级政府部门以"政策沟通、设施联通、贸易畅通、资金融通、民心相通"（以下简称"五通"）为核心，与沿线国家建立政治互信、经济融合、文化互容的命运共同体。

（6）2017年5月14—15日，第一届"一带一路"国际合作高峰论坛在北京举行。29位外国元首、政府首脑和3位重要国际组织负责人出席高峰论坛，来自130多个国家和地区的约1500名各界贵宾出席论坛。国家主席习近平阐述了"和平合作""开放包容""互学互鉴""互利共赢"的丝路精神，呼吁各国共同努力，将"一带一路"建成和平、繁荣、开放、创新、文明之路（以下简称"五路"）。

（7）2019年4月25—27日，第二届"一带一路"国际合作高峰论坛在北京举行。39 位外方领导人、150 多个国家和地区和 92 个国际组织的 6000 多位外国代表参加了本次论坛。国家主席习近平在开幕式上作了题为《齐心开创共建"一带一路"美好未来》的主旨演讲，提出构建全球互联互通伙伴关系、加强国际发展合作的理念和观点，坚持共商共建共享原则，为实现共同发展繁荣和构建人类命运共同体作出更大贡献。与 2017 年 5 月举行的第一届高峰论坛相比，第二届高峰论坛规模更大、参与国家和组织更多、成果更丰硕，共达成六大类 283 项务实成果，签署了总额 640 多亿美元的项目合作协议。会议最终通过了《"一带一路"国际合作高峰论坛圆桌峰会联合公报》，为高质量共建"一带一路"提出有针对性的解决方案，实实在在地解决了制约"一带一路"建设的突出问题，并达成了广泛共识。

4.3.2 "一带一路"沿线国家概况

目前，"一带一路"横贯欧亚大陆、西太平洋和印度洋，以中国为辐射中心，西北可达波罗的海三国（立陶宛、拉脱维亚、爱沙尼亚），东北到达俄罗斯和蒙古国，西南延至埃及和也门，东南可至印度尼西亚，辐射的国家范围广泛，成为目前跨度最长、最有发展潜力的国际经济大走廊。"一带一路"有五个走向，其中包括丝绸之路经济带的三个走向：（1）沿中国东北、西北途经俄罗斯、中亚到达欧洲及波罗的海；（2）沿中国西北途经中亚、西亚到达波斯湾及地中海；（3）沿中国西南途经中南半岛到达印度洋。它还包括 21 世纪海上丝绸之路的两个走向：（1）由中国南海途经马六甲海峡到达印度洋及欧洲；（2）由中国南海向南太平洋方向延伸[134]。①这五大方向途经的 64 个国家就是通常所指的"一带一路"沿线国家，但"一带一路"是开放包容的合作平台，参与"一带一路"的国家范围可以更加广泛。

根据现有研究文献及中国一带一路网关于"一带一路"沿线国家所作的分类，可以将这片广大区域从地理上界定为东北亚、东南亚、南亚、中亚、西亚北非和中东欧地区的 64 个国家（不包括中国），沿线涉及上海合作组织、东南亚国家联盟、南亚国家联盟、独联体经济联盟、欧盟等许多区域经济组织的成员国（见表 4.22）。

---

① 推进"一带一路"建设工作领导小组. 共建"一带一路"：理念、实践与中国的贡献[R]. 2017.

表 4.22　　　　　"一带一路"沿线国家（不包括中国）及区域分布

区域	"一带一路"沿线国家构成
东北亚（2 国）	蒙古国、俄罗斯
东南亚（11 国）	马来西亚、印度尼西亚、菲律宾、泰国、新加坡、缅甸、越南、文莱、柬埔寨、老挝、东帝汶
南亚（7 国）	印度、孟加拉国、斯里兰卡、巴基斯坦、马尔代夫、不丹、尼泊尔
中亚（5 国）	哈萨克斯坦、乌兹别克斯坦、塔吉克斯坦、土库曼斯坦、吉尔吉斯斯坦
西亚北非（20 国）	伊朗、伊拉克、科威特、叙利亚、巴林、卡塔尔、土耳其、也门、沙特阿拉伯、约旦、黎巴嫩、阿联酋、以色列、巴勒斯坦、阿曼、阿富汗、埃及、格鲁吉亚、亚美尼亚、阿塞拜疆
中东欧（19 国）	波兰、匈牙利、克罗地亚、斯洛伐克、保加利亚、捷克、罗马尼亚、乌克兰、白俄罗斯、摩尔多瓦、黑山、波黑、北马其顿、爱沙尼亚、立陶宛、塞尔维亚、拉脱维亚、阿尔巴尼亚、斯洛文尼亚

资料来源：中国一带一路网。

"一带一路"沿线 64 个国家（不包括中国）的人口总量为 30.8 亿人，约占全球总人口的 44%；GDP 总规模达到 12.8 万亿美元，占全球经济总量的 17%。由于沿线国家的资源禀赋、产业结构以及历史发展等存在显著差异，这些国家经济发展极不平衡。沿线国家中绝大部分为发展中国家，经济发展后劲十足，可以与中国经济形成互补。

4.3.3　中国与"一带一路"沿线国家的经贸发展现状

中国提出的"一带一路"倡议有益于世界经济长期发展与稳定，得到了众多国家和地区的积极响应，尤其是广大发展中国家获得了良好的发展机遇。截至 2019 年 4 月 24 日，中国已经与 126 个国家和 29 个国际组织签署了 176 份共建"一带一路"合作文件。

根据商务部数据，2018 年，中国与"一带一路"沿线国家的货物贸易总额为 1.3 万亿美元，较 2017 年增长了 16.3%，比 2018 年中国贸易增速高 3.7 个百分点，占外贸总额的 27.4%。其中，中国对沿线国家出口 7047.3 亿美元，比 2017 年增长 10.9%；从沿线国家进口 5630.7 亿美元，比 2017 年增长 23.9%。2013—2018 年，中国与"一带一路"沿线国家进出口贸易总额达 64691.9 亿美元。2019 年 1 月，我国对"一带一路"沿线国家进出口总额增长

11.5%，高于同期我国外贸增速2.8个百分点，占我国外贸总额的28.2%，比2018年12月提高0.7个百分点。韩国、越南、马来西亚、印度、俄罗斯等国是中国最主要的外贸合作伙伴。

2018年，中国企业对56个"一带一路"沿线国家进行非金融类直接投资156.4亿美元，比2017年增长8.9%，占2018年我国非金融类直接投资总额的13%，主要投向马来西亚、新加坡、老挝、俄罗斯、印度尼西亚、越南、巴基斯坦、柬埔寨、阿联酋等国家。2018年，中国企业在63个"一带一路"沿线国家开展对外承包工程，共完成营业额893.3亿美元，比2017年增长4.4%，占2018年完成总额的52%。2018年，"一带一路"沿线国家对华直接投资60.8亿美元，同比增长11.9%。

截至2019年4月，我国与"一带一路"沿线国家货物贸易总额已经突破6万亿美元，在沿线国家的直接投资已经突破了900亿美元，投资贸易额大幅增加。新签对外承包工程合同额超过5000亿美元，已建设82个经贸合作区，投资300多亿美元，为沿线国家创造的税费累计20.1亿美元，提供的就业岗位近30万个。

4.3.4 "一带一路"与泛人民币区的构建

4.3.4.1 "一带一路"建设中"五通"的含义

2013年9月3—13日，国家主席习近平对地处中亚的土库曼斯坦、哈萨克斯坦、乌兹别克斯坦、吉尔吉斯斯坦进行国事访问并出席了上合组织比什凯克峰会，在此期间提出构建"丝绸之路经济带"要创新合作理念，加强政策沟通、道路联通、贸易畅通、货币流通、民心相通[1]，逐步建立区域合作新格局。

"一带一路"建设进程中的"五通"包含如下内容。

（1）政策沟通

"一带一路"沿线国家之间可以对经济发展进程中的各项战略措施进行交流对接，制定有利于区域合作的目标和规划，通过协商解决各国合作中的问题，共同为实现务实合作、建设大型项目给予政策上的支持。

---

[1] 在2015年发布的《推动共建丝绸之路经济带和21世纪海上丝绸之路的愿景与行动》中，"道路联通"提法变为"设施联通"，"货币流通"提法变为"资金融通"。

（2）设施联通

"一带一路"沿线国家应优先打通交通瓶颈路段，使各国间的道路通达状况得以改善；沿线国家还应积极推进跨境电力通道建设，在区域内加强合作，逐步进行电网升级改造工作；在通信方面，各国可以合作建设跨境光缆等通信干线网络，规划建设洲际海底光缆，使各国间信息传递更加畅通。

（3）贸易畅通

"一带一路"沿线国家应致力于消除投资和贸易壁垒，促进贸易投资更加便利化。加快各国边境口岸的"单一窗口"建设，降低商品通关成本，并提升通关能力。沿线国家要挖掘贸易新增长点，促进国际贸易平衡，并拓展国家间的投资领域，在新兴产业发展中加强国际合作。同时，中国积极引进外国直接投资，鼓励中方企业参与沿线国家产业投资和基础设施建设，利用各自优势带动中国与沿线国家生产和就业。

（4）资金融通

"一带一路"沿线国家应提高双边本币互换、结算的范围和规模，积极推进亚投行、金砖银行的建设，加快组建丝路基金，支持沿线国家政府和信用高的企业、金融机构在中国境内发行人民币债券，允许符合条件的中国企业、金融机构在境外发行人民币和外币债券，促进人民币在沿线国家的广泛使用。

（5）民心相通

中国每年向"一带一路"沿线国家提供1万个名额的政府奖学金，与沿线国家联合申请世界文化遗产，并提高各国游客签证的便利度。沿线国家加强医疗合作，提升共同应对突发公共卫生事件的手段与能力，并扩大传统医药方面的合作。沿线国家积极开展联合实验室（研究中心）、海上合作中心、国际技术转移中心等科技领域的合作。

上述"五通"措施中与人民币区域化发展紧密相关的是"资金融通"。几午来，我国不断推进在"一带一路"沿线国家的投融资体系建设，加大开发性、政策性金融支持力度，促进双边、多边投融资平台建设，为"一带一路"建设提供了强有力的支撑。截至2019年4月22日，亚投行成员已达97个，来自"一带一路"沿线国家的超过6成。在"一带一路"沿线国家中，有24个国家设立中资银行各类机构102家，其中新加坡、马来西亚、印度尼西亚、泰国数量最多；人民币跨境支付系统覆盖40个"一带一路"沿线国家的165

家银行。银联卡发卡超过 2500 万张，覆盖 540 多万家商户，比 2013 年提出"一带一路"倡议前增长超过 14 倍。

本书以"资金融通"为切入点，着眼于在"一带一路"沿线国家分区域建立泛人民币区的战略设想，全方位打造资金融通渠道，为实现人民币区域化发展路径提供借鉴。

4.3.4.2　基于资金融通指数的泛人民币区分析

根据《"一带一路"沿线国家五通指数报告（2017）》[以下简称五通指数报告（2017）]，资金融通指数是五通指数之一，该指数的测算指标体系如表 4.23 所示[135]。

表 4.23　　　"一带一路"沿线国家资金融通指数指标体系

一级指标	二级指标	三级指标
资金融通指数	1. 金融合作	（1）货币互换合作；（2）金融监管合作；（3）投资银行合作；（4）商业银行合作
	2. 信贷体系	（1）信贷便利度；（2）信用市场规范度
	3. 金融环境	（1）总储备量；（2）公共债务规模；（3）货币稳健性

资料来源：翟崑，王继民."一带一路"沿线国家五通指数报告（2017）[M].北京：商务印书馆，2018：68~69.

五通指数报告（2017）对"一带一路"沿线 63 个①国家的资金融通指数进行了测算，具体测算方法详见五通指数报告（2017）的解释，本书援引五通指数报告（2017）中的最终测算结果进行排名，如表 4.24 所示。

表 4.24　　　中国与"一带一路"沿线国家资金融通指数排名

类型	排名	国家	资金融通指数分值	类型	排名	国家	资金融通指数分值
顺畅型（13 国）	1	新加坡	17.80	顺畅型（13 国）	8	卡塔尔	14.79
	2	马来西亚	16.07		9	匈牙利	14.39
	3	哈萨克斯坦	15.79		10	柬埔寨	14.25
	4	俄罗斯	15.73		11	土耳其	14.23
	5	阿联酋	15.44		12	波兰	14.10
	6	印度尼西亚	15.14		13	以色列	14.08
	7	泰国	15.04				

---

① 因巴勒斯坦多项数据缺失，报告仅测算了 63 个沿线国家的五通指数。

续表

类型	排名	国家	资金融通指数分值	类型	排名	国家	资金融通指数分值
良好型（19国）	14	科威特	13.75	潜力型（24国）	40	斯里兰卡	9.26
	15	菲律宾	13.25		41	老挝	9.02
	16	捷克	12.99		42	摩尔多瓦	8.94
	17	越南	12.85		43	阿塞拜疆	8.66
	18	沙特阿拉伯	12.71		44	波黑	8.66
	19	蒙古国	12.24		45	塞尔维亚	8.42
	20	巴基斯坦	12.01		46	乌兹别克斯坦	8.36
	21	印度	11.84		47	黑山	8.27
	22	塔吉克斯坦	11.72		48	孟加拉国	7.99
	23	亚美尼亚	11.36		49	克罗地亚	7.86
	24	格鲁吉亚	11.23		50	阿富汗	7.81
	25	罗马尼亚	11.23		51	埃及	7.11
	26	立陶宛	11.13		52	缅甸	6.81
	27	乌克兰	10.74		53	东帝汶	6.55
	28	文莱	10.72		54	伊朗	6.48
	29	巴林	10.69		55	不丹	6.46
	30	保加利亚	10.40		56	土库曼斯坦	6.43
	31	爱沙尼亚	10.19	薄弱型（7国）	57	约旦	5.89
	32	阿曼	10.12		58	马尔代夫	5.75
潜力型（24国）	33	北马其顿	9.75		59	黎巴嫩	5.54
	34	阿尔巴尼亚	9.73		60	伊拉克	5.36
	35	拉脱维亚	9.64		61	斯洛文尼亚	5.01
	36	尼泊尔	9.59		62	也门	3.86
	37	白俄罗斯	9.42		63	叙利亚	3.82
	38	吉尔吉斯斯坦	9.31	63国平均得分			10.37
	39	斯洛伐克	9.27				

资料来源：翟崑，王继民．"一带一路"沿线国家五通指数报告（2017）［M］．北京：商务印书馆，2018：68~69.

注：五通指数报告（2017）中将"一带一路"沿线国家资金融通指数划分为4类：顺畅型（14.00≤分值≤20.00）、良好型（10.00≤分值＜14.00）、潜力型（6.00≤分值＜10.00）、薄弱型（分值＜6.00）。

由表 4.13 可以得出，2017 年中国与"一带一路"沿线 63 个国家之间的资金融通指数平均得分为 10.37 分，说明资金融通水平总体处于良好型。从 63 个国家资金融通的具体情况来看，顺畅型国家有 13 个，占比 20.63%；良好型国家有 19 个，占比 30.16%；潜力型国家有 24 个，占比 38.10%；薄弱型国家有 7 个，占比 11.11%。

资金融通指数中得分最高的是新加坡（17.80 分），得分最低的是叙利亚（3.82 分）。上述数据表明，中国与沿线国家的资金融通水平差异较大，区域内的金融合作发展进程极不平衡，合作空间比较大（见图 4.14）。

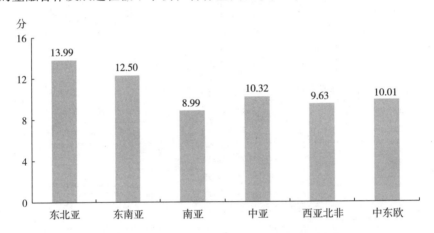

图 4.14　"一带一路"沿线六大区域资金融通指数平均得分

由图 4.14 可知：（1）东北亚（13.99 分）、东南亚（12.50 分）处在平均分（10.37 分）以上，且属于资金融通良好型区域；（2）中亚（10.32 分）、中东欧（10.01 分）处在平均分（10.37 分）以下，且属于资金融通良好型区域；（3）西亚北非（9.63 分）、南亚（8.99 分）处在平均分（10.37 分）以下，且属于资金融通潜力型区域。

从以上分析得出，中国在"一带一路"沿线国家建立泛人民币区的首选区域应当是东北亚和东南亚地区，其次应积极开拓中亚和中东欧国家的人民币支付结算业务，逐步在更多的"一带一路"沿线国家拓展人民币的使用范围，提升人民币的货币地位。

4.3.4.3　"一带一路"泛人民币区建设的主要成就

（1）中国移动支付走进"一带一路"沿线国家

以支付宝为代表的中国移动支付，不仅将中国经济带入数字普惠的新时代，同时也在"一带一路"沿线国家迅速推广。从 2015 年 2 月起，支付宝通过海上丝绸之路经济带与中国香港、韩国、泰国、马来西亚、菲律宾、印度尼西亚、孟加拉国、巴基斯坦、印度等地合作，相继落地了 9 个本地钱包。同时，跟随中国游客的脚步，支付宝也在拓展线下支付的受理网络，其线下业务已经遍布全球 40 多个国家和地区，例如俄罗斯地铁、泰国的夜市、7 - 11 等全球连锁便利店等，都可以接受扫码支付。

目前，阿里巴巴已将"一带一路"沿线国家作为战略发展重点。2017 年 2 月，蚂蚁金服和菲律宾数字金融公司 Mynt 达成战略合作，共同推进菲律宾本地最大的电子钱包 Gcash 的发展。2017 年 11 月 3 日，首个海外世界电子贸易平台（Electronic World Trade Platform，eWTP）试验区——马来西亚数字自由贸易区在吉隆坡启用运营。eWTP 位于吉隆坡机场的中国境外首个超级物流枢纽（eHub）也在同一天正式奠基，截至 2018 年 7 月，菜鸟公司凭借全球智能物流骨干网，已帮助 2651 家马来西亚小企业出口商品到全球，为小企业节省通关时间超 3000 万个小时。

中国人民银行原行长周小川曾指出，相对于人民币在金融领域的应用，未来人民币国际化应更强调实体经济领域的自由使用，如贸易、投资和旅游。支付宝的全球化与此不谋而合。在支付宝境外线下支付过程中，中国出境游消费者支付的是人民币，当地商家收单收到的则是本国货币。支付宝的全球化，更大的作用在于中国人移动生活方式（即人民币生活方式）的品牌输出。中国消费者出国可以不用兑换外币了，这会提高中国人民持有人民币作为世界货币的获得感，国外商户使用支付宝可以直接收到外币货款，就会更愿意使用人民币到中国进货，将来人民币在国际上作为支付结算货币的范围会更加广泛。

过去，在全球范围内，零售支付交易大量依赖维萨、万事达等国际卡组织和贝宝等国际支付机构来完成，背后需要通过人民币到美元、美元到当地货币的二次购汇，不仅提高汇兑成本，还进一步抬高美元在国际支付结算体系中的地位。现在，蚂蚁金服可以对 27 种货币进行结算汇兑，从长期来看，会有更多的境内外商户与消费者使用人民币作为支付结算货币。

此外，许多国家和地区允许出境游旅客采用花呗进行支付结算。展望未来，中国互联网企业搭建的零售支付网络平台将遍布全球，通过这些网络平台，人民币能够更好地实现与当地货币直接兑换，通过电商、物流、支付等多

155

个渠道,把中国成熟的电商手段与数字化技术移植到包括"一带一路"沿线国家在内的世界更广泛的地区。

支付宝及其"走出去"的 9 个本地钱包,都是"一带一路"沿线上的产物,都有来自全球的团队,他们正紧密合作,已经形成了移动支付领域的"一带一路"生态圈,有力助推了泛人民币区的建立。

虽然中国移动支付在全球具有领先优势并且在"一带一路"沿线国家发展迅猛,但是这种优势并不牢固,谷歌、脸书、亚马逊、维萨、万事达等欧美传统科技和金融巨头也开始瞄准"一带一路"沿线快速崛起,市场竞争异常激烈,未来中国企业将面临移动支付领域的巨大挑战和竞争。

(2) 探索建设"一带一路"的国家融资平台

资金融通是"五通"建设的重要支撑,"一带一路"倡议为中国和"一带一路"沿线国家的各类金融机构创造出历史性的发展机遇。

中国同沿线各国经贸往来发展日益频繁,各国政府、企业、金融机构等通过"一带一路"融资平台开展了积极的探索创新,在平台建设、机制设计、融资工具创新等方面做了大量工作,充分调动政府、市场以及海外资本等资源,加强在贸易融资、项目融资、风险管控、支付清算等领域的务实合作。

① 中外银行携手推进金融合作

虽然中资银行在"一带一路"沿线国家资金融通中起主导作用,但是采用国际银团贷款日益成为大型基础设施项目融资的重要方式,吸引了包括国际多边开发机构以及众多外资银行共同参与贷款。2017 年 5 月,习近平主席在第一届"一带一路"国际合作高峰论坛上宣布,国家开发银行将设立 2500 亿元人民币专项贷款用于支持"一带一路"项目建设,其中 500 亿元人民币用于金融合作贷款。2018 年 1 月 31 日,国家开发银行与英国渣打集团签署了 100 亿元人民币"一带一路"项目授信贷款备忘录,双方同意未来 5 年内共同推动人民币国际化和支持"一带一路"领域项目合作。2018 年 4 月 20 日,美国花旗集团与招商银行、中国银行分别签署合作谅解备忘录,3 家银行分别在各自优势领域探索"一带一路"合作渠道,包括贸易融资、公司融资、信托、代理以及资本市场等领域。2013 年至 2019 年 4 月,中国出口信用保险公司为了带动中方企业向沿线国家进行出口和投资,出具保单 2300 多张,提供保额 7124.3 亿美元,累计已支付赔款 27 亿美元。截至 2018 年 12 月底,中国证监会已同 63 个国家的金融监管当局签署了 66 个监管合作谅解备忘录。中国银保监会已同 32 个沿线国家的金融监管当局签订了监管合作备忘录。这些举措为中外资银行之间加强融资合作提供了有利条件和保障。

同时，中外银行之间逐步建立起有效的沟通协调机制。比如，国家开发银行发起设立了上合组织银联体、金砖国家银行合作机制以及中国—东盟国家银联体等多边金融合作机制，并和全球 98 个区域、次区域的金融机构建立合作关系，加强与合作国的中央银行、商业银行、开发性金融机构等合作，共同开展贸易融资、国际结算、财务顾问、银团贷款等国际业务。

2017 年 11 月 27 日，中国—中东欧银联体正式成立，它是由国家开发银行与中东欧金融机构合作建立的。该组织共有 14 家成员行，均是相关国家的政策性银行、商业银行和开发性金融机构。国家开发银行承诺将在 5 年内向成员行提供 20 亿欧元开发性金融贷款，用于开展同业间合作，共同支持中国、中东欧国家企业在中东欧电力、电信、基础设施、中小企业、高新科技、农业等领域的项目投资。

2019 年 4 月 24 日，由中国工商银行主办的第二届"一带一路"银行家圆桌会在北京召开。2017 年首届会议上工商银行曾提出要建立"一带一路"银行间常态化合作机制（以下简称 BRBR 机制）。截至 2019 年 4 月，已有 45 个国家和地区的 85 家金融机构加入 BRBR 机制。工商银行与其他 BRBR 机制成员合作落地 55 个"一带一路"项目，各方承贷总金额达 427 亿美元。

② 拓宽债券市场融资功能

在"一带一路"沿线国家的基础设施项目建设过程中，使用债券融资的比例相对较低，未来发展空间很大。2017 年，上海证券交易所启动了"一带一路"债券板块建设。2017 年 3 月，俄罗斯铝业联合公司在上海证券交易所成功发行了 10 亿元人民币债券。2018 年 1 月 19 日，红狮控股集团有限公司在上海证券交易所成功发行了"一带一路"建设公司债券，这是国内企业首次公开发行的"一带一路"公司债券，发行规模为 3 亿元人民币，年利率为 6.34%，期限为 3 年，债券评级为 AAA 级，所筹资金用于老挝万象红狮水泥项目的相关装备购置。2018 年 3 月 5 日，恒逸石化股份有限公司在深圳证券交易所成功发行了"一带一路"公司债券，这是国内企业首次在深圳证券交易所发行的"一带一路"公司债券，发行规模为 5 亿元人民币，年利率为

6.47%，期限为 3 年，债券评级为 AA + 级，所筹资金用于文莱 PMB 石油化工项目。2018 年 2 月，招商局港口控股有限公司与普洛斯洛华中国香港有限公司分别在深圳证券交易所成功发行了"一带一路"公司债券，它是首批公募发行的两只"一带一路"熊猫公司债券，发行规模分别是 5 亿元、12 亿元人民币，年利率分别是 5.15%、5.65%，期限分别是 3 年、9 年，债券评级均为AAA 级，所筹资金分别用于收购斯里兰卡汉班托塔港股份和欧洲物流基础设施资产。2019 年 4 月 3 日，民营上市公司特变电工在上海证券交易所小公募发行公司债券 5 亿元人民币，债券评级为 AAA 级，年利率为 4.28%，期限为 2 + 1 年，中证金融和中信证券共同出售信用保护合约、为民营企业发行人提供信用增进支持，有利于民营企业降低发债成本，所筹资金用于"一带一路"项目建设和运营。

此外，中国银行在与"一带一路"沿线国家进行金融合作过程中不断创新模式，降低融资成本。2017 年 1 月，中国银行卡拉奇分行与匈牙利分行联合发起向巴基斯坦财政部提供 3 亿美元的 3 年期贷款。2017 年 7 月 26 日，中国银行协助匈牙利在我国银行间债券市场发行 10 亿元熊猫债券，期限为 3 年，这是匈牙利首次发行熊猫债券，所筹资金用于"一带一路"项目。为挂钩对接该笔熊猫债券，2018 年 12 月 12 日，由中国银行发行的匈牙利人民币债券挂钩结构性票据产品在布达佩斯交易所挂牌上市，这是中国银行在欧洲面向机构投资者发行的第一只连接中国境内熊猫债券的美元/欧元双币种票据类投资产品，使匈牙利机构投资者足不出户便能参与该笔熊猫债券的发行认购，并享受人民币较高利率收益。2019 年 4 月 18 日，中国银行 38 亿美元多机构多币种"一带一路"主题债券集中在香港联合交易所挂牌上市，本次债券由香港、澳门、悉尼、法兰克福和卢森堡 5 家中国银行分行同步发行，募集资金将主要用于"一带一路"相关项目。2019 年 4 月 24 日，中国银行卢森堡分行在卢森堡证券交易所成功发行"一带一路"债券，规模为 5 亿美元。该债券是首只在卢森堡证券交易所挂牌上市的"一带一路"主题债券。截至 2019 年 4 月底，中国银行已在境外成功发行了 5 期"一带一路"主题债券，总规模约为 150 亿美元，涉及人民币、美元、欧元、港元等 7 个币种。中国银行已成为"一带一路"主题债券发行次数最多、规模最大、范围最广、币种最丰富的金融机构。

除中国银行以外，国内其他银行也充分发挥自身海外业务优势，利用债券市场融资，更好地服务"一带一路"建设。2017年10月，中国建设银行新加坡分行在新加坡证券交易所成功发行了"一带一路"基础设施债券，规模为5亿新加坡元，年利率为2.08%，期限为3年。2017年12月20日，国家开发银行以私募方式在香港联合交易所成功发行了"一带一路"债券，规模为3.5亿美元，期限为5年，所筹资金用于国家开发银行"一带一路"项目融资。

中国政府加快构建"一带一路"绿色金融体系，推动沿线国家经济的可持续发展。2017年5月至2018年12月，我国企业和金融机构共发行各类绿色债券7000多亿元人民币。2019年1—3月，我国绿色债券的发行规模比2018年同期增长178%。2019年4月16日，中国工商银行新加坡分行成功发行了全球首只绿色"一带一路"银行间常态化合作债券，规模为22亿美元，涉及人民币、美元、欧元3个币种，期限为3年和5年，所筹资金用于"一带一路"绿色项目建设。

从"一带一路"债券融资政策来看，2017年10月27日，上海证券交易所发布了《服务"一带一路"建设愿景和行动计划（2018—2020）》，旨在推动沿线国家的资本市场合作，拓宽"一带一路"直接融资渠道，使境内外资本市场实现双向开放目标。2018年3月2日，沪、深证券交易所发布了《关于开展"一带一路"债券试点的通知》，允许通过以下三种方式在沪、深交易所发行"一带一路"债券进行直接融资：一是沿线国家政府机构在沪、深交易所发行政府债券；二是沿线国家的中方企业和金融机构在沪、深交易所发行公司债券；三是境内外企业在沪、深交易所发行公司债券。截至2018年12月底，14家境内外企业获批在沪、深交易所发行"一带一路"债券，拟发行规模为800亿元人民币。其中，11家境内外企业已发行专项债券235亿元人民币。

③ 推动建立人民币跨境支付结算系统

"一带一路"沿线国家为了降低汇兑成本和减少支付限制，对跨境支付结算货币的需求日益多元化，这意味着应建立更加高效的人民币跨境支付结算系统。2015年，中国人民银行决定组建人民币跨境支付系统（CIPS）。2015年10月8日，CIPS（一期）开始运行，用于客户汇款、金融机构汇款等业务，使用实时全额结算。2018年5月2日，CIPS（二期）启动，实现了对国际金融市场的全覆盖，引入更多境外交易者参与业务。截至2018年3月，CIPS已有 31 家直接参与者和 695 家间接参与者，业务范围扩展到 148 个国家和地区。CIPS 为"一带一路"沿线国家使用人民币进行支付结算提供了便利，未来 CIPS 将根据泛人民币区发展要求不断升级完善，实现沿线国家金融市场的互联互通。

2014 年 6 月 18 日，中国建设银行伦敦分行成为英国唯一的人民币清算行。伦敦是世界上最大的人民币离岸外汇交易中心，英国是中国香港之外使用人民币支付最多的经济体。截至 2018 年 11 月，中国建设银行伦敦分行已为英国汇丰银行、渣打银行和日本瑞穗银行等 73 家金融机构开设账户，提供包括清算、外汇交易、资金拆借、衍生品等各类人民币产品与服务，累计完成清算 30.04 万亿元人民币，推动将伦敦建成最大的人民币离岸中心。

2017 年 10 月 9 日，中国外汇交易中心推出了人民币兑俄罗斯卢布同步交收（Payment vs Payment，PVP）业务，这是我国外汇市场首个人民币兑外币同步交收系统，它使人民币兑卢布交割时滞由原先的 1 个工作日缩短到几秒，不仅降低了外汇风险，还极大地提高了结算效率。随着"一带一路"建设扩大到亚洲、非洲、欧洲、拉丁美洲等，沿线国家（地区）将越来越多地以人民币计价付款。2017 年 12 月，伊朗没有在外贸交易中部署美元，俄罗斯等欧亚经济联盟成员国以人民币计价支付，巴基斯坦首都伊斯兰堡宣布人民币可用于双边贸易与投资活动，支持中巴经济走廊。2017 年 3 月，中国成为全球第一大原油进口国，原油进口量达到 920 万桶/日，俄罗斯、委内瑞拉、伊拉克、伊朗、沙特阿拉伯等国的许多原油供应商已以人民币计价支付。2018 年 8 月 23 日，石油出口国伊朗宣布不再使用美元作为国际结算货币，而倾向于使用欧元和人民币。预计到 2040 年，中国石油年需求量将增长 30% 以上。由于中国石油进口份额以人民币计价，这将提升石油出口国的人民币储备，用于从中国进口或投资到中国金融市场。2018 年 3 月 26 日，上海期货交易所子公司——上海能源交易所挂牌推出了人民币计价原油期货，这标志着人民币国际化迈出一大步。

截至 2018 年 6 月，人民币跨境结算比例是 23%，"一带一路"沿线国家人民币结算比例要低于这一数值。在基础设施投资建设方面，"一带一路"沿线国家每年约有 6000 亿美元的资金缺口，仅靠提供政府间的贷款或者开发机构贷款数量是不够的，同时还存在汇率的问题，因为"一带一路"很多国家的货币不能够自由兑换，且存在不同程度的资本管制，或者当地货币的汇率波动较大，面临汇率风险。另外，我国部分企业缺乏"走出去"的经验，也有企业间盲目竞争的问题。因此，一方面，可以通过政府部门或者大型开发机构牵头或者担保完成资金融通，把海外项目对接好，然后企业再"走出去"，防止国内企业不了解当地的市场和汇率风险。另一方面，可以鼓励"一带一路"沿线国家的企业和金融机构加入人民币清算系统，带动人民币贸易结算。此外，我国有能力的企业可以尝试建立一些海外产业基金，满足"一带一路"沿线国家的投资需要。

④ 建立国际合作专项基金

中国发起建立了多只政府性海外投资基金，包括中国—东盟投资合作基金、中国—中东欧投资合作基金、中国—欧业经济合作基金等。2017 年 11 月，丝路基金和美国通用电气公司旗下的 GE 能源金融服务公司在北京签署协议，共同投资"一带一路"沿线国家电力、油气、新能源等领域的基础设施项目。2017 年 12 月 16 日，中英双边投资基金开始运作，首期规模为 10 亿美元，主要投资于中国、英国以及第三方市场的创新和可持续增长，加强中英两国在基础设施建设、金融、投资等领域的务实合作，并探讨与"一带一路"沿线第三方市场开展交流与合作。同时，一些全球性和地区性金融机构，包括亚投行、金砖银行、非洲进出口银行、泛美银行、世界银行、欧洲复兴银行等都动用资金来支持"一带一路"沿线国家的建设。

此外，中国人民银行注重加强与国际金融机构的合作，先后出资 30 亿美元与国际金融公司（IFC）成立联合融资基金、出资 20 亿美元与泛美开发银行成立中国对拉美和加勒比地区联合融资基金、出资 20 亿美元与非洲开发银行成立非洲共同增长基金（AGTF）、出资 2.5 亿欧元与欧洲复兴开发银行（EBRD）成立股权参与基金。截至 2019 年 3 月，中国人民银行实际投资超过 30 亿美元，投资项目近 200 个，覆盖中亚、拉美、欧洲等地区。2018 年 4 月，中国人民银行与国际货币基金组织达成协议，共同组建了中国—基金组织联合能力建设中心，为"一带一路"国家提供经济金融政策的智力支持。

综上所述，随着中国倡导的"一带一路"建设的推进，人民币在跨境贸易与投融资领域的作用会日渐凸显。抓住"一带一路"建设的发展契机，全方位、多渠道推进人民币区域化发展，寻找泛人民币区的合理发展路径及方法，不仅可以提高人民币的国际地位，还能更好地服务国家对"一带一路"各项基础设施的建设，实现"一带一路"建设与构建泛人民币区的双向促进。

在"一带一路"泛人民区构建的过程中，东盟是"一路"建设的优先发展方向，也是构建泛人民币区的首选地区。从东盟共同体 2025 年愿景规划来看，东盟经济共同体的长期目标与"一带一路"倡议有许多契合点。东盟经济共同体的发展进程可以实现与"一带一路"的战略对接，东盟在"一带一路"基础设施互联互通和产能合作方面将起到重要作用。

1997 年亚洲金融危机爆发前，东盟国家经济持续快速增长。亚洲金融危机爆发后，东盟经济出现了剧烈波动。2002 年以后，东盟经济逐渐复苏。近年来，东盟已成为全球经济最活跃的地区之一，也是"一带一路"沿线重要的经济增长极。预计到 2020 年，东盟的国内生产总值将达到 4.7 万亿美元。到 2030 年，东盟有望成为全球第四大经济体。东盟在"一带一路"发展中的作用和地位将会进一步提升。

目前，大多数东盟国家基础设施比较滞后，电力供应及配套产业明显不足，这为我国企业到当地进行投资和开展工程承包提供了广阔的市场。截至 2020 年 9 月，中国企业已在泰国、马来西亚、越南、印度尼西亚、老挝、柬埔寨等国家建立了 25 个经贸合作区，有力地促进了国际产能和装备制造业合作。

东盟经济共同体还注重发展区域金融一体化，包括在区内银行、证券、保险等领域实现一体化，并促进区内资本项目进一步开放。东盟经济共同体未来规划与我国提出的"一带一路"倡议相契合，我国应优先发展与东盟经济共同体在产能、农业、电子商务、金融、信息和通信技术、科技、文化旅游等领域的合作，推动人民币在东盟地区的支付结算，及时了解和掌握东盟各国国情以及营商环境，在项目合作开展前做好可行性研究，避免发生各类金融风险。

4.4 本章小结

第 4 章主要阐述区域货币竞争现状与货币合作路径，首先解释了货币区的含义及其理论观点，并从汇率制度选择视角深入探究世界主要货币区——美元区和欧元区的形成、现状及发展趋势，提出了"泛欧元区"的概念，进而对东亚地区货币竞争现状及影响因素进行了理论与实证研究，最后提出"一带一路"框架下构建"泛人民币区"的基本构想，旨在提升人民币区域竞争力，打造世界经济新的增长极，通过贸易结算、直接投资、金融投资、对外援助等渠道扩大区域内人民币的使用规模及占比，降低人民币交易成本、提高交易效率，全方位打造"资金融通"渠道，为人民币区域化发展路径提供借鉴。

5 全球货币竞争与指数设计

一国货币全球化实质上是其经济和贸易全球化的产物，是该国经济实力在货币形态上的反映。货币全球化通常伴随着货币区域化的发展道路，发达国家之间、发达国家与新兴市场经济体之间在经济与贸易竞争的同时，必然产生货币竞争。如何准确反映本国货币的全球竞争力，及时把握好经济政策变化方向和力度，是摆在国内外研究者面前的一项重要课题。本书基于这样的思考，尝试创设了货币竞争力指数（MCI）模型，并通过国际实践加以检验，希望有助于对全球主要货币竞争力变化及其影响因素进行跟踪研究，为本国宏观经济政策调整提供理论依据。

5.1 全球货币竞争的研究目标

Hayek（1976）在其出版的《货币的非国家化》一书中提出一个问题：一般产品和服务通过市场竞争是最有效率的，为什么不能把货币引入市场竞争呢？哈耶克认为应废除中央银行制度，允许私人银行发行货币，通过完全市场竞争发现更稳健的货币[87]。尽管目前还没有一个国家真正实践"货币去国家化"，但是可以将哈耶克的这种从国内货币垄断走向货币竞争的观点引入国际领域，研究探讨主要国家之间货币竞争的问题。

目前，国内外学者关于货币竞争并未给出明确的概念界定。Cohen（1971）和 Kenen（1983）认为，货币国际化是指一国货币发展成为世界普遍接受的货币的过程，这是一国货币参与国际货币竞争的过程[59][6]。Philipp Hartmann（1998）将决定不同国家的货币在何种程度上被非居民使用的过程视为国际货币竞争[61]。陈雨露（2003）认为国际货币竞争表现为不同国家主权货币之间的竞争[62]。邱兆祥和粟勤（2008）指出货币竞争是一国经济实力和经济政策的竞争，货币竞争的最终结果是货币替代[141]。由此可以看出，根据竞争地域划分,货币竞争可分为境内货币竞争、区域货币竞争和全球货币竞争。前两种情况已在第3、第4章加以详细阐述,本章将立足全球视角研究货币竞争问题,结合中国及世界主要货币发行国的经济及货币发展现状进行比较,为衡量货币竞争力提供科学依据,探寻提升人民币全球竞争力的有效措施。

一国货币参与全球货币竞争不能纯粹靠政府力量去推动,而是由政治、经济、金融、文化、军事、历史、地理等多种因素综合起作用,不断提升货币竞争力的过程。事实上,研究全球货币竞争的本质在于探讨主要国家货币竞争力及其变化趋势。本书认为,货币竞争力是指某一国(或地区)的货币相对于其他国家(或地区)的货币在满足市场需求、信心保证、可持续获利方面所体现出的竞争能力。上述定义可通过货币竞争力决定的三因素模型加以反映(见图5.1)。

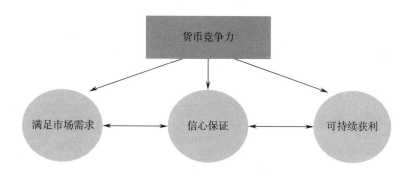

图5.1 货币竞争力决定的三因素模型

上述有关货币竞争力的定义是从某种货币在较长时期内得以在全球范围广泛使用的情况加以界定的,是对全球视角下货币竞争力的综合反映。根据该定义,一国(或地区)的货币要想成为国际货币,就应在全球范围内实现其安全性、流动性和盈利性的根本特质。具体来看:(1)满足市场需求表现在某种国际货币在计价结算功能和交易便利性两个方面能够满足正常的国际间贸易、投资及各类支付需求,提供足够的流动性和国际清偿力;(2)信心保证表现在某种国际货币在币值稳定性和发行国财务状况两个方面能够提高国际间资金转移的安全性,避免出现货币危机;(3)可持续获利表现在某种国际货币在本国经济发展潜力和收益可能性两个方面能够提供给国际社会的可持续盈利的机会。

上述关于货币竞争力的理解可以通过图5.2来表示。

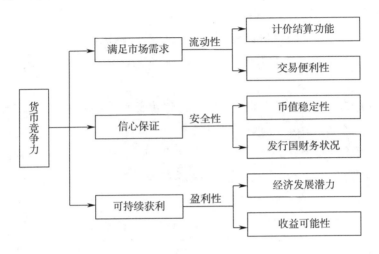

图5.2　货币竞争力决定因素的分解

5.2　货币竞争力指数模型设计

5.2.1　指标体系

近年来，国内外专家学者对货币竞争力的衡量方法作出了一些贡献。例如，2013年8月，美银美林策略师给出了一张全球货币竞争力图表。根据其测算结果，由于日本实施了大规模经济刺激计划，日元成为当前全球最具竞争力的货币，美元的竞争力处于中等水平，人民币的全球竞争力最低。美银美林是根据当期汇率与1年、3年、5年平均实际有效汇率（REER）之间的偏差来测算货币竞争力的。2017年1月，中国人民银行金融研究所首席研究员邹平座与刘晓星、霍东旭合作完成了《国际货币竞争力指数研究报告》[136]。该报告将影响货币竞争力的因素归纳为货币竞争力的基础、币值、环境和持续发展四大类，涉及政治、经济、金融、法律、人文、地理等众多指标，构建了货币竞争力指数体系，并根据上述四种成分指数构建合成指数，选取包括G20在内的23个国家的有关数据，分别计算出各国的货币竞争力指数和成分指数，根据计算出的指数值对各国货币竞争力进行排名。该报告指出，当前美元、欧元、英镑、日元的国际货币竞争格局已然形成，人民币国际化的实质是人民币在全球的货币竞争。

本书认为，国内外现有的货币竞争力衡量方法与指标体系设计或是过于简单，或是过于烦琐，为了更加准确、精练地反映主要国家（地区）的货币竞争力状况及其变化趋势，本书根据第5.1节中所述货币竞争力的定义及决定因素，创设了货币竞争力指数模型，该模型的指标体系如表5.1所示。

表5.1   货币竞争力指数模型的指标体系

指数名称	一级指标	二级指标	三级指标
货币竞争力指数	满足市场需求	计价结算功能	1. 本币在全球支付中的比重 2. 本币在外汇交易中的比重 3. 本币在官方储备货币中的比重
		交易便利性	1. 货物贸易总额/GDP 2. 资本和金融账户总额/GDP
	信心保证	币值稳定性	1. 通货膨胀率 2. 实际有效汇率变动率 3. 国际储备增长率
		发行国财务状况	1. 财政赤字/GDP 2. 政府债务总额/GDP
	可持续获利	经济发展潜力	1. 实际GDP增长率 2. 本国（地区）GDP占全球比重 3. 货物和服务贸易总额增长率
		收益可能性	1. 货币市场利率变动率 2. 股票指数变动率

表5.1给出了详细的货币竞争力指数模型的指标体系，包括一级指标3个、二级指标6个、三级指标15个。其中，每个一级指标包含2个二级指标和5个三级指标。所有各级指标均采用经济和金融变量，这是因为一方面货币竞争力本身属于经济、金融的研究范畴，另一方面本国（地区）政治、文化、军事、历史、地理等因素的变化会直接或间接影响本国（地区）的经济及金融状况，进而影响本币竞争力。

5.2.2 指数模型

表5.1给出的每一个三级指标的单位均为百分比，且存在数量级差别。第

一，对选取国家（地区）的原始数据按照指标类型进行排序，将排序结果计作分值；第二，对表5.1中列出的各级指标分别赋予相应的权重，各级指标权重之和均为100%；第三，将各级指标排序分值与所赋权重值加权求和，得出每个国家（地区）的原始总分；第四，对原始总分进行标准化处理，即得出每个国家（地区）的货币竞争力指数值（以下简称 MCI 值），所有 MCI 值均符合均值为2的 N（2，1）正态分布，以便于对各年度货币竞争力指数变化情况进行动态跟踪比较；第五，将测算出的所有国家（地区）MCI 值由高到低进行排序，分值越高的国家（地区），其货币竞争力越强，相反，分值越低的国家（地区），其货币竞争力越弱。

鉴于更具国际竞争力的货币会很好地体现在其作为计价结算货币和本国贸易与金融开放度上，本书在权重安排上更加侧重货币使用的流动性，根据此原则给出3个一级指标和6个二级指标的权重值，对应相乘后得到15个三级指标的综合权重值，进而将各项三级指标排序分值及其综合权重相乘并求和，得出该国（或地区）的总分值，经过标准化处理后，得出 MCI 值。其计算模型如下：

$$MCI_{it} = \sum_{j=1}^{15} (X_{ijt} \cdot W_j) \tag{5.1}$$

式（5.1）中，MCI_{it}表示 i 国第 t 年的货币竞争力指数，该指数是经过标准化处理后的总分值；X_{ijt}表示 i 国第 t 年的三级指标 j 的排序分值；W_j 表示三级指标 j 的综合权重；$j = 1，2，3，\cdots，15$，表示15个三级指标的顺序号。

本书将结合主要国家（地区）的相关数据，运用式（5.1）给出的货币竞争力指数模型，计算出相应的 MCI 值，并对世界主要国家（地区）的货币竞争力进行排名，分析全球货币竞争力的变化趋势及其原因。通过连续若干年对 MCI 值进行测算，可以从静态、动态两个维度对所观测国家（地区）的货币竞争力状况进行比较研究，查找制约该国（地区）货币国际化发展的主要经济变量，从而帮助货币当局及时完善、调整宏观经济政策，稳步推进货币国际化进程。

5.3 主要国家（地区）货币竞争力指标比较

根据环球同业银行金融电讯协会（SWIFT）2019 年 4 月 24 日公布的统计

数据，截至 2019 年 3 月底，人民币在全球支付货币中排名第 5 位，占比为 1.89%，排名前 4 位的货币依次是：美元（40.01%）、欧元（33.75%）、英镑（7.24%）、日元（3.46%）。而 2018 年 9 月 27 日公布的数据显示，2018 年 8 月底，人民币在全球支付货币中排名第 8 位，占比为 1.26%，排名前 7 位的货币依次是：美元（42.87%）、欧元（36.98%）、日元（3.99%）、英镑（3.76%）、加拿大元（2.04%）、瑞士法郎（1.84%）、澳大利亚元（1.41%）。由此可以看出，2018 年 8 月至 2019 年 3 月人民币在全球支付货币中的排名已由第 8 位上升到第 5 位。根据环球同业银行金融电讯协会的数据，2012 年至今，人民币在全球支付货币中的排名一直徘徊在第 5 ~ 8 名，因此，本节选取了 2018 年 8 月底全球支付货币排名前 8 位的国家（地区）2012—2018 年的经济和金融指标年度数据进行比较和分析，从流动性、安全性、盈利性三个层面反映各国货币的竞争力水平。

5.3.1 主要国家（地区）货币竞争力流动性指标比较

国际货币的首要任务就是满足全球贸易、投资及各项交易的计价、结算与支付需求。要提升货币的国际竞争力，首先应从增强货币的计价结算功能和满足交易便利性两个方面入手，加强货币的全球流动性，使其充当全球重要的国际清偿工具。

根据表 5.1 中的指标设计，一级指标"满足市场需求"下设 2 个二级指标，即计价结算功能和交易便利性。其中，"计价结算功能"下设 3 个三级指标，分别是本币在全球支付、外汇交易和官方储备货币中的比重；"交易便利性"体现了一国（地区）的贸易和金融开放度，下设 2 个三级指标，分别是货物贸易总额/GDP、资本和金融账户总额/GDP。以下针对 8 个国家（地区）2012—2018 年货币竞争力流动性指标进行比较研究。

5.3.1.1 计价结算功能比较

（1）本币在全球支付中的比重

本书通过环球同业银行金融电讯协会官方网站搜集了 2012—2018 年 8 种主要货币在全球支付中比重的年度数据进行比较，结果如图 5.3 和图 5.4 所示。

由图 5.3 可以看出，在全球主要支付货币中，美元的比重由 2012 年的

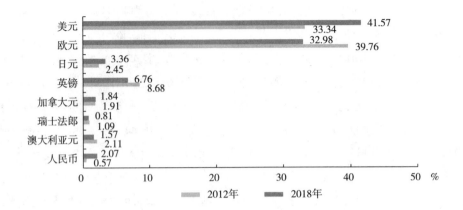

图 5.3 主要货币在全球支付中比重的变化趋势

（数据来源：环球同业银行金融电讯协会官方网站）

33.34%上升至 2018 年的 41.57%，超过欧元跃居第 1 位。欧元的比重由 2012
年的 39.76%下降至 2018 年的 32.98%，列第 2 位。美元和欧元在全球支付中
的比重进一步上升，由 2012 年的 73.1%上升到 2018 年的 74.55%。其他 6 种
货币在国际支付中所占的比重均较低，2012 年以来受国际金融危机以及英国
"脱欧"的影响，英镑在全球支付中的比重下降较快。2018 年，人民币、日元
在全球支付中的比重有所上升，加拿大元、瑞士法郎和澳大利亚元的比重出现
下降，人民币在全球支付中的排名上升到第 5 位。

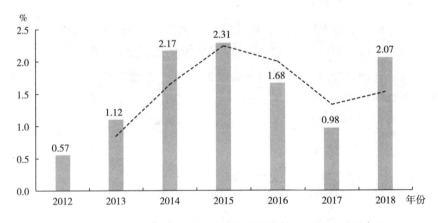

图 5.4 人民币在全球支付中占比的变化趋势（2012—2018 年）

（数据来源：环球同业银行金融电讯协会官方网站）

由图 5.4 可以看出，2012—2018 年，人民币在全球支付中的比重呈现先升后降的变动趋势。2012 年最低，占比为 0.57%；2013 年随着"一带一路"倡议的提出，人民币在国际支付中的比重出现了较大提高，2015 年达到最高，占比为 2.31%；2016 年以来美国开启了加息的步伐，国际资本大量回流美国，再加上我国经济增速有所减缓，实体经济出现下滑，宏观经济政策实施效果乏力；受 2018 年中美经贸摩擦的影响，2016 年至 2018 年 8 月人民币在全球支付中的比重连续两年多不足 2%。截至 2018 年 12 月底，人民币在全球支付中的比重又回升到第 5 名。总体来看，在全球支付货币交易量中，人民币近年来始终在第 5 ~ 8 名徘徊，2014 年、2015 年、2018 年曾上升到全球第 5 位，2016 年和 2017 年又分别下挫到第 6 位和第 8 位。人民币国际化始于 2008 年，我国积极推进在与其他国家的贸易中使用人民币作为结算货币。到 2018 年，人民币国际化之路已走过十年，并取得了不小进展，今后人民币国际化进程将会进一步加快。

（2）本币在外汇交易中的比重

本书通过国际清算银行官方网站搜集了 2012—2018 年 8 种主要货币在全球外汇交易中比重的数据进行比较，结果如图 5.5 和图 5.6 所示。

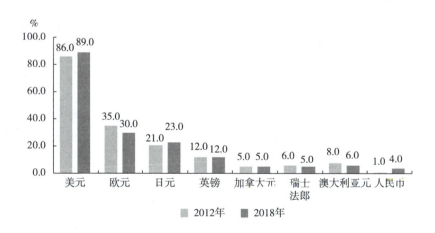

图 5.5　主要货币在全球外汇交易中比重的变化趋势

（数据来源：国际清算银行官方网站）

由图 5.5 可以看出，在全球外汇交易币种中，美元的比重由 2012 年的

86%上升至 2018 年的 89%，几乎占据全球外汇交易的一半。①欧元的比重由 2012 年的 35%下降至 2018 年的 30%，列第 2 位。美元占比远超欧元。美元和欧元在全球外汇交易中的比重小幅下降，由 2012 年的 121%下降到 2018 年的 119%。其他 6 种货币在全球外汇交易中所占的比重相对较低，2012 年以来日元外汇交易占比由 21%小幅上升至 2018 年的 23%，英镑和加拿大元的比重保持不变，瑞士法郎和澳大利亚元的比重小幅下降。人民币占比从 2012 年的 1%上升到 2018 年的 4%，人民币在外汇交易中的占比虽低但增长显著。

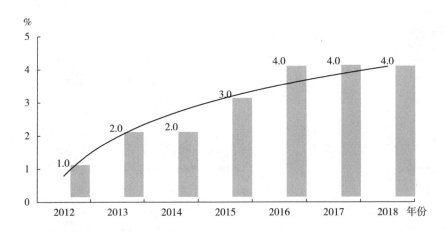

图 5.6　人民币在全球外汇交易中占比的变化趋势（2012—2018 年）

（数据来源：国际清算银行官方网站）

由图 5.6 可以看出，2012—2018 年，人民币在全球外汇交易中的比重呈现先升后平的变动趋势。2012 年最低，占比为 1%；2013—2016 年，随着人民币国际化进程的推进，人民币在外汇交易中的比重持续小幅增长至 4%，上升至全球第 8 位；2017—2018 年，人民币在全球外汇市场的交易量持续保持在 4%。总体来看，在全球外汇交易中，人民币所占比重始终未能超越其他 7 种主要货币，这与我国金融市场的对外开放程度一直比较低有关，尤其是 2016 年以来人民币国际化进程受到美欧等西方国家经济政策变化的冲击而有所放缓，影响了人民币在全球外汇市场中交易量的持续增加。

---

①　由于每一笔外汇交易均涉及两种货币，因此全球所有外汇交易的币种占比之和为 200%。

（3）本币在官方储备货币中的比重

本书通过国际货币基金组织官方网站搜集了 2012—2018 年 8 种主要货币在全球官方储备货币中比重的数据进行比较，结果如图 5.7 和图 5.8 所示。

由图 5.7 可以看出，在全球外汇储备的币种中，美元的比重由 2012 年的 61.47% 上升至 2018 年的 62.48%，美元在全球储备货币中占据绝对优势。欧元的比重由 2012 年的 24.05% 下降至 2018 年的 20.39%，列第 2 位。美元占比远超欧元。美元和欧元在官方储备货币中的比重呈下降趋势，由 2012 年的 85.52% 下降到 2018 年的 82.87%。2018 年储备货币中排在第 3 位的是日元，占比 4.81%；第 4 位是英镑，占比 4.68%。日元和英镑的比重均有所上升。此外，加拿大元、澳大利亚元、人民币的占比不高，均不足 2%，但呈小幅上升趋势。瑞士法郎的占比最低且呈下降趋势，2018 年降至 0.17%。

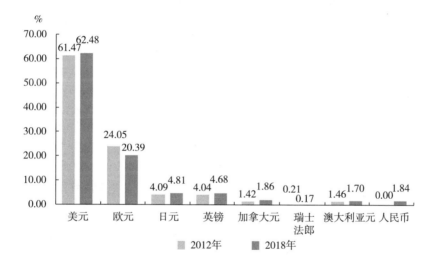

图 5.7　主要货币在全球官方储备货币中比重的变化趋势

（数据来源：国际货币基金组织官方网站）

由图 5.8 可以看出，2012—2015 年，人民币尚未成为国际货币，其在全球储备货币中的比重为 0，而美元作为全球储备货币的份额小幅升至 65.72%。2016 年 10 月 1 日起，人民币正式加入 SDR，成为国际储备货币之一。2016—2018 年，随着人民币国际化进程的推进，人民币作为官方储备货币的地位不断上升，在全球外汇储备中的比重由 1.08% 升至 1.84%，尽管占比很小，但增长较快，年均增速为 25.33%，美元的比重则下降到 62.48%，体现出各国

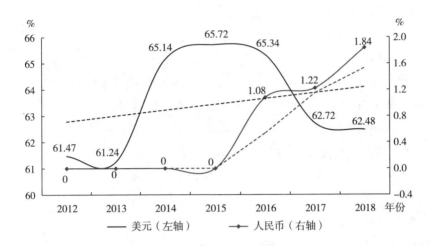

图 5.8 人民币和美元在全球官方储备货币中占比的变化比较（2012—2018 年）

（数据来源：国际货币基金组织官方网站）

政府持有人民币作为官方储备资产的意愿正在增强，人民币国际化进程已取得初步成效。

5.3.1.2 交易便利性比较

（1）货物贸易总额/GDP

货物贸易总额/GDP 是用来反映一国（地区）贸易开放度的重要指标。本书通过世界银行和国际货币基金组织官方网站搜集了 2012—2018 年 8 个主要国家（地区）的货物贸易总额/GDP 的数据进行比较，结果如图 5.9 和图 5.10 所示。

由图 5.9 可以看出，2012 年，货物贸易总额占本国（地区）GDP 比重较大的有：瑞士（91.08%）、欧元区（70.15%）、加拿大（51.08%）、中国（45.17%）和英国（43.88%），澳大利亚（33.54%）、日本（27.15%）和美国（24.03%）的占比相对较小。2018 年，受美国引发贸易摩擦的影响，除日本的货物贸易总额占 GDP 的比重小幅上涨了 4.09% ，加拿大基本保持不变以外，其余国家（地区）均出现不同程度的下滑，其中，欧元区下降 48.07%，中国下降 30.37%，美国下降 17.81%，英国下降 11.24%，瑞士下降 9.52%，澳大利亚下降 4.98%。总体来看，世界主要国家（地区）的贸易开放度大致保持在 20%～90%。这一指标越高，表示该国（地区）的贸易依存度越高，本币在国际贸易中的流动性越好。反之，则本币在国际贸易中的流动性越差。

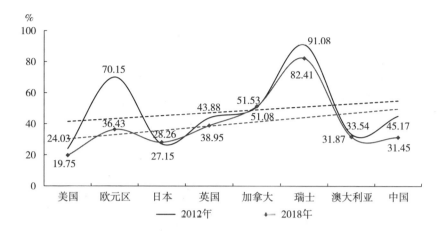

图 5.9　主要国家（地区）的货物贸易总额／GDP 变化趋势

（数据来源：世界银行、国际货币基金组织官方网站）

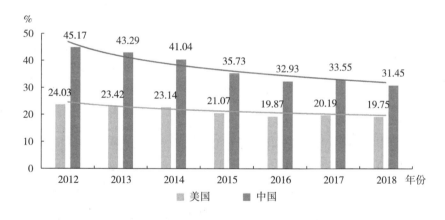

图 5.10　中美货物贸易总额占 GDP 比重的变化比较（2012—2018 年）

（数据来源：世界银行、国际货币基金组织官方网站）

由图 5.10 可以看出，2012—2018 年，美国货物贸易总额占 GDP 的比重不超过 25%，且 2018 年该比重下滑到不足 20%。2012 年以来，受国际金融危机的持续影响，中国货物贸易总额占 GDP 的比重也出现持续下滑趋势，再加上 2018 年中美经贸摩擦，致使中国贸易开放度指标由 2012 年的 45.17% 下滑到 2018 年的 31.45%，这说明我国长期依赖外贸拉动经济增长的发展模式正遭遇严峻的挑战。

（2）资本和金融账户总额/GDP

资本和金融账户总额/GDP 是用来反映一国（地区）金融开放度的重要指标。本书通过国际货币基金组织官方网站搜集了 2012—2018 年 8 个主要国家（地区）的资本和金融账户总额/GDP 的数据进行比较，结果如图 5.11 和图 5.12 所示。

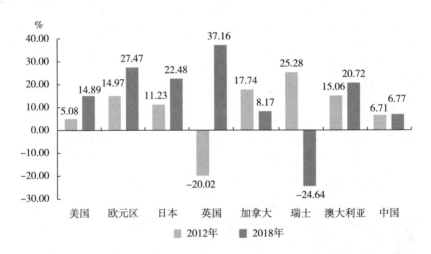

图 5.11　主要国家（地区）资本和金融账户总额/GDP 的变化趋势

（数据来源：国际货币基金组织官方网站）

由图 5.11 可以看出，2012—2018 年，随着国际金融危机的影响逐渐减弱，各国间的资本流动重新活跃起来，除了加拿大和瑞士的资本和金融账户总额/GDP 指标下降、中国的这一指标基本不变以外，其余 5 个国家（地区）均出现较大幅度的上升。其中，英国由 2012 年的 –20.02% 上升到 2018 年的37.16%，这说明英国跨境资本流动从萎缩重新走向快速增长。美国、欧元区、日本和澳大利亚的上涨幅度分别为 193.11%、83.50%、100.18% 和 37.58%。加拿大的国际资本流动性下降了 53.95%，瑞士的资本流动性则由活跃转向萎缩。中国经过 6 年的继续对外开放，金融开放度指标仅仅提升了 0.89%，这说明我国近年来在资本项目开放方面取得的进展十分缓慢，货币当局更多地考虑防范资本流动可能带来的金融风险，从而实行了更为谨慎的对外经济金融政策。总体来看，发达国家（地区）的金融开放度大致保持在 15% ～ 35%。这一指标越高，表示该国（地区）的金融开放度越高，本币在国际投融资活动中的流动性越好。反之，则本币在国际投融资活动中的流动性越差。

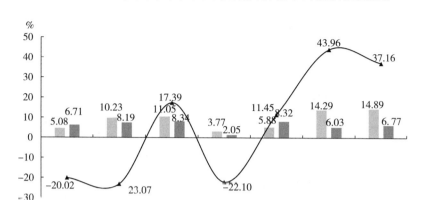

图 5.12　中美英资本和金融账户总额/GDP 的变化比较（2012—2018 年）

（数据来源：国际货币基金组织官方网站）

由图 5.12 可以看出，从资本和金融账户总额/GDP 指标来看，2012—2018年，英国的金融开放度远超美国，因此英国的国际资本流动受国际金融危机的影响也是最大的，该指标的波动幅度在 −23.07% ~ 43.96%。2012—2018 年，美国的资本和金融账户总额占 GDP 的比重不超过 15%，2015 年降到最低水平3.77%，平均值为 9.31%。而中国在这 7 年期间的金融开放度变化不大，始终保持在 6% ~ 8.5%（2015 年除外，为 2.05%），平均值为 6.63%。由此看出，与英国和美国金融市场相比，中国金融市场的对外开放程度有限，扩大金融对外开放是人民币国际化的必由之路，对我国来说任重道远。

5.3.2　主要国家（地区）货币竞争力安全性指标比较

作为国际货币，除了能够满足全球贸易、投资及各项交易的计价、结算与支付需求以外，持有者还应注重这种国际货币的安全性，要尽可能在保证货币资金安全的前提下，最大限度地实现其流动性和盈利性。因此，国际社会对一国货币的信心是其具有国际竞争力的前提。这种信心一方面来自货币自身价值的稳定性，另一方面来自货币发生意外贬值时本国的财务支撑能力。只有币值长期稳定和发行国具备良好的财务状况，一国货币才被认为是安全的，才有可能成为国际社会普遍接受的货币。因此，一种货币的信心保证是衡量其安全性的重要标准。

根据表 5.1 中的指标设计，一级指标"信心保证"下设 2 个二级指标，即币值稳定性和发行国财务状况。其中，"币值稳定性"下设 3 个三级指标，分别是通货膨胀率、实际有效汇率变动率和国际储备增长率；"发行国财务状况"下设 2 个三级指标，分别是财政赤字/GDP、政府债务总额/GDP。以下针对 8 个国家（地区）2012—2018 年货币竞争力安全性指标进行比较研究。

5.3.2.1 币值稳定性比较

（1）通货膨胀率

本书通过国际货币基金组织官方网站搜集了 2012—2018 年 8 个主要国家（地区）的通货膨胀率数据进行比较，衡量本币的对内稳定性状况，结果如图 5.13 和图 5.14 所示。

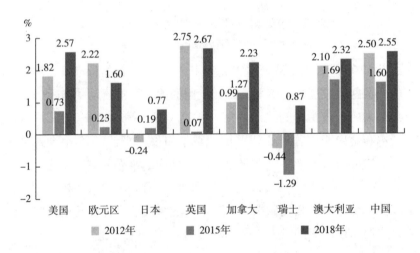

图 5.13 主要国家（地区）通货膨胀率变化趋势

（数据来源：国际货币基金组织官方网站）

由图 5.13 可以看出，对比 2012 年、2015 年和 2018 年 8 个主要国家（地区）的通货膨胀率变化趋势，除日本和加拿大的通货膨胀率水平持续保持上升以外，大多数国家（地区）的通货膨胀率经历了从 2015 年下降到 2018 年回升的变化趋势，这说明国际金融危机对主要国家（地区）的经济影响已逐渐减弱，世界经济趋于回暖。日本和瑞士的通货膨胀率水平相对较低，甚至日本在 2012 年、瑞士在 2012 年和 2015 年的通货膨胀率均出现负值，说明两国的经济复苏动力并不强劲。美国、欧元区、英国受国际金融危机的影响比较大，2015 年 3 个国家（地区）的通货膨胀率指标下降很快，但 2018 年该指标出现较快增长，尤其是美国和英国的经济增长更加明显。加拿大、澳大利亚、中国受国际金融危机的影响较小，经济回升速度比较明显。总体来看，2012—2018 年，8 个主要国家（地区）的通货膨胀率水平保持在 −1.3% ～2.8%，均未出现较大幅度的货币贬值和升值，币值稳定性比较高。

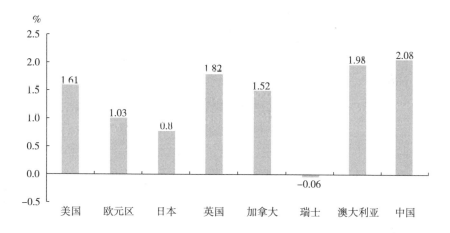

图 5.14 主要国家（地区）平均通货膨胀率比较（2012—2018 年）

（数据来源：根据国际货币基金组织数据计算得到）

由图 5.14 可以看出，2012—2018 年，仅有瑞士的平均通货膨胀率为负值（−0.06%），表明近年来瑞士经济出现小幅的通货紧缩，而其他 7 个国家（地区）的平均通货膨胀均为正值，其中，中国的平均通货膨胀率是所有国家（地区）中最高的，为 2.08%，表明近年来人民币在国内贬值的速度略高于其他主要国家（地区），货币稳定性有待提高。

（2）实际有效汇率变动率

实际有效汇率是一种以贸易加权的多边汇率，相比其他汇率来说，更具有科学性。实际有效汇率变大表示本币升值，变小表示本币贬值。实际有效汇率变动率可用来衡量本币的对外稳定性状况。本书通过国际货币基金组织官方网站搜集了 2012—2018 年 8 个主要国家（地区）的实际有效汇率变动率数据进行比较，结果如图 5.15 和图 5.16 所示。

由图 5.15 可以看出，8 个主要国家（地区）的本币实际有效汇率变动率

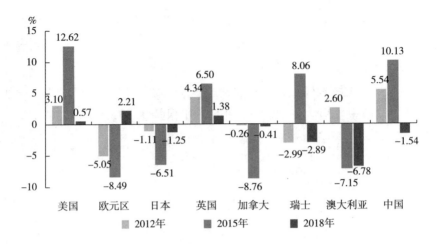

图 5.15　主要国家（地区）实际有效汇率变动率变化趋势

（数据来源：国际货币基金组织官方网站）

在 2015 年均出现大幅波动，其中，美元、英镑、瑞士法郎、人民币大幅升值，欧元、日元、加拿大元、澳大利亚元大幅贬值。2018 年，实际有效汇率上升的国家（地区）有美国（0.57%）、欧元区（2.21%）、英国（1.38%），表明美元、欧元、英镑的币值有所上升，其他 5 国货币的币值出现下降，其中澳大利亚元和瑞士法郎贬值幅度较大，分别贬值 6.78% 和 2.89%，而人民币的贬值幅度达到 1.54%。一国货币的实际有效汇率下降，本国货币竞争力就会下降。反之，实际有效汇率长期上升也会导致本国经常账户恶化，同样会削弱

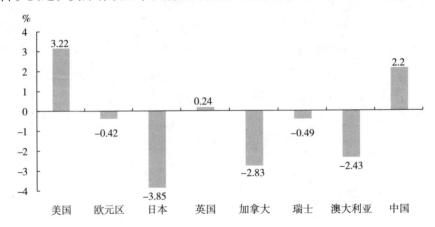

图 5.16　主要国家（地区）实际有效汇率平均变动率比较（2012—2018 年）

（数据来源：根据国际货币基金组织数据计算得到）

本币竞争力。

由图 5.16 可以看出，2012—2018 年，实际有效汇率平均变动率较小的国家（地区）有欧元区（-0.42%）、英国（0.24%）、瑞士（-0.49%），表明欧元、英镑、瑞士法郎的币值稳定性较强。其他 5 国的实际有效汇率平均变动率较大，分别为美国（3.22%）、日本（-3.85%）、加拿大（-2.83%）、澳大利亚（-2.43%）、中国（2.2%），表明美元和人民币总体呈升值趋势，日元、加拿大元和澳大利亚元呈贬值趋势。实际有效汇率波动越大，货币币值稳定性越弱，容易招致货币投机，存在较大的汇率风险，因此，保持汇率稳定是提高人民币竞争力的重要方针。

（3）国际储备增长率

国际储备是一国（地区）官方所持有的用于弥补国际收支赤字、稳定本币汇率的金融资产，也是本国对外举债的重要信心保证。国际储备的构成主要包括黄金储备、外汇储备、在国际货币基金组织的储备头寸、特别提款权等。本书通过世界银行、国际货币基金组织官方网站搜集了 2012—2018 年 8 个主要国家（地区）的国际储备年增长率数据进行比较，结果如图 5.17 和图 5.18 所示。

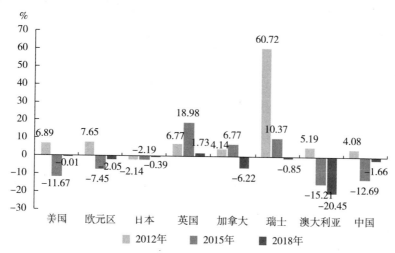

图 5.17　主要国家（地区）国际储备增长率变化趋势

（数据来源：世界银行、国际货币基金组织官方网站）

由图 5.17 可以看出，2012—2018 年，日本的国际储备增长率变动较小，瑞士、澳大利亚、英国的国际储备增长率变动较大。2015 年国际储备的变动比较明显，除英国、加拿大、瑞士的国际储备增长以外，其他国家（地区）的国际储备均下降。2018 年，澳大利亚和加拿大的国际储备下降较多，分别下降 20.45% 和 6.22%，其余国家（地区）的国际储备资产相对稳定。

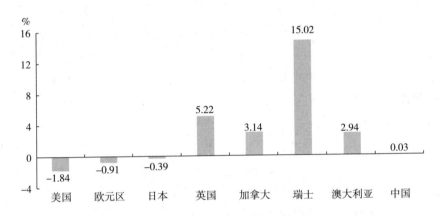

图 5.18　主要国家（地区）国际储备平均增长率比较（2012—2018 年）
（数据来源：根据世界银行和国际货币基金组织数据计算得到）

由图 5.18 可以看出，2012—2018 年，美国、欧元区、日本的国际储备呈小幅下降趋势，年平均降幅分别是 1.84%、0.91% 和 0.39%。瑞士的国际储备年平均增幅最高，为 15.02%，其次为英国（5.22%）、加拿大（3.14%）、澳大利亚（2.94%）。中国的国际储备年平均增幅仅为 0.03%。这说明瑞士、英国、加拿大、澳大利亚的国际储备持续增长能够较好地保证本币币值的稳定性，相反，美国、欧元区、日本的国际储备下降会影响本币的对外信心，但影响有限。中国国际储备近年来增长缓慢，表明我国对外贸易存在下行压力，应采取积极有效的措施促进对外贸易增长，维护人民币的国际信心及稳定性。

5.3.2.2　发行国财务状况比较

（1）财政赤字/GDP

本书通过国际货币基金组织官方网站搜集了 2012—2018 年 8 个主要国家（地区）的财政赤字/GDP 数据进行比较，结果如图 5.19 和图 5.20 所示。

由图 5.19 可以看出，2012—2018 年，主要国家（地区）财政赤字/GDP指标范围通常在 -1% ~ 9%，除瑞士表现良好，为财政盈余（该指标为负值）

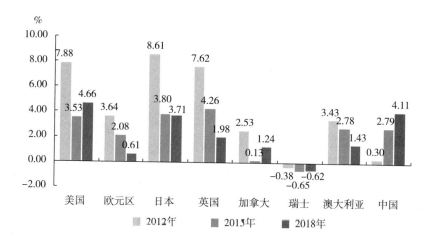

图 5.19 主要国家（地区）财政赤字/GDP 变化趋势

（数据来源：国际货币基金组织官方网站）

以外，其余 7 个国家（地区）均表现为财政赤字（该指标为正值）。2012 年，受国际金融危机的冲击，发达国家的财政赤字/GDP 数值较大，财务负担过重，而中国的这一比例很低，为 0.30%。2015 年以后，发达国家的财政赤字/GDP 总体有所下降，但中国的这一比例却持续上升。2018 年，美国、中国的财政赤字/GDP 分别为 4.66% 和 4.11%，欧元区、加拿大、澳大利亚的财政赤字/GDP 数值较小，分别为 0.61%、1.24% 和 1.43%。这一指标数值越高，意味着货币发行国的财政赤字越严重，财务状况恶化，不利于维护本币的国际信

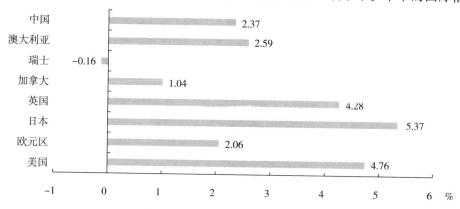

图 5.20 主要国家（地区）财政赤字/GDP 平均值比较（2012—2018 年）

（数据来源：根据国际货币基金组织数据计算得到）

心，本币的竞争力将会下降。因此，各国应尽可能降低财政赤字占 GDP 的比重。

由图 5.20 可以看出，2012—2018 年，仅瑞士的财政赤字/GDP 平均值为负值（-0.16%），其余国家（地区）均为正值。其中，财政赤字/GDP 平均值超过 3% 的有日本（5.37%）、美国（4.76%）、英国（4.28%）。欧元区、澳大利亚和中国的平均占比在 2% 左右，加拿大平均占比为 1.04%。这说明瑞士、加拿大两国的财政状况良好，能够较好地支撑两国货币的稳定性。相反，日本、美国、英国的财政赤字较为严重，有可能导致国际市场对其货币的长期信心下降。欧元区、澳大利亚、中国的财政赤字状况也不容乐观，政府有必要压缩财政赤字，以维护货币的长期信心和国际竞争力。

（2）政府债务总额/GDP

本书通过国际货币基金组织官方网站搜集了 2012—2018 年 8 个主要国家（地区）的政府债务总额/GDP 的数据进行比较，结果如图 5.21 和图 5.22 所示。

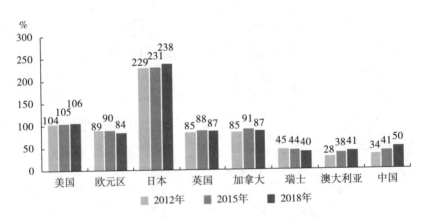

图 5.21　主要国家（地区）政府债务总额/GDP 变化趋势

（数据来源：国际货币基金组织官方网站）

由图 5.21 可以看出，2012—2018 年，日本的政府债务总额/GDP 持续保持在 230% 左右，位列第一，远超其他 7 个国家和地区，政府债务负担沉重。美国、欧元区、英国、加拿大的政府债务总额/GDP 均在 80% 以上，政府债务负担居高不下，存在一定的债务风险。瑞士、澳大利亚、中国的政府债务总额/GDP 相对较低，一般在 30%～50%，但 2015 年以来，澳大利亚和中国的政府债务总额/GDP 呈上升趋势，应当引起政府的足够重视。这一比重持续升高将会影响该国对外的偿付信心，进而引起本币竞争力下降。

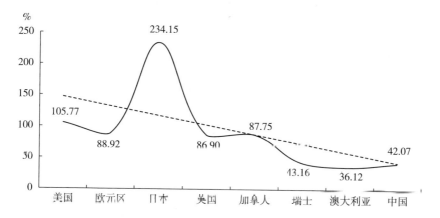

图 5.22　主要国家（地区）政府债务总额/GDP 平均值比较（2012—2018 年）

（数据来源：根据国际货币基金组织数据计算得到）

由图 5.22 可以看出，2012—2018 年，日本的政府债务总额/GDP 平均值最高，为 234.15%，其次是美国（105.77%）、欧元区（88.92%）、加拿大（87.75%）、英国（86.90%）。瑞士、中国、澳大利亚的政府债务总额/GDP 平均值相对较低，分别为 43.16%、42.07% 和 36.12%。上述结果表明全球主要支付货币的发行国政府可以通过超发本国货币直接用于偿付政府债务，所以这些国家的政府债务总额/GDP 数值常常比较高，而国际化程度较低的国家或地区该比例会更低一些。

5.3.3　主要国家（地区）货币竞争力盈利性指标比较

国际货币的持有者除了满足自身国际贸易、投资及各项交易的计价、结算与支付需求以外，还会考虑在投资安全的情况下，追求中长期或短期的盈利性。因此，要提升本币的国际竞争力，就要注重本币的可持续获利能力，最大限度吸引国际投资者持有或使用本币。

根据表 5.1 中的指标设计，一级指标"可持续获利"下设 2 个二级指标，即经济发展潜力和收益可能性。其中，"经济发展潜力"衡量持有本币的中长期获利能力，下设 3 个三级指标，分别是实际 GDP 增长率、本国（地区）GDP 占全球比重、货物和服务贸易总额增长率；"收益可能性"衡量持有本币的短期获利能力，下设 2 个三级指标，分别是货币市场利率变动率、股票指数变动率。以下针对 8 个国家（地区）2012—2018 年货币竞争力盈利性指标进行比较研究。

5.3.3.1 经济发展潜力比较

（1）实际 GDP 增长率

本书通过国际货币基金组织官方网站搜集了 2012—2018 年 8 个主要国家（地区）的实际 GDP 增长率数据进行比较，结果如图 5.23 和图 5.24 所示。

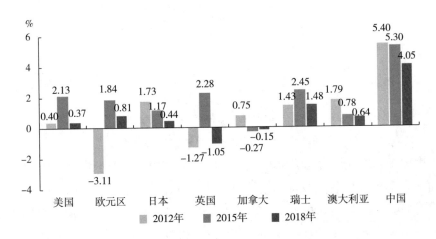

图 5.23 主要国家（地区）实际 GDP 增长率变化趋势

（数据来源：国际货币基金组织官方网站）

由图 5.23 可以看出，2012—2018 年，中国实际 GDP 增长率大致在 4% ~ 5.5%，高于其他 7 个发达国家或地区，但却呈现下滑趋势，从 2012 年的 5.40% 下降到 2018 年的 4.05%。欧元区、英国的实际 GDP 均出现较大波动且部分年份为负增长。2015 年，美国、英国、瑞士的实际 GDP 增长率超过 2%，发展速度较快；日本、加拿大、澳大利亚的实际 GDP 增长率保持在 1% 左右，经济增速缓慢。2018 年，除中国和瑞士以外，其他主要国家（地区）的实际 GDP 增长率大幅下降，均不到 1%，且英国（−1.05%）和加拿大（−0.15%）出现经济的负增长。实际 GDP 下降的国家或地区，经济发展潜力下降，将会影响国际中长期投资预期，降低本币的国际竞争力。

由图 5.24 可以看出，2012—2018 年，中国实际 GDP 平均增长率为 5.07%，远超其他 7 个国家或地区，欧元区和英国的实际 GDP 增长率相对较

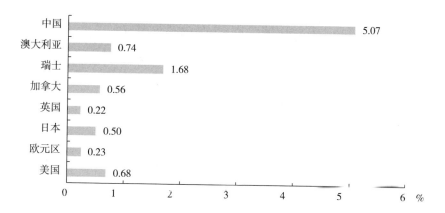

图5.24 主要国家（地区）实际 GDP 平均增长率比较（2012—2018 年）

（数据来源：根据国际货币基金组织数据计算得到）

低，分别为 0.23% 和 0.22%。瑞士在 7 个发达国家（地区）中的实际 GDP 平均增长率最高，为 1.68%。美国、日本、加拿大、澳大利亚的实际 GDP 平均增长率在 0.5%～0.75%，经济增速缓慢。

（2）本国（地区）GDP 占全球比重

本书通过国际货币基金组织官方网站搜集了 2012—2018 年 8 个主要国家（地区）的 GDP 占全球比重的数据进行比较，结果如图 5.25 和图 5.26 所示。

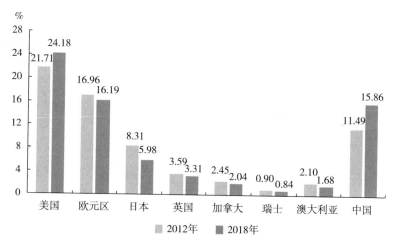

图5.25 主要国家（地区）的 GDP 占全球比重变化趋势

（数据来源：国际货币基金组织官方网站）

由图 5.25 可以看出，2012—2018 年，美国的 GDP 全球占比由 2012 年的 21.71% 上升到 2018 年的 24.18%，位列全球第一，其他发达国家的 GDP 占全球比重有所下降，中国的 GDP 所占比重上升较快。2018 年，按照现价美元计算出的 GDP，中国的 GDP 占比达到 15.86%，位列世界第二，接近欧元区 19 国的 GDP 总和（16.19%）。2018 年，美国、欧元区、中国的 GDP 占比均超过 10%，规模巨大的经济体量有助于稳固美元和欧元的国际地位，同时也为人民币国际化提供了广阔的发展空间。

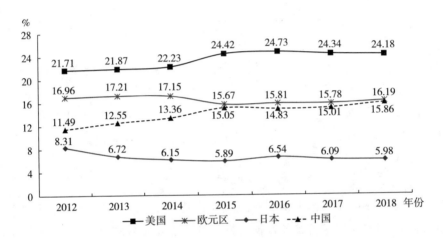

图 5.26　中美欧日 GDP 占全球比重的变化比较（2012—2018 年）

（数据来源：国际货币基金组织官方网站）

由图 5.26 可以看出，2012—2018 年，美国、欧元区、日本、中国的 GDP 占全球比重平均值分别是 23.35%、16.4%、6.53% 和 14.02%。2015 年后，美国 GDP 全球占比呈现较明显的上升趋势，相反，欧元区 GDP 全球占比出现下降趋势。2012—2018 年，中国 GDP 全球占比呈现逐年上升的趋势，由 2012 年占比 11.49% 上升到 2018 年占比 15.86%，上升幅度达到 38%。相反，日本 GDP 全球占比呈现逐年下降的趋势，由 2012 年占比 8.31% 下降到 2018 年占比 5.98%，下降幅度达到 28%。美国和中国的 GDP 全球占比呈上升趋势，表明两国经济增长势头良好，有利于提升本国货币的长期竞争力。

（3）货物和服务贸易总额增长率

本书通过国际货币基金组织官方网站搜集了 2012—2018 年 8 个主要国家（地区）货物和服务贸易总额增长率数据进行比较，结果如图 5.27 和图 5.28

所示。

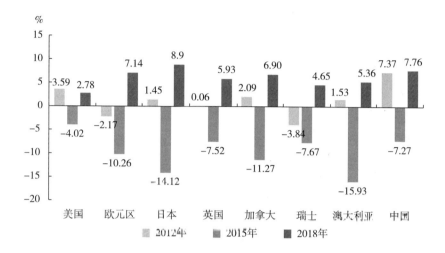

图 5.27　主要国家（地区）货物和服务贸易总额增长率变化趋势

（数据来源：根据国际货币基金组织官方网站数据整理得到）

由图 5.27 可以看出，2012—2018 年，8 个主要国家（地区）的货物和服务贸易总额增长率呈现先降后升的变动趋势。2015 年，这些国家和地区的货物和服务贸易总额均出现负增长，除美国下降幅度较小以外，其他 7 个国家和地区的货物和服务贸易总额同比下降幅度均处在 −16% ～ −7%，其中欧元区、日本、加拿大、澳大利亚下降幅度均在 −10% 以上，分别为 −10.26%、−14.12%、−11.27% 和 −15.93%。2018 年，8 个主要国家（地区）的货物和服务贸易总额增长率均为正值，其中增长较快的国家和地区主要有欧元区（7.14%）、日本（8.90%）、加拿大（6.90%）、中国（7.76%）；美国的货物和服务贸易总额增长速度最慢，仅为 2.78%。

由图 5.28 可以看出，2012—2018 年，美国、日本、中国的货物和服务贸易总额增长率均呈现波动起伏的态势。其中，2012—2017 年美国、日本的货物和服务贸易总额增长率波动趋势比较近似，大致可分为两个先降后升的阶段，分别是 2012—2014 年和 2015—2017 年。2018 年，日本的货物和服务贸易总额继续增长，而美国的货物和服务贸易总额受贸易摩擦的影响出现明显下滑，增速仅为 2.78%。2012—2014 年，中国的货物和服务贸易总额增长率的波动方向与美国和日本正好相反，呈现先升后降的态势。2015—2017 年，中

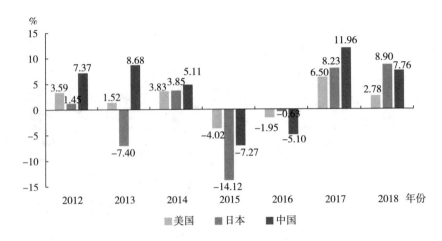

图 5.28 美日中货物和服务贸易总额增长率比较（2012—2018 年）

（数据来源：国际国币基金组织官方网站数据整理得到）

国的货物和服务贸易总额增长率的波动方向与美国和日本一致，呈现先降后升的态势，2017 年中国的货物和服务贸易总额实现 11.96% 的高速增长。2018年，受中美经贸摩擦的影响，中国货物和服务贸易总额增长率降为 7.76%，比2017 年下降了 35.12%。美国发动经贸摩擦的结果必然是两败俱伤，2018 年美国货物和服务贸易总额增长率仅为 2.78%，处在 8 个国家（地区）中的最后一位，比 2017 年下降了 57.23%。2012—2018 年，美国、日本、中国的货物和服务贸易总额平均增长率分别是 1.75%、0.04% 和 4.07%。中国的对外贸易长期保持较高的发展速度，而日本的对外贸易长期增长动力不足。

5.3.3.2 收益可能性比较

（1）货币市场利率变动率

货币市场利率是用来反映国际短期资本流动的重要指标。本书通过国际货币基金组织官方网站搜集了 2012—2018 年 8 个主要国家（地区）的货币市场利率数据，并求出货币市场利率变动率进行比较，结果如图 5.29 和图 5.30所示。

由图 5.29 可以看出，2012—2015 年受后金融危机的影响，除美国、日本以外，其他国家（地区）的货币市场利率均呈现下降趋势。2018 年，日本、瑞士、中国的货币市场利率零增长，其他国家（地区）的货币市场利率呈上升趋势，表明主要发达国家（地区）的经济已经逐渐摆脱金融危机的影响。

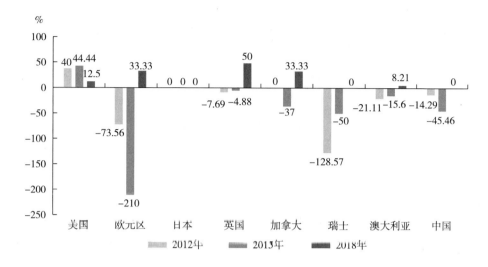

图 5.29 主要国家（地区）货币市场利率变动率比较

（数据来源：根据国际货币基金组织、部分国家中央银行官方网站数据计算得到）

2012—2018 年，美国货币市场利率一直保持增长趋势；日本的货币市场利率
水平基本保持不变，体现出其经济发展动力不足；中国的货币市场利率由负增
长转为零增长，表明中国内外部经济下行压力加大，货币政策执行空间逐步缩
小。2015 年以后，美国开启了新一轮加息政策，带动其他国家（地区）提高
货币市场利率。到 2018 年，欧元区、英国、加拿大、澳大利亚的货币市场利

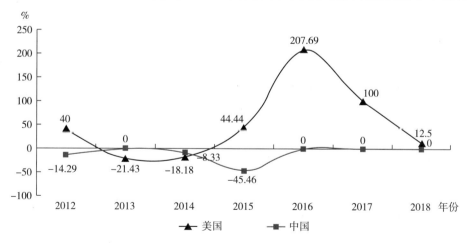

图 5.30 中美货币市场利率变动率比较（2012—2018 年）

（数据来源：根据国际货币基金组织、部分国家中央银行官方网站数据计算得到）

191

率均呈现较大幅度的上涨，中国利率下调空间已十分有限，应协调好货币政策和财政政策，有效解决经济内外均衡发展中的矛盾，使我国经济步入良性循环。

由图5.30可以看出，2012—2018年，美国货币市场利率波动幅度大大高于中国。美国货币市场利率年平均变动率为52.15%，中国货币市场利率年平均变动率为－9.73%。这表明美国加息趋势明显，特别是2016年增幅高达207.69%。相反，中国降息趋势较为明显，2015年变动率达到－45.46%，2016—2018年货币市场利率连续三年变为零。2015年以来，随着美国经济的复苏，美联储连续加息，中国经济增速放缓，中国货币市场利率从2012年的3%下降到2018年的1.5%，降幅达到50%。中美之间的利差也不断缩小，由2012年的2.86个百分点缩小到2018年的0.6个百分点，中国境内大量资本流向美国，国内外汇储备减少，加剧了国内的经济下滑状况。美联储持续加息对于我国货币当局如何运用宏观经济政策解决国内外经济失衡问题是一个严峻的考验。

（2）股票指数变动率

股票指数变动率是用来反映一国（地区）资本市场盈利状况的重要指标。本书通过世界银行官方网站搜集了2012—2018年8个主要国家（地区）的股票指数变动率数据进行比较，结果如图5.31和图5.32所示。

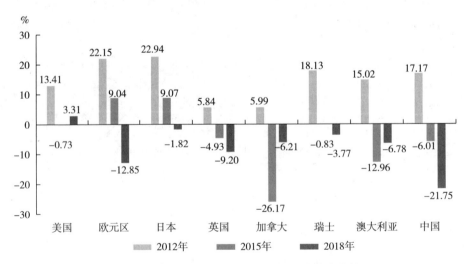

图5.31　主要国家（地区）股票指数变动率趋势

（数据来源：世界银行官方网站、StockQ数据库）

　　由图 5.31 可以看出，2012—2018 年，受国际金融危机的影响，除美国以外的其他 7 个国家或地区的股票指数变动率基本呈现下降趋势，而美国的股票市场在 2015 年以后呈现出反弹的局面，表明美国经济已摆脱金融危机的不利影响而趋向稳步增长。此外，日本的股票市场表现相对较好，股票指数持续保持增长，但 2018 年出现小幅下跌。2012 年，8 个国家（地区）的股票指数较 2011 年均出现上涨趋势，2015 年大部分股票市场下跌，其中跌幅排在前三位的国家分别是加拿大（－26.17%）、澳大利亚（－12.96%）、中国（－6.01%）。2018 年，美国股市出现小幅反弹，日本股市低迷，其他国家（地区）的股市均出现下跌，其中中国股市表现最差，跌幅达到 21.75%，表明中国股市正遭受内外经济失衡的重大冲击。

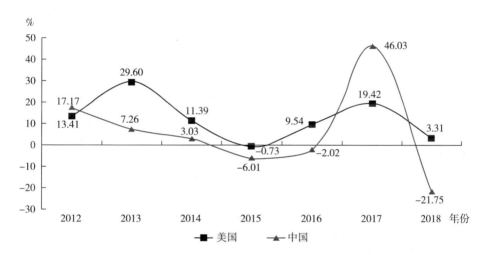

图 5.32　中美股票指数变动率比较（2012—2018 年）

（数据来源：世界银行官方网站、StockQ 数据库）

　　由图 5.32 可以看出，2012—2018 年，美国股票指数变动率基本保持正值，2015 年（－0.73%）除外。美国年平均股票指数变动率为 12.28%，其中，2012—2014 年及 2017 年的增长幅度均超过了 10%。中国股票指数变动率自 2012 年起基本呈下降趋势，但 2017 年股市大涨 46.03%。中国年平均股票指数增长率为 6.24%，大大低于美国同期的平均增长率水平。其中，2015—2016 年及 2018 年，中国股票指数增长率均为负值，分别为 －6.01%、－2.02% 和 －21.75%。2018 年中国股市受国内实体经济下滑、金融去杠杆以及中美经贸摩擦的影响，股票指数大幅下挫，跌到 2000 年以来的最低点。我国货币当局应采取更加积极的宏观经济政策，保护广大企业和投资者的切身利益，促进我国经济平稳向好发展。

5.4　主要国家（地区）货币竞争力指数测度与分析

以下对 5.3 节中 8 个主要国家（地区）的 15 个货币竞争力指标数值进行排序，给出排序分值，赋予相对应指标的权重值，将各指标排序分值及其权重值代入 5.2 中所设计的货币竞争力指数模型中，并对总分值进行标准化处理，计算出 2012—2018 年 8 个主要国家（地区）的货币竞争力指数，然后对世界主要国家（地区）的货币竞争力进行排名，进而分析全球货币竞争力的变化趋势及其原因。

5.4.1　主要国家（地区）货币竞争力指数测度

经过对 2012—2018 年 8 个主要国家（地区）的货币竞争力指数进行测度，并按照各国（地区）2012—2018 年平均 MCI 值排名，[①]结果如表 5.2 所示。

表 5.2　　　　　　世界主要国家（地区）MCI 值测算及排名　　　　单位:%

名次	国家（地区）	2012 年	2013 年	2014 年	2015 年	2016 年	2017 年	2018 年	平均 MCI 值
1	美国	351.77	353.73	344.66	360.55	340.05	348.9	329.58	350.00
2	欧元区	310.63	318.24	333.17	298.88	338.64	331.94	328.28	325.30
3	英国	210.09	234.91	255.64	253.29	227.73	196.29	223.59	229.37
4	日本	249.7	219.48	188.15	230.5	213.69	237.27	252.02	227.81
5	加拿大	126.31	168.56	150.82	125.93	158.93	156.73	173.18	150.52
6	澳大利亚	176.58	108.38	112.05	96.43	143.49	132.71	109.85	124.14
7	瑞士	108.03	117.64	86.21	136.65	105.58	128.47	116.31	112.40
8	中国	66.90	79.06	129.28	97.77	71.89	67.71	67.19	80.47

数据来源：根据国际货币基金组织、世界银行、国际清算银行、环球同业银行金融电讯协会、部分国家中央银行等官方网站以及 StockQ 数据计算得到。

---

①　此处平均 MCI 值是经过标准化后的平均值，符合 N（2，1）正态分布。

　　由表 5.2 可以看出，2012—2018 年，美国的 MCI 值始终位居 8 个国家（地区）之首，平均 MCI 值为 350[①]。其后为欧元区，平均 MCI 值为 325.30。这主要表现在美元和欧元在全球支付、外汇交易和官方储备货币中的比重均位居前列，美国和欧元区的 GDP 在全球的占比较高。欧元区的货物贸易总额以及资本和金融账户总额与 GDP 之比明显高于美国，说明欧元区的贸易与金融开放程度非常高。但美国近年来经济增长势头好于欧元区国家，美国的通货膨胀率、实际有效汇率变动率、货币市场利率变动率、股票指数变动率等指标略高于欧元区。排在第 3 位、第 4 位的分别是英国和日本，两国平均 MCI 值十分接近，分别为 229.37 和 227.81。2013—2016 年，英国的 MCI 值均高于日本，受 2016 年英国"脱欧"公投结果的影响，2017—2018 年，英国 MCI 值被日本赶超，英镑的竞争力不及日元。排在第 5～7 位的分别是加拿大、澳大利亚和瑞士，三国平均 MCI 值分别为 150.52、124.14 和 112.40。其中，加拿大和澳大利亚的对外贸易及金融市场开放程度很高，两国货币均是全球支付、外汇交

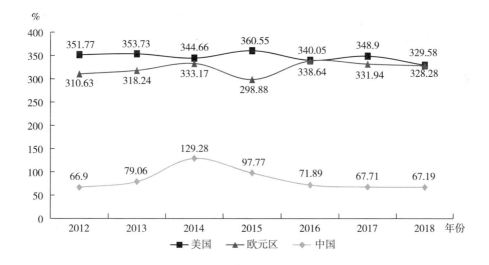

图 5.33　中美欧 MCI 值变动比较（2012—2018 年）

（数据来源：根据国际货币基金组织、世界银行、国际清算银行、
环球同业银行金融电讯协会官方网站数据计算得到）

---

　　① 为简化起见，本书中 MCI 值后均省略百分号（%）。

易及官方储备的主要币种；瑞士的货物贸易总额与 GDP 之比高达 80% 以上，国内财政状况良好，政府债务总额占 GDP 的比重较低，实际 GDP 增长率较高，瑞士法郎因汇率相对稳定，在外汇交易中常常被投资者作为避险货币。中国居第 8 位，平均 MCI 值为 80.47，相比世界主要国家和地区，人民币的国际竞争力尚存在较大的差距，需要增强宏观经济调控能力，以保持较长期的经济增长。

由图 5.33 可以看出，2012—2018 年，美国的 MCI 值均超过欧元区和中国，但与欧元区 MCI 值十分接近，美国 MCI 值在 2015 年达到最高值 360.55 之后呈小幅下降趋势，2018 年降到最低值 329.58。相反，欧元区 MCI 值在 2015 年达到最低值 298.88 之后呈显著上升趋势，2016 年达到最高值 338.64，2017 年小幅下降，2018 年降到 328.28，接近美国的 MCI 值。2012—2018 年，美欧两国 MCI 值之差逐渐缩小，由 2012 年的 41.14 缩小到 2018 年的 1.3，降幅达到 96.84%。中国 MCI 值在 2012—2014 年出现大幅上升趋势，由 2012 年的 66.9 上升到 2014 年的 129.28。2014—2018 年又出现明显下降趋势，2018 年降到 67.19。美中两国 MCI 值之差有所减少，由 2012 年的 284.87 降到 2018 年的 262.39，降幅达到 7.89%。欧元区与中国的 MCI 值之差有所扩大，由 2012 年的 243.73 扩大到 2018 年的 261.09，增幅达到 7.12%。这说明 2012 年以来，美欧经济出现较为强劲的增长，各项主要经济指标向好，从而带动美元和欧元全球竞争力的稳步提升，但欧元的竞争力提升速度略快于美国（2015 年除外）。中国经济受到美欧经济复苏以及美国宏观经济政策调整的影响，人民币的全球竞争力明显下滑，特别是 2015 年以来，中国 MCI 值呈现大幅下降趋势，与国内宏观经济政策调整出现较大波动有一定的关联，应当引起货币当局的足够重视。

5.4.2　中美欧货币竞争力指标对比分析

根据 2012—2018 年美国、欧元区和中国的 15 项货币竞争力指数测算指标，分别计算出各指标的均值和标准差，得到如下计算结果（见表 5.3）。

表 5.3　　　　　　　　中美欧货币竞争力指标统计分析　　　　　　　　单位：%

	货币竞争力指标	美国		欧元区		中国		
		均值	标准差	均值	标准差	均值	标准差	对比
1	本币在全球支付中的比重	41.09	3.81	34.06	4.72	1.44	0.64	有差距
2	本币在外汇交易中的比重	87.43	0.98	32.14	1.68	2.85	1.21	有差距

货币竞争力指标		美国		欧元区		中国		
		均 值	标准差	均 值	标准差	均 值	标准差	对比
3	本币在官方储备货币中的比重	63.44	1.91	21.18	2.14	0.59	0.77	有差距
4	货物贸易总额/GDP	21.64	1.84	64.23	12.30	37.59	5.49	中等
5	资本和金融账户总额/GDP	9.31	4.48	18.66	4.98	6.63	2.22	有差距
6	通货膨胀率（−）	1.61	0.77	1.03	0.81	2.08	0.45	有差距
7	实际有效汇率变动率	3.22	4.34	−0.42	4.60	2.20	5.61	中等
8	国际储备增长率	−1.84	11.60	−0.91	9.67	0.03	9.07	有优势
9	财政赤字/GDP	−4.76	1.13	2.06	1.11	−2.37	1.65	中等
10	政府债务总额/GDP（−）	105.77	1.41	88.92	2.64	42.07	5.69	有优势
11	实际 GDP 增长率	0.68	1.03	0.23	1.74	5.07	0.58	有优势
12	本国（地区）GDP 占全球比重	23.35	1.35	16.40	0.69	14.02	1.59	有差距
13	货物和服务贸易总额增长率	1.75	3.62	1.76	6.69	4.07	7.32	有优势
14	货币市场利率变动率	52.15	80.23	−13.80	122.28	−9.72	16.72	中等
15	股票指数变动率	12.28	10.08	8.27	12.15	6.24	21.28	有差距

数据来源：根据前文数据计算整理得到。

由表 5.3 分析得出，在构成 MCI 值的 15 个经济指标中，与货币竞争力排在前列的美国和欧元区相比，中国具有优势的经济指标有 4 个，表现中等（介于美欧之间）的经济指标有 4 个，与美欧差距较大的经济指标有 7 个，具体结果如表 5.4 所示。

表 5.4　　　　　　　中国与美欧货币竞争力指标对比

指数类型	一级指标	二级指标	三级指标	对比
货币竞争力指数	满足市场需求	计价结算功能	1. 本币在全球支付中的比重	有差距
			2. 本币在外汇交易中的比重	有差距
			3. 本币在官方储备货币中的比重	有差距
		交易便利性	1. 货物贸易总额/GDP	中等
			2. 资本和金融账户总额/GDP	有差距
	信心保证	币值稳定性	1. 通货膨胀率	有差距
			2. 实际有效汇率变动率	中等
			3. 国际储备增长率	有优势
		发行国财务状况	1. 财政赤字/GDP	中等
			2. 政府债务总额/GDP	有优势

续表

指数类型	一级指标	二级指标	三级指标	对比
货币竞争力指数	可持续获利	经济发展潜力	1. 实际 GDP 增长率	有优势
			2. 本国（地区）GDP 占全球比重	有差距
			3. 货物和服务贸易总额增长率	有优势
		收益可能性	1. 货币市场利率变动率	中等
			2. 股票指数变动率	有差距

资料来源：根据表 5.1 和表 5.3 整理得到。

由表 5.4 可以清晰地看出，中国货币竞争力弱于美欧主要反映在人民币的全球流动性较差，不能很好地满足国际市场需求，特别是国际金融市场的需求，使得人民币在全球支付、外汇交易以及官方储备货币中所占的比重远远低于美元和欧元，且资本和金融账户开放程度不高也影响了人民币的全球竞争力。此外，在安全性方面，中国境内平均通货膨胀率高于美国和欧元区国家，容易引发人民币汇率贬值，导致国际投资者对持有人民币的信心下降，引起国际资本外逃。但中国的国际储备增长率高于美欧、政府债务总额与 GDP 之比远低于美欧，一定程度上确保了人民币的国际地位和信心。在盈利性方面，中国 GDP 占全球比重低于美国和欧元区，且近年来中国股票市场整体表现欠佳，股票指数增长率远低于美国和欧元区，且股市波动大于美欧。同时，中国货币市场利率变动呈下降趋势，容易引起国际资本大量流出。因此，短期内国际投资者持有人民币资产获取高收益的可能性不大，但从长期来看，中国 GDP 体量大且增长较为强劲，货物和服务贸易总额增长率远超美欧，长期经济发展潜力巨大，有助于提升人民币的长期竞争力，未来人民币资产持有量将会明显上升。

综上所述，中国在未来人民币国际化的进程中，除了大力发展实体经济与贸易，还应进一步拓宽资本和金融账户开放领域和渠道，增强宏观调控能力，充分发挥市场调节经济的功能，促进人民币内外价值稳定，使人民币逐步成为国际社会愿意接受和支付使用的新兴国际货币。

5.5　全球主要支付货币竞争力指数测度与分析

上节已对货币竞争力指数的构成指标进行了比较研究，本节将针对全球主要支付货币进行货币竞争力指数的测度，并根据测算结果进行排名，比较货币竞争力指标的变化趋势，为宏观经济政策调整提供有效的理论依据。

5.5.1　全球主要支付货币竞争力指数测度

2018 年 11 月，环球同业银行金融电讯协会公布了截至 2018 年 10 月底全球 20 种主要支付货币及其份额排名情况（见表 5.5）。

表 5.5　　全球 20 种主要支付货币名称及其份额（2018 年 10 月）

排名	货币名称及代码	所占份额（%）	排名	货币名称及代码	所占份额（%）
1	美元（USD）	43.15	11	挪威克朗（NOK）	0.57
2	欧元（EUR）	36.25	12	新加坡元（SCD）	0.47
3	日元（JPY）	4.29	13	丹麦克朗（DKK）	0.46
4	英镑（GBP）	4.09	14	墨西哥比索（MXN）	0.37
5	加元（CAD）	2.23	15	新西兰元（NZD）	0.34
6	瑞士法郎（CHF）	1.66	16	波兰兹罗提（PLN）	0.34
7	澳元（AUD）	1.42	17	土耳其里拉（TRY）	0.33
8	人民币（CNY）	1.01	18	南非兰特（ZAR）	0.24
9	港元（HKD）	0.86	19	俄罗斯卢布（RUB）	0.23
10	瑞典克朗（SEK）	0.61	20	捷克克朗（CZK）	0.20

数据来源：环球银行间金融电讯协会官方网站（2018 年 11 月公布）。

从表 5.5 可以看出，截至 2018 年 10 月底，全球支付货币排名前 20 位的国家（地区）中，包含 15 个发达经济体和 5 个发展中国家。相比 2018 年 8 月底，10 月底人民币全球支付占比有所下降，由 1.26% 下降到 1.01%，降幅为 19.84%。

本节按照前文所述货币竞争力指数模型测度方法，测算出截至 2018 年 10 月底全球支付中排名前 20 位的国家（地区）货币竞争力指数，排名结果如图 5.34 所示。

由图 5.34 可以看出，2018 年，世界主要发达国家（地区）的 MCI 值均排在前列，5 个发展中国家的 MCI 值排名靠后。中国的 MCI 值位列 5 个发展中国家之首、排名第 10 位，其次是墨西哥排名第 14 位。俄罗斯、土耳其、南非的 MCI 值排在最后 3 位，均不足 100。这表明发展中国家的货币竞争力总体表现较差，在全球竞争力方面明显处于弱势地位。

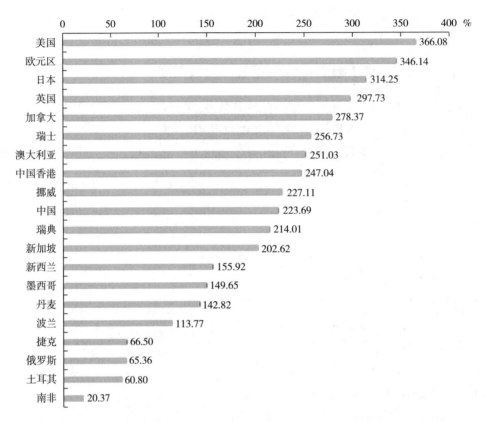

注：数据截至 2018 年 10 月底。

图 5.34　2018 年全球主要支付货币竞争力指数排名
（数据来源：根据 5.4 节中相关国际组织官方网站等数据计算整理得到）

5.5.2　全球主要支付货币竞争力指标分析

前文已测算得出 2012 年至 2018 年 10 月底全球 20 种主要支付货币的货币竞争力指数，并根据测算结果由高到低进行了排名。本书创设出的货币竞争力指数测度模型，可以根据国际组织提供的相关指标数据，测算得出全球主要支付货币竞争力指数及其排名情况，从静态和动态两个视角分析主要发达国家（地区）及新兴市场国家（地区）的货币竞争力水平及其变动趋势，为各国（地区）货币当局制定和调整经济政策提供了量化依据。

下面将在前文关于全球主要支付货币竞争力指数测算的基础上，进一步对20 个主要经济体 2012 年至 2018 年 10 月底全球货币竞争力各项三级指标排名情况进行比较分析（见表5.6）。

表5.6　　全球主要支付国家（地区）货币竞争力指数三级指标位次

MCI值排名	国家(地区)	本币在全球支付中的比重	本币在外汇交易中的比重	本币在官方储备货币中的比重	货物贸易总额/GDP	资本和金融账户总额/GDP	通货膨胀率	实际有效汇率变动率	国际储备增长率	财政赤字/GDP	政府债务总额/GDP	实际GDP增长率	本国(地区)GDP占全球比重	货物和服务贸易总额增长率	货币市场利率变动率	股票指数变动率
		(1)	(2)	(3)	(4)	(5)	(6)	(7)	(8)	(9)	(10)	(11)	(12)	(13)	(14)	(15)
1	美国	1	1	1	20	10	9	7	5	20	18	8	1	17	5	1
2	欧元区	2	2	2	16	4	6	3	11	9	15	13	2	6	12	18
3	日本	3	3	3	19	18	1	12	6	16	20	14	4	7	12	6
4	英国	4	4	4	14	17	13	5	3	14	17	16	5	13	6	14
5	加拿大	5	6	5	10	7	3	10	18	11	15	3	7	14	3	10
6	瑞士	6	6	9	5	20	2	14	13	8	9	3	11	18	12	8
7	澳大利亚	7	5	7	17	5	10	18	19	12	10	6	8	16	12	7
8	中国香港	9	9	7	1	2	11	8	9	2	1	5	16	20	8	15
9	挪威	11	9	11	12	16	5	6	17	1	7	12	14	4	6	3
10	中国	8	8	6	18	3	14	13	16	18	12	1	3	8	12	20
11	瑞典	10	9	10	8	3	7	16	10	6	8	10	12	11	12	9
12	新加坡	12	9	12	2	1	8	11	2	3	19	7	18	10	4	11
13	新西兰	15	9	15	15	13	4	17	12	7	3	5	20	12	11	2
14	墨西哥	14	9	14	6	6	18	2	4	15	13	18	9	15	10	17
15	丹麦	13	15	13	7	19	3	9	14	10	11	12	12	3	13	13
16	波兰	15	15	15	4	11	12	4	7	13	11	2	13	2	18	12
17	捷克	20	20	20	3	12	15	1	15	5	5	9	19	1	1	5
18	俄罗斯	19	15	17	13	15	17	19	1	4	2	17	7	3	20	4
19	土耳其	17	15	17	9	9	20	20	20	17	4	20	10	19	2	19
20	南非	18	15	18	11	14	19	15	8	19	14	19	15	9	19	16

数据来源：根据5.4节中相关国际组织官方网站等数据计算整理得到。

注：数据截至2018年10月底。

由表 5.6 可以看出，全球货币竞争力排名前 5 位的国家（地区）分别是美国、欧元区、日本、英国、加拿大。这些发达国家（地区）的货币竞争力主要体现在本币均是全球支付结算、外汇交易以及官方储备中的主要币种，且本国（地区）的 GDP 占全球比重均排在前列。该结论反映出这 5 种主要货币在满足全球计价结算功能中所具备的强大的市场需求，以及主要发达国家（地区）在世界经济发展中的核心地位所带来的可持续获利机会。但 2018 年这 5 种主要货币在货物贸易总额/GDP、财政赤字/GDP、政府债务总额/GDP、货物和服务贸易总额增长率等指标上的表现较差，欧元区、日本、英国、加拿大的实际 GDP 增长率排名靠后，欧元区和英国的股市表现不佳。

2018 年，中国香港的货币竞争力综合排名第 8 位，特别是货物贸易总额/GDP、政府债务总额/GDP 两项指标居第 1 位，表明中国香港作为世界著名的转口贸易港在其经济发展中的重要地位，同时，中国香港货币当局秉持严格控制政府债务规模的政策理念，对于稳定港元的国际信心起到十分积极的作用。但受到 2018 年中美贸易摩擦的较大影响，中国香港货物和服务贸易总额增长率下滑较大，排在末位，在一定程度上对中国香港经济发展潜力造成不利影响。

2018 年，中国的货币竞争力综合排名第 10 位，位居 5 个发展中国家之首。实际 GDP 增长率继续保持第一，我国 GDP 在全球的比重排在第 3 位，仅次于美国和欧元区，体现出我国经济可持续发展的强大动力，为人民币未来国际化进程提供了获益空间。但 2018 年我国是全球股市表现较差的市场，在 20 个国家（地区）中排在末位。同时，中美贸易摩擦对我国内外经济带来了较大冲击，货物贸易总额/GDP、财政赤字/GDP 排名靠后，国际储备增长率下降较快。

以下将中国与 MCI 值排在前列的 9 个国家（地区）的指标排名平均值进行比较，结果如图 5.35 所示。

由图 5.35 可以看出，在 15 个三级指标排名中，对比前 9 位国家（地区）的平均值，中国具有优势的指标有 2 个，较好指标有 2 个，中等指标有 2 个，较差指标有 4 个，差距较大的指标有 5 个，具体排名对比如下（见表 5.7）。

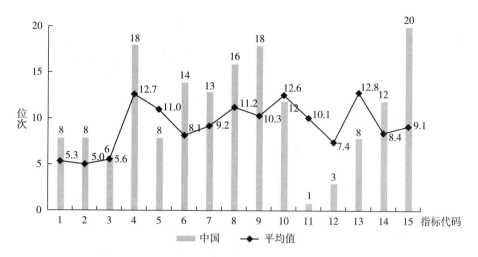

注：横轴中的指标代码与表 5.6 相对应。

图 5.35 中国与前 9 位国家（地区）货币竞争力指数

各指标排名平均值比较（2018 年 10 月）

（数据来源：根据表 5.6 中的指标排名计算得到）

表 5.7 中国与排名前 9 位国家（地区）货币竞争力指数各指标平均位次对比

指标序号	三级指标	前 9 位国家（地区）平均位次	中国位次	对比
1	本币在全球支付中的比重	5.3	8	较差
2	本币在外汇交易中的比重	5.0	8	较差
3	本币在官方储备货币中的比重	5.6	6	中等
4	货物贸易总额/GDP	12.7	18	有差距
5	资本和金融账户总额/GDP	11.0	8	较好
6	通货膨胀率	8.1	14	有差距
7	实际有效汇率变动率	9.2	13	较差
8	国际储备增长率	11.2	16	有差距
9	财政赤字/GDP	10.3	18	有差距
10	政府债务总额/GDP	12.6	12	中等
11	实际 GDP 增长率	10.1	1	有优势
12	本国（地区）GDP 占全球比重	7.4	3	有优势
13	货物和服务贸易总额增长率	12.8	8	较好
14	货币市场利率变动率	8.4	12	较差
15	股票指数变动率	9.1	20	有差距

数据来源：根据表 5.6 和图 5.36 整理得到。

由表 5.7 可以看出，相比排名在前的 9 个国家（地区），第一，2018 年中国实际 GDP 增长率排名第 1 位，GDP 占全球比重排名第 3 位，紧随美国和欧元区之后，这两项指标位居优势地位，说明我国经济发展潜力巨大，从长期来看，人民币资产的获利空间广阔，为提升人民币的国际竞争力奠定了坚实的物质基础。第二，2018 年我国资本和金融账户总额/GDP、货物和服务贸易总额增长率均排在第 8 位，稍好于 9 个国家（地区）的平均值，说明尽管中美经贸摩擦对我国 2018 年吸收外资、贸易发展带来了一定的影响，但我国继续加快对外开放的步伐，增强与世界其他国家和地区的投资合作、经贸交流，在资本开放和贸易增长方面取得了一定成效。第三，2018 年人民币在官方储备货币中的比重排名第 6 位，基本与 9 个国家（地区）的平均值持平，政府债务总额/GDP 平均位次也持平，但整体位次靠后，说明主要经济体的政府债务负担过重，这些不利于提高人民币的国际信心保证。第四，人民币在全球支付和外汇交易中的比重均排名第 8 位，与 9 个国家（地区）的平均位次相比较为落后，同时 2018 年人民币实际有效汇率变动率以及货币市场利率变动率排名均落后，说明我国金融市场发展的广度和深度亟待提高，人民币的国际接受程度以及短期盈利获利能力有限。第五，我国距离 9 个国家（地区）的平均排名差距较大的 5 项指标分别是：（1）货物贸易总额/GDP；（2）通货膨胀率；（3）国际储备增长率；（4）财政赤字/GDP；（5）股票指数变动率。这些指标均因受到中美经贸摩擦对我国经济金融的不利影响而有所下滑，尤其是我国股市受到的冲击也与国内经济形势变化和宏观政策调整有关。

综合以上分析，本书从货币的流动性、安全性、盈利性着手，推导出衡量货币竞争力的 MCI 指数模型，并通过 2012—2018 年世界主要支付货币国家（地区）的实际指标数据进行指数测算和排名，测算结果与实际情况基本吻合，一定程度上验证了 MCI 指数模型的可靠性和适用性。从静态和动态两个角度对主要支付货币竞争力进行深入研究和比较分析，不仅可以看出本币在全球货币竞争力的整体排名变化，而且可以从具体的三级指标排名变化中找出影响本币竞争力变化的深层次原因，进而为货币当局提供相关对策建议。笔者将会在未来继续关于货币竞争力指数的测算和分析工作，力图使模型的指标架构和权重安排更加合理稳健。本书的一项重要目标，是希望为推动人民币国际化进程作出一定的理论贡献。

5.6 本章小结

第 5 章通过研究创设了货币竞争力指数模型，对全球主要货币的竞争力及其变化趋势进行测度和比较，为考察货币国际化程度提供了一种新的、直观的研究工具。货币竞争力指数模型包括三大类 15 个指标，从货币使用的流动性、安全性与盈利性三个层面按照重要程度分别赋予各指标相应的权重值，将指标排名乘以其对应的权重值并求和，经过标准化处理后，得出该种货币 MCI 值，有助于各国分析影响货币竞争力水平变化的深层次因素，为货币当局提供相关对策建议。本书也将通过未来的持续探索，使上述指数模型结果更加合理可靠，为有序推进人民币国际化进程作出一定的理论贡献。

6 国际竞争中的货币危机形成及预警

本书在前文深入研究了货币竞争由初级→中级→高级的发展过程，即一国货币要想发展成为国际货币，通常经历境内货币竞争→区域货币竞争→全球货币竞争的过程。从历史实践来看，在国际货币竞争过程中，时常伴随着货币危机。本书将进一步分析货币竞争与货币危机二者之间的关系，对发达国家和新兴市场经济体发生的货币危机进行比较研究，分析历次货币危机形成的不同原因，并设计出新的货币危机模型，为提高人民币竞争力、防范货币危机提供可行的预警工具。

6.1 关于货币危机的理解

任何金融理论与实践都不能避开如何获取投资利润和降低金融风险这两个问题。而 20 世纪 80 年代以来愈演愈烈的金融危机，正呈现出加速爆发的趋势，这种趋势从 2016 年 6 月 24 日英国"脱欧"公投结果、2016 年 11 月 9 日美国总统大选结果所引发的国际金融市场剧烈震荡可见一斑。金融危机是国际金融风险集聚到一定程度的必然产物。

从历史上看，金融危机可独立发生，也可与经济危机相伴并先于经济危机发生。按照成因不同，金融危机可分为货币危机、银行危机、债务危机和系统性危机四种类型，并越来越呈现出混合形式。

货币危机是发生频率最高的金融危机，20 世纪 90 年代以来，平均每隔 2～3 年就会出现一次货币危机。货币危机通常被理解为短期内本币汇率的贬值幅度超出一国可以承受的范围这一现象。货币危机具有传递性，它可能蔓延到更多的国家或地区。一般认为，实行固定汇率制的国家被动转变为浮动汇率制时，由市场决定的本币汇率远远低于之前维护的固定汇率水平，极易引发货币危机。实行浮动汇率制的国家虽然较少发生货币危机，但由于世界主要货币通常实行浮动汇率制，一旦这些货币引发危机，对世界经济金融的影响会更加广泛而深刻。

6.2 历次货币危机的表现及特征

本书在 2.1 节中已经较为详尽地阐述了国外学者和国际组织对于货币危机的解释。从历史上看，货币危机是发生频率最高的金融危机，无论是发达国家还是发展中国家都曾爆发过货币危机，并给危机国带来了严重的灾难，例如 1992 年的欧洲货币危机、1994 年的墨西哥金融危机、1997—1999 年的亚洲金融危机、1998 年的俄罗斯金融危机、1999 年的巴西金融危机、2001 年的阿根廷金融危机等。历次货币危机的发生往往由国际外汇投机活动引起，但对于危机国来说却意味着其存在深层次的经济问题。货币危机的频繁爆发，不仅对危机国的经济造成巨大的负面影响，而且对世界经济的影响也是极其深刻的。以下将对 20 世纪 90 年代以来爆发的具有典型性的货币危机进行分析。

6.2.1 1992 年欧洲货币危机

欧元启动之前，欧洲货币体系的形成和发展经历了一条漫长的道路。1979 年 3 月 13 日，欧洲货币体系成立，其本质上是一个可调整的固定汇率制度，包括创设了欧洲货币单位（ECU）和建立平价网的固定汇率制度。欧洲货币单位（ECU）是由欧共体 12 个成员国货币组成的货币篮子，各成员国货币所占权重由各自的经济实力决定。各成员国的货币与 ECU 挂钩，成员国之间实行双边固定汇率制。每隔五年根据各成员国实力变化调整一次 ECU 权重。但欧洲货币体系的设计架构存在一定的缺陷和风险，即如果不能及时根据成员国经济实力的变化调整 ECU 权重，而通过市场自发调整，就容易使欧洲货币体系发生货币危机。1992 年 9 月爆发的英镑和里拉危机就是第二次世界大战后欧洲货币市场上发生的最严重的货币危机。

1990 年 10 月，两德统一使德国的经济实力大大增强，马克对美元汇率走高。但是英国、意大利经济一直不景气，经济增长缓慢，失业人数增加，两国需要实行低利率政策刺激消费与投资的增长，增加就业，重振经济。但是当时德国却出现了巨额财政赤字，德国政府担心降息会引发本国出现通货膨胀，于是拒绝了七国首脑会议降息的要求，反而在 1992 年 7 月将银行贴现率提高至 8.75% 。这一举措引发外汇市场抛售英镑和里拉、抢购马克的风潮，造成英镑和里拉的汇率暴跌，这就是 1992 年欧洲货币危机爆发的导火索。

1992 年 9 月 12 日，意大利里拉汇率一路下挫，跌至欧洲货币体系汇率机制中规定的里拉对马克汇率的最大下限。尽管意大利政府分两次将贴现率从 12% 提高到 15% ，同时动用储备向外汇市场抛售马克和法郎，却也无济于事。1992 年 9 月 13 日，意大利政府被迫宣布里拉贬值，并将其平价下调了 3.5% 。尽管如此，3 天后里拉再次面临贬值危机。意大利政府为挽救里拉下跌，投入了等值 40 万亿里拉的外汇储备，也没能挽救里拉汇率，最终宣布里拉退出欧洲货币体系，改为实行自由浮动汇率制度。

与里拉的情形相似，1992 年 9 月 15 日，英镑汇率也是一路狂跌，英镑对马克汇率连破 3 道防线，暴跌至 1 英镑 = 2.78 马克。英国政府慌忙于 1992 年 9 月 16 日两次提高银行利率，由 10% 提高到 15% 。但是，市场一旦信心动摇，不是紧急调整政策可以解决的。欧洲各国央行拿出上百亿等值英镑的外汇资金抛向外汇市场支持英镑，却毫无起色。9 月 16 日，英镑对马克和美元汇率分别跌至 1 英镑 = 2.64 马克和 1 英镑 = 1.738 美元的最低水平。9 月 16 日晚上，英国财政大臣拉蒙特被迫宣布英国退出欧洲货币体系。

直到 1992 年 9 月 20 日，法国公民投票通过了《马斯特里赫特条约》，同意把欧洲国家建立成欧洲联盟，要求其成员国使用同一种货币，以及奉行同样的外交及安全政策，才使这场欧洲货币风暴得以平息，英镑和里拉的汇率也趋向贬值以后的均衡状态。

1992 年的欧洲货币危机深刻反映了欧共体主要成员国之间政策不协调。尽管德国的经济实力不断增强，马克的汇率持续坚挺，但德国为了本国利益，不顾英国、意大利经济下滑的现状以及七国首脑会议的要求，不降息反而升息，最终引发了欧洲货币危机。由此可以看出，在经济全球化的今天，任何国家都不能一意孤行，都应在合作与协调中谋求发展与稳定，这已经成为当今世界不可逆转之潮流。各国经济政策的溢出效应会影响其他国家的经济运行。因此，各国如果各行其道，而不采取协调与合作的经济政策，不仅会对自身带来不利影响，还会阻碍世界经济的发展与稳定。

6.2.2 1994年墨西哥金融危机

1994年的墨西哥金融危机是由比索大幅度贬值引发的。1994年12月19日晚上,墨西哥政府突然宣布比索贬值15%,这一消息立即引发了市场上极大恐慌。外汇投资者纷纷抛售比索、抢购美元,致使比索汇率急速下跌。1994年12月20日,比索汇率从1美元 = 3.47比索跌至1美元 = 3.925比索,跌幅达到11.59%。12月21日,比索汇率再跌13.27%。2天内,墨西哥外汇储备减少近40亿美元,其国内金融市场一片混乱。到12月22日,仅仅三天时间,墨西哥比索对美元的汇率就暴跌了近30%。

由于墨西哥吸收的外资中有近70%是投机性的短期证券投资,因此比索汇率暴跌必然引发短期资本迅速外流,使得墨西哥的股市急剧下跌。1994年12月30日,墨西哥IPC指数一度下跌了6.26%。1995年1月10日,墨西哥股市狂跌11%。到1995年3月3日,墨西哥IPC指数已跌至1500点,比危机爆发前下跌了47.94%,股市跌幅远超比索贬值的幅度。

墨西哥政府之所以突然宣布比索贬值,主要是因为当时墨西哥的外汇储备不断减少,已经无法维持1美元 = 3.46比索的固定汇率。而墨西哥外汇储备不足的困境源于1988年上台的萨利纳斯总统转向实施新自由主义经济政策,将汇率作为反通货膨胀的工具,实行钉住美元的汇率制度,尽管在降低通货膨胀率方面取得了一定成功,但由于比索贬值的幅度低于通货膨胀率上升的幅度,比索事实上存在币值高估的问题,削弱了墨西哥产品的国际竞争力。截至1994年底,比索币值被高估了20%,使得墨西哥出口增长乏力,进口急剧增加。1989—1994年,墨西哥的出口总额增长2.7倍,进口总额却增长了3.4倍,经常账户赤字由1989年的41亿美元增加到1994年的289亿美元。同时,墨西哥资本项目的盈余主要是由投机性短期资本流入引起的。20世纪80年代末,墨西哥的间接投资净流入额年均近50亿美元。1993年,其间接投资净流入额达到近300亿美元,其间接投资总额占外资总额的比例高达2/3。

同时,为了稳定外国投资者的信心,墨西哥政府将大量与比索挂钩的短期债券转换为与美元挂钩的短期债券,使得外国投资者持有大量与美元挂钩的短期债券。1994年金融危机爆发前,墨西哥政府发行的这种与美元挂钩的短期债券高达300亿美元,而墨西哥的外汇储备仅有数十亿美元,由此而来的风险是相当大的,因为比索价值的下跌会引发外汇市场剧烈动荡,短期债券市场同样面临抛售风潮。1994年下半年,墨西哥经济变得更加脆弱,政府对外资和外债的过分依赖使得政策回旋余地不断缩小。当墨西哥政府宣布比索贬值后,外国金融投机商便大量抛售墨西哥政府发行的短期国债。

墨西哥金融危机爆发后,由于巴西、阿根廷、智利等其他拉美国家的经济结构和政策同墨西哥十分相似,均不同程度地存在贸易逆差、债务沉重、币值高估等问题,外国投资者担心墨西哥金融危机会扩散到拉美国家,便纷纷抛售拉美国家的股票和债券,使得拉美股市、债市暴跌。受拉美股市大跌的影响,1995年1月,欧洲股指下跌1%,全球股指下跌1.7%。

为了稳定国内金融市场,墨西哥政府一方面推出紧急经济拯救计划,尽快压缩经常账户赤字和控制通货膨胀,另一方面向国际组织申请紧急贷款援助。1995年上半年,墨西哥金融危机最终得以平息。

由此可以看出,墨西哥金融危机爆发的导火索是墨西哥外汇储备的大量减少导致比索贬值,但主要内因是墨西哥引入大量投机性短期资本用来弥补巨额的贸易赤字。

墨西哥金融危机给发展中国家提供了以下几点重要启示:(1)金融市场不能过早开放,对外资依赖程度不宜过高;(2)国内政局不稳会严重打击投资者信心;(3)货币政策的制定要兼顾汇市和股市,避免顾此失彼;(4)政府应强化对银行信贷投放的监管;(5)外资流入量的减少并非永远能够控制经常账户赤字,且会对所投资的工程带来不利影响。通常来说,经常账户赤字/GDP不应该长期超过3%的标准。

6.2.3 1997—1999年亚洲金融危机

20世纪60年代中期至1997年亚洲金融危机爆发前,东亚经济已保持了20多年的高速增长,创造了"亚洲奇迹"。

1997年7月2日,泰国政府宣布泰铢转为实行浮动汇率制,当日泰铢对美元汇率跌幅达到20%。泰铢危机爆发后,形成多米诺骨牌效应,整个东南亚、东亚地区的货币纷纷开始大幅度贬值,亚洲国家股市也不同程度下跌。

1997年亚洲金融危机的爆发是由泰国引起的。泰国政府从1992年开始全面开放了本国资本市场,并以高利率政策吸引外资进入,导致外债规模迅速扩大，且大部分为短期外债。国外资金进入泰国，主要投资于房地产市场，泰国银行业借势将 30% 的贷款总额用于房地产投资，当国内经济增速放缓，房地产价格下跌时，银行的呆账坏账大幅增加，投资者信心开始动摇。从 1997 年 2 月开始，国际金融投机商乔治·索罗斯（George Soros）三次冲击泰铢，造成泰铢贬值的压力，泰国央行不得不动用美元外汇储备入市干预、稳定汇率，导致泰国外汇储备仅剩 80 亿美元，利率大幅上扬，物价猛涨，股市快速下跌。泰国政府被迫在 7 月 2 日宣布放弃坚持 14 年之久的固定汇率制，金融危机爆发了。

泰国是东盟的主要成员国之一，泰国央行宣布实行浮动汇率制后，东盟其他成员国货币立即遭到强烈冲击。菲律宾央行动用 10 亿美元干预市场未见成效，被迫于 7 月 11 日宣布浮动，当日菲律宾比索贬值 11.5%。印尼盾、马来西亚林吉特、新加坡元均大幅贬值。国际金融炒家在冲击东南亚各国货币后，转而狙击港元，引发香港恒生指数大幅下跌，我国香港地区银根紧缩，大部分公司财务状况恶化，最终依靠中国强大的外汇储备捍卫了联系汇率制。1997 年 11 月中旬，危机开始波及韩国。11 月底，韩元下跌 30%，股市跌幅超过 20%。12 月，危机又波及日本，其汇市、股市急速下跌，日本三洋证券、北海道拓殖银行、山一证券、德阳城市银行宣布破产，金融危机由东南亚扩散到东亚地区。

1998 年初，东南亚金融危机进一步恶化，与此同时，俄罗斯也突然爆发了金融危机，卢布对美元汇率突破了政府规定的 1:6.21 的上限，市场随即出现抛卢布抢购美元和其他货币的风潮。俄罗斯金融危机又进一步加剧了日本金融危机，日元开始大幅贬值，亚洲金融危机逐步扩张恶化。

到 1998 年 9 月，东南亚金融危机引发了美欧国家股市、汇市剧烈波动，全球扩散效应出现。1998 年下半年，危机对拉丁美洲的影响开始显现，巴西、阿根廷、墨西哥股市纷纷下跌。1999 年下半年，东南亚国家的外汇储备有所增加，经常项目出现顺差，国内生产总值稳步增加，亚洲金融危机才至此结束。

由此可以看出，亚洲金融危机爆发的导火索是国际金融炒家的外汇冲击，而外汇投机者选取的冲击国家通常具备以下三个条件：（1）资本市场完全开放；（2）实行固定汇率制；（3）投机资本所控制的全球资产与被冲击国家的外汇储备数量相当。泰国、马来西亚、菲律宾等东南亚国家在本次危机发生前，经济增长迅速，但国内宏观经济政策调控机制却跟不上经济增长的速度。资本市场过早开放、汇率制度僵化、本币币值高估、外汇储备严重不足、外债负担过重且结构不合理等都成为国际金融炒家冲击东南亚国家货币汇率的外部因素。

亚洲金融危机爆发的深层次原因主要有：（1）经济结构不合理，产业结构调整缓慢。东南亚国家经济基本属于出口导向型，其产业结构主要以劳动密集型、资源消耗型等初级加工业为主，产业结构的可替代性非常强，出口产品竞争能力较弱，再加上长期本币高估致使出口增长乏力、进口快速增长，从而导致对外贸易赤字不断加大。（2）投资结构不合理，资产泡沫十分严重。进入 20 世纪 90 年代，东南亚国家的经济增速持续保持在 7% 左右，但大量投资并没有带来预期收益。投资方向和投资结构不合理，银行等金融机构将大量信贷投向本国企业，在生产要素、生产能力增长方面投资少，而股市和房地产市场投资巨大，重复建设严重，产能过剩明显，投资效益偏低，股市泡沫和房地产泡沫形成。（3）引入外资规模过大，债务结构不合理。东南亚国家的外债规模过大，以中短期外债居多，不仅会使这些国家面临沉重的外债还本付息的负担，同时短期外债过多也会加剧流动性风险，一旦国内经济发展状况、投资环境等恶化，国际投机性短期资本就会迅速逃离。（4）金融市场过早开放，缺乏有效监管。东南亚一些国家过早地开放了本国市场，允许外国银行、证券机构、保险公司、信托机构等金融机构在本国开设分支机构，同时境外券商和基金在东南亚国家证券交易所也设立了大量机构，导致国际游资迅速涌入。但是国内金融监管体系不健全、金融机构之间信息透明度不高，使得东南亚国家遭受国际游资的冲击引发货币危机。（5）腐败现象频发，政企和银企关系不当，危及国内正当竞争。东南亚国家政府对市场采取直接干预，一定程度上为腐败行为创造了条件，政府公务员以权谋私、钱权交易现象频发，破坏了自由竞争的市场环境。东南亚国家企业需要花费大量金钱和时间来维护政企、银企关系，严重阻碍了企业提高劳动生产率。同时，政府通过行政指令强迫银行给企业提供贷款，一旦企业经营不善，便引发银行呆账、坏账，恶化银行资产，加剧了危机的深度。

亚洲金融危机是东南亚各国在经济发展和经济金融国际化进程中，在自身经济结构矛盾和国际金融炒家冲击双重因素的作用下引发的。此次危机引起了新兴市场经济体对东南亚经济发展模式的反思，同时也引起了世界各国对经济金融开放以及全球金融监管方面的思考。新兴市场经济体应审慎开放本国资本市场，防范国际游资的冲击，形成较为完善的汇率机制，强化金融监管机制研究，防范开放资本市场可能带来的金融风险。

6.2.4　1998 年俄罗斯金融危机

1998 年俄罗斯金融危机也称卢布危机，是由俄罗斯严重的债务问题引发的。1998 年 8 月 17 日，俄罗斯政府宣布卢布贬值，并违约偿付国内发行的国债以及暂停向外国债权人还本付息。当天，俄罗斯政府和俄罗斯中央银行发表了一份联合声明，主要内容包括：（1）将卢布汇率的浮动幅度加大。取消 1997 年 11 月 11 日确立的 1998—2000 年"汇率走廊"，将汇率浮动区间从 1 美元 = 5.3 ~ 7.1 卢布扩大到 1 美元 = 6.0 ~ 9.5 卢布，调整幅度为 ±15%。（2）延长内债偿还期限。声明规定将 1999 年 12 月 31 日前到期的国家短期债券都转换成新的国家债券，新债券的期限、利率等另行公布；同时规定债券转换完成前，俄罗斯的国债市场停止交易。（3）将部分外债冻结。对俄罗斯的企业和银行从国外银行及投资公司等处的借款、用有价证券担保的贷款保险金，以及持有的未到期的远期外汇合约进行冻结，冻结期为 90 天。同时禁止非居民投资偿还期在 1 年内的各项卢布资产，但俄罗斯政府所借的外债不冻结。

上述措施出台后，对于缓解俄罗斯国内金融危机没有起到作用，相反，对俄罗斯经济、政治与社会却产生了极大的负面影响：

第一，汇市、股市、债市均出现混乱的局面。卢布对美元汇率由 8 月 17 日的 1 美元 = 6.3 卢布暴跌到 9 月 9 日的 1 美元 = 22.4 卢布，不到 1 个月的时间里，卢布贬值幅度达到 71.88%；9 月 15 日又反弹到 1 美元 = 8.9 卢布，卢布升值幅度达到 151.69%。俄罗斯股票综合指数从 1997 年的 230 点暴跌到 1998 年 8 月 31 日的 20 点左右，股票日交易额由危机爆发前的近 1 亿美元跌到几十万美元。14 家进入欧洲企业 500 强的俄罗斯工业企业股票总市值从 1140 亿美元缩水到了 160 亿美元。俄罗斯国内债市停业将近 4 个月，总额为 4360 亿卢布的政府债券准备重组却迟迟未能实施，俄罗斯政府债券占国际债市的市值比例仅为6%。

第二，俄罗斯整个国内银行体系的存款、贷款与资本金均减少了1/3。1998年第三季度，1500家俄罗斯银行中有590家出现亏损，近50%的银行宣告破产。

第三，1998年，俄罗斯国内生产总值和工业总产值同比分别下降5.5%和10%，进出口贸易总额同比下降12%左右，通货膨胀率达到70%以上。

第四，俄罗斯金融危机中，卢布贬值70%以上，国内失业人数大幅增加，生活在贫困线以下的人口比例由1998年初的1/5上升到1998年末的1/3，全国90%以上的居民生活水平出现下降。

1998年的俄罗斯金融危机对一些拉丁美洲的石油出口国，例如巴西、委内瑞拉、阿根廷等国受到的冲击很大，到1998年8月底，这些拉美国家的股票平均下跌30%，而拉美国家的金融动荡又波及许多欧美国家。俄罗斯政府实行的强制性"国债重组"和"对外延期支付"措施，对与俄罗斯金融市场有着密切关系的欧美银行造成巨大损失。1998年8月24日，列入"延期支付"的俄罗斯银行对欧美银行债务额为192亿美元，俄罗斯企业对外欠债为60亿~80亿美元，使国外投资者的直接损失达到70%。同时，这些与俄罗斯有着投资与债权联系的外国企业和银行的股票在8月17日后均出现大幅下挫，到8月27日，欧美国家股票指数平均下跌4%。

俄罗斯的债务问题与其经济发展有着直接的关系。俄罗斯自独立以来，其经济一直处在衰退和动荡的局面，财政入不敷出。1998年，财政缺口高达180亿~190亿美元。为了解决国家财政困难，俄罗斯政府不得不发行大量短期债券和对外借款。截至1997年底，俄罗斯外债总额为1280亿美元，而资产总额仅有277亿美元，外债负担沉重。同时外汇储备仅有130亿美元，外汇储备占外债总额的比例约为10%。其中，流入的外资在直接投资中的比例为30%左右，其余70%左右为短期资本，投机性强且对实体经济帮助不大，这为后来的债务危机埋下了隐患。

俄罗斯的财政困难是由内因和外因两方面因素引起的。20世纪90年代初，俄罗斯实行了休克疗法，试图快速向私有化的市场经济体制过渡，但是休克疗法却造成了俄罗斯的恶性通货膨胀、居民收入大幅度下降、消费能力萎缩，最终造成长时间的经济衰退。1994年12月11日第一次车臣战争爆发，

1996 年 8 月 31 日俄罗斯和车臣达成和平协议，俄罗斯政府在第一次车臣战争中耗费的资金高达 55 亿美元（约合 3 万亿卢布），这对俄罗斯来说无疑是一个沉重的负担，加剧了危机的形成。1997 年 7 月亚洲金融危机爆发后，受日本、韩国等国外资撤离的影响，俄罗斯国内大量外资流出，导致短期内卢布汇率一度跌破了俄罗斯央行事先确定的"汇率走廊"上限。同时，1997 年国际原油及有色金属的价格暴跌，需求大幅降低，而俄罗斯的外汇储备 70% 来自石油和天然气的出口，国际能源的价格及需求波动对俄罗斯的偿债能力具有举足轻重的作用。上述两大外因严重地影响了身为资源输出国的俄罗斯的外汇储备，其国内经济立刻陷入一片混乱，人均 GDP 下滑，失业率升高，国际投资者开始清算和抛售在俄资产。此外，俄罗斯国内政局动荡，外商对政府信任下降，从俄罗斯撤走大量外资，加剧了俄罗斯的金融危机。

由上述分析可以看出，尽管 1998 年俄罗斯金融危机的导火索是国内债券市场出现崩溃，究其深层原因则是俄罗斯严重的财政危机，再加上俄罗斯金融系统发展的非均衡性，导致金融危机迅速蔓延和恶化。

此外，俄罗斯央行在政策调整上的延误或失误，也是导致金融危机深化的重要因素。首先，俄罗斯央行对于债市的发展未能采取谨慎态度，不仅没有对商业银行资产结构中持有过多的债券资产及早采取相应的监管措施，而且俄罗斯央行在外汇储备不足的情况下，仍将相当多的储备用于投资短期国债。1997 年 12 月初，在国内债券市场形势恶化的情况下，俄罗斯央行又宣布"放弃对债市的支持"，这使得债券市场形势雪上加霜，失去了政府强有力的支持。金融危机爆发后，俄罗斯央行实行强制性"国债重组"政策，使得除央行以外的俄罗斯其他银行遭受更大损失。俄罗斯央行对债券市场采取的一系列决策引起市场投资者的非议。其次，俄罗斯央行在调整卢布汇率制度上的做法也存在失误。1998 年初，卢布对美元"汇率走廊"被定为 1:6.2，允许汇率 ±15% 浮动，但随后俄罗斯财政收支、国际收支均出现明显恶化，为维持"汇率走廊"，俄罗斯央行动用为数不多的外汇储备干预汇市，对市场信心产生了极大的负面影响，成为金融危机爆发的重要原因。1998 年 9 月 2 日，俄罗斯央行在无力干预汇市的情况下，被迫宣告取消"汇率走廊"。

1998 年的俄罗斯金融危机可以看作亚洲金融危机的延续，它对俄罗斯经济、政治和社会产生了深刻的负面影响，使刚刚展露生机的俄罗斯经济再度滑向衰退。俄罗斯与中国同为处在经济转轨中的国家，两国经济发展目标颇为相似，不同的是，俄罗斯采取的是"休克疗法"式的激进改革模式，而中国采取的是符合本国国情的渐进式发展模式。俄罗斯金融危机给我们提供了极其重要的启示：一方面，政治稳定对经济发展和金融稳定具有十分重要的意义，一国经济发展有利于政局稳定，同样，政治稳定也为经济发展创造出有利环境和信心保障。另一方面，发展金融市场应具有长期战略眼光，不能只考虑短期效应、过度进行投机。金融市场的开放应与经济的发展和开放程度相适应，并予以有效的适度的管制，不能盲目地超越本国经济发展水平开放资本市场，这样才能避免金融危机或金融震荡。

6.2.5 1999 年巴西金融危机

1999 年 1 月 13 日，巴西政府宣布雷亚尔贬值，同时任命弗朗西斯科·洛佩斯为新任中央银行行长。此举引发拉美及世界其他国家的股市动荡，这场货币危机最终发展成为金融危机。

受 1997 年亚洲金融危机以及 1998 年 8 月俄罗斯金融危机的影响，从 1998 年 10 月起，巴西汇市和股市多次发生动荡，大量外资撤离巴西，沉重打击了巴西国内经济，使巴西外汇储备急剧下降，本币贬值压力加大。当巴西政府宣布更换中央银行行长以及雷亚尔贬值时，大量外国投资者纷纷逃离巴西金融市场（这一现象被称为"桑巴效应"），使拉美以及世界其他国家的汇市、股市发生动荡。

1998 年 11 月，国际社会联合向巴西政府提供总额为 415 亿美元的紧急贷款援助。第一笔 90 亿美元于 1998 年 12 月拨付，第二笔 45 亿美元计划于 1999 年 2 月拨付，但拨付前，巴西金融局势告急，有的州已发生了支付危机。巴西采取的货币贬值政策引发了全球的"多米诺骨牌效应"。1999 年 1 月 13 日，阿根廷、墨西哥、委内瑞拉、哥伦比亚、秘鲁股市分别下跌 10.4%、4.6%、5.01%、3.44% 和 5.4%。美欧也遭受了巴西金融风暴的冲击，纽约股市下挫 1.3%，马德里、法兰克福、巴黎、伦敦股市分别下跌 6.88%、4.1%、3.3% 和 3%。亚洲股市除东京以外也有一定程度的下挫，中国香港股市下跌 0.9%，新加坡股市下跌 1.97%。1 月 15 日，巴西央行被迫放弃干预汇市，宣布实行浮动汇率制，雷亚尔随即贬值，巴西经济陷入恐慌。1999 年 1 月 12 日至 1 月

21 日的 9 天时间里，雷亚尔对美元汇率下跌了 23.4%。1 月 29 日，银行发生大规模挤兑。尽管巴西央行把银行同业拆借利率提高了 37%，但仍然无法阻止雷亚尔汇率下滑的趋势。

从表面来看，这次金融风波是由巴西宣布雷亚尔贬值和央行行长换人引发投资者失去信心，大量资本外逃。但是实际上此次危机是由更为深刻的内因造成的，主要表现在：

（1）巴西财政赤字攀升

巴西经济发展长期受高通货膨胀的困扰，自 20 世纪 90 年代以来，巴西政府为偿还各州发行的巨额债券，不得不提高利率筹集资金，造成财政赤字不断攀升。1997 年巴西财政赤字占 GDP 的比率为 6.2%，1998 年这一比率达到了 7%，远高于国际公认的 3% 的警戒线，导致信任危机的压力一直徘徊。1998 年 11 月，巴西政府承诺国际货币基金组织，在 1999 年将其财政赤字由 8% 降到 4.7%，但巴西总统忙于连任竞选，致使财政调整计划拖延实施。

（2）过度依赖外资

巴西长期以来一直依靠引入外国资本发展本国经济。1996 年，巴西引入外国投资额 47 亿美元，1997 年引入外资额增长到 126 亿美元，1998 年引入外资额高达 246 亿美元，外债余额高达 2300 亿美元，外债规模过大，超出了国际安全警戒线。同时，巴西外贸出口下滑，贸易赤字增加，外债偿付能力下降。从 1998 年起，外国资本开始从巴西撤走，流出外资额高达 300 多亿美元，1999 年末，国际资本加速外逃，短短 15 天内资本外逃了 52 亿美元。

（3）实行高利率和钉住汇率制度

1997—1998 年亚洲和俄罗斯爆发金融危机后，巴西金融体系也出现波动。1998 年初国债利率是 30%，9 月，巴西央行为了稳定雷亚尔和阻止资本外流，将国债利率大幅提高到 40%，抑制了私人投资，引起了巴西经济衰退，使其经济增长率由 1994 年的 5.85% 大幅下降到 1998 年的 0.5%，大量工人失业。由于巴西实行的是钉住美元的固定汇率制，高利率政策并不能改变资本外逃、雷亚尔贬值的趋势。巴西自 1994 年开始实行稳定货币的“雷亚尔计划”，即把雷亚尔和美元挂钩，实行固定汇率制度，这使得雷亚尔汇率严重高估了 30%~40%，加剧了巴西贸易条件的恶化。1995 年以来，巴西连年发生经常项目赤字，1998 年，经常项目赤字高达 325 亿美元，相当于巴西当年 GDP 的

4%。为了稳定雷亚尔汇率,巴西央行大量消耗本国外汇储备干预汇市,到1999年初,巴西的外汇储备已下降了50%,由640亿美元下降到320亿美元。1999年1月13日,巴西政府宣布将雷亚尔对美元的浮动区间由1美元=1.12~1.20雷亚尔增加到1美元 = 1.22~1.32雷亚尔,雷亚尔立即贬值,巴西及全球主要股市大幅下挫。1月15日,巴西央行再次放宽汇率浮动区间,雷亚尔进一步贬值到1美元=1.50雷亚尔。1月18日,巴西央行宣布实行浮动汇率制,即雷亚尔的汇率水平完全根据市场供求来决定,巴西央行对于本国外汇市场只进行短暂的、有限的干预。至此,雷亚尔完成了从钉住汇率制向自由浮动汇率制度的转变。1999年1月29日,雷亚尔对美元汇率跌至历史最低点,即1美元 = 2.20雷亚尔。

1999年巴西金融危机给新兴市场经济体带来以下几点启示:(1)经济增长不能长期倚重扩张性财政政策。实行市场经济的国家,其经济增长和投资需求应主要依靠国内私人投资,政府公共投资只能作为一种辅助性的手段。政府投资不仅会通过"挤出效应"限制私人部门的发展,还会加大财政赤字,从而埋下通胀隐患。(2)应根据本国经济形势灵活调整利率政策。高利率政策是一把"双刃剑",一方面能够抑制通胀,稳定币值;另一方面也会减少私人投资,减缓经济增长。(3)逐步完善汇率形成机制,避免因汇率制度僵化而遭到国际游资的冲击,导致货币危机的发生。

6.2.6　2001年阿根廷金融危机

20世纪50年代以来,阿根廷已经爆发了9次金融危机,其中2001年是阿根廷历史上爆发的最大的一次金融危机。

2001年3月,阿根廷进入小的偿债高峰,阿根廷政府尝试借新债还旧债,但市场对此存在一些疑虑。7月10日,阿根廷首都布宜诺斯艾利斯的市场汇率突然出现大幅波动,7月12日比索汇率已贬值5%左右。11月1日,阿根廷总统德拉鲁阿宣布重新开启外债谈判、发行新债券、调整税收、帮助困难企业等一系列经济调整方案,以克服阿根廷金融危机的不利影响。但上述措施未能得到市场的积极反应。11月2日,阿根廷梅尔瓦股票指数比前一日降幅高达284%,政府债券价格持续下跌。货币市场利率快速攀升,银行间隔夜拆借利率高达300%。纽约摩根大通银行由此将阿根廷的国家风险指数上调到2500点

的历史最高点。于是阿根廷政府向国际货币基金组织寻求紧急援助贷款 13 亿
美元，但是遭到了国际货币基金组织的拒绝，原因是阿根廷政府已经负债累
累，这使阿根廷遭遇了史上最大的一次债务危机。阿根廷比索贬值了 75%，
50% 的国内企业停业，人均收入下降了 50%。同时，阿根廷的金融危机还引
发了财政危机、政治危机和社会危机。

随着阿根廷国内金融危机日益加剧，美国、国际货币基金组织等向阿根廷
政府提供贷款帮助其渡过危机，致使阿根廷拖欠西方国家和国际组织的债务高
达 1200 亿美元。为了帮助阿根廷走出困境，国际货币基金组织给阿根廷制订
了一整套严苛的财政紧缩计划。可是，阿根廷并没有实施紧缩性政策，而是选
择采取宽松的货币政策，并以拒绝偿还贷款来迫使国际货币基金组织接受这一
政策选择。2002 年阿根廷成功渡过了金融危机，经济走向复苏。

阿根廷金融危机是由国内不断恶化的经济、政治问题，再加上恶劣的外部
条件引起的，具体原因主要有：

（1）错误的经济发展模式

20 世纪 90 年代以来，阿根廷以新自由主义供给学派理论为指导，其经济
发展模式是强调供给能够创造需求，反对通货膨胀和货币贬值。阿根廷通过贸
易、投资、金融自由化等带动经济增长，同时控制通货膨胀，保持资本市场稳
定。1991—1994 年，阿根廷的经济规模扩张很快，但进入 90 年代中期，新自
由主义政策的负面影响逐步显现。阿根廷过早开放本国资本市场，同时采取货
币局制度，二者存在制度上的不协调。1991 年，阿根廷建立了货币局制度，
保持比索与美元的 1:1 固定比价，并很快开放了国内资本市场，实现贸易、投
资、金融自由化，使阿根廷政府调控经济的能力大大下降。同时，阿根廷国内
经济自由化改革相关配套措施跟不上，导致腐败现象严重。政府开支庞大，财
政赤字沉重，外债负担加剧，许多政府官员以权谋私，保护效率低下的行业，
不利于经济发展和政局稳定。

（2）实行货币局制度，维持固定汇率

1991 年 4 月，阿根廷开始采用货币局制度，将比索与美元的比价固定在
1:1，并要求中央银行用等值的黄金、外汇和其他外国证券作担保发行比索。
事实上，阿根廷中央银行只有 80% 的货币发行可以得到外汇储备担保，剩余
20% 用美元债券作担保，这样的货币局制度并不具备牢固的基础。随着阿根廷

经济规模的不断扩张，固定汇率制逐渐成为其经济发展的桎梏。一方面，固定汇率容易造成比索高估，削弱出口商品的国际竞争力；另一方面，1998 年的亚洲金融危机和 1999 年的巴西金融危机引起需求下降，使得阿根廷的出口贸易遭受严重打击。同时，固定汇率制极大地限制了阿根廷政府的货币政策自主性，只能依靠有限的财政政策来刺激经济。

（3）财政危机加剧

阿根廷财政支出负担过重，其主要原因是拥有庞大的公务员队伍。阿根廷人口约为 3600 万人，而公务员数量高达 200 万人，这一比率在世界上算高的。庞大的公务员队伍带来巨额的政府支出，导致财政赤字以及外债规模激增，政府最终无力偿还外债，引发金融危机。

（4）债务负担沉重

阿根廷金融危机包括货币危机和债务危机的双重作用。2000 年，阿根廷外债总额为 1480 亿美元，约占其 GDP 的 50%，每年仅利息支出就高达 100 亿美元。阿根廷不但对外债务规模庞大，而且政府公共债务总额占 GDP 的比重同样高达 50%，还债高峰期集中在 2001—2004 年，所借外债大多被用于公共部门的非生产性目的。

由此可以看出，新自由主义和贸易自由化不一定为发展中国家经济带来增长与繁荣。发展中国家在经济政策的制定方面一定要谨慎，不要盲目地遵从新自由主义，不要成为发达国家倡导的经济全球化、自由化进程的牺牲品。尽管阿根廷政府采取多种措施暂时遏制了危机，但国际资本已经对阿根廷经济失去信心，资金快速撤离阿根廷。2001 年 12 月 1 日，阿根廷政府为了阻止银行存款减少和资金外流加剧，公布了限制取款和外汇流出的法令，阿根廷贸易、投资陷入停顿，国内经济萎缩，大规模抗议活动此起彼伏。再加上国际货币基金组织停止向阿根廷提供援助资金，致使国际市场恐慌性抛售阿根廷的国债。2001 年 12 月中旬，阿根廷国内发生了大规模骚乱。12 月 20 日，阿根廷总统德拉鲁阿辞职，国内政局发生剧烈动荡。短短两周时间内，阿根廷更换了 5 位总统。2002 年 1 月，杜阿尔德上台后，宣布放弃货币局制度，允许汇率浮动，比索随即大幅贬值。2001 年金融危机爆发前，比索对美元汇率为 1:1，到 2002 年 3 月，比索对美元汇率降到了 1 美元 = 4 比索，3 个月内比索大幅贬值了 75%。

从汇率制度的选择角度来看，阿根廷金融危机的启示主要有：（1）阿根廷并不适合实行货币局制度。因为阿根廷不同于中国香港，其出口能力比较低下，外汇储备不足，阿根廷政府还坚持高财政赤字和过度举借外债的政策，使其难以长期实行固定汇率制。（2）阿根廷无法采用汇率政策调节国际收支失衡。（3）为了维持固定汇率，阿根廷无法采用宽松的货币政策来刺激经济。

6.3 新一轮美元加息与新兴市场货币危机

20 世纪 80 年来以来，美国经历了 6 轮加息。（1）第一轮加息周期：1983 年 3 月至 1984 年 8 月，美国联邦基金利率由 8.5% 上调至 11.5%；（2）第二轮加息周期：1988 年 3 月至 1989 年 5 月，美国联邦基金利率由 6.5% 上调至 9.8125%；（3）第三轮加息周期：1994 年 2 月至 1995 年 2 月，美国联邦基金利率由 3.25% 上调至 6%；（4）第四轮加息周期：1999 年 6 月至 2000 年 5 月，美国联邦基金利率由 4.75% 上调至 6.5%；（5）第五轮加息周期：2004 年 6 月至 2006 年 7 月，美国联邦基金利率由 1% 上调至 5.25%；（6）第六轮加息周期：2015 年 12 月 14 日至 2018 年 12 月，美国联邦基金利率由 0% 上调至 2.5%，本轮加息一直持续到 2019 年 7 月底。

2018 年以来，美元新一轮加息导致美元汇率不断升高，致使部分新兴市场国家爆发货币危机，巴西、阿根廷、土耳其等国的货币已经出现大幅贬值，美元如果继续走强，伊朗、埃及、哥伦比亚、南非、尼日利亚等一些新兴市场国家很有可能爆发货币危机。但与 1997 年的亚洲金融危机相比，此次新兴市场国家爆发大规模货币危机的可能性并不大，原因是这些新兴市场国家的经济基本面尚未出现恶化的局面。

6.3.1 新一轮美元加息及其对国际资本流动的影响

2008 年国际金融危机对美国经济的影响已然消去，美联储自 2015 年以来已经多次加息，2017 年 10 月又开始缩表。加息可以让美元更贵，缩表可以让美元更少，两者相结合可以让加息的效果放大数倍。2018 年 12 月 20 日，美联储再次宣布加息，将联邦基金利率上调 25 个基点，调整后的利率目标区间为 2.25% ~ 2.50%，至此美联储完成了 2018 年的第四次加息。总体来看，美国目前的货币政策还是相当紧的,且这一趋势仍将持续一段时间。根据美联储发布的利率决议,2019 年 7 月底联邦基金利率下调至 2.00% ~ 2.25%,2020 年 3 月 15 日受新冠肺炎疫情影响,联邦基金利率持续下调至 0 ~ 0.25%[①]。

6.3.1.1 美元加息

2015 年 12 月至 2018 年 12 月,美联储共加息 9 次,而且一年比一年加得厉害,仅 2018 年就加息 4 次(见表 6.1)。受美国经济好转和美联储加息影响,美国债券收益率也在上升,美元也在升值,并在全球金融市场掀起了风暴。

表 6.1 新一轮美元加息和缩表时间

次数	时间	加息幅度	调整前的联邦基金利率(%)	调整后的联邦基金利率(%)
1	2015 年 12 月 15 日	25 个基点	0 ~ 0.25	0.25 ~ 0.5
2	2016 年 12 月 14 日	25 个基点	0.25 ~ 0.5	0.5 ~ 0.75
3	2017 年 3 月 15 日	25 个基点	0.5 ~ 0.75	0.75 ~ 1.0
4	2017 年 6 月 14 日	25 个基点	0.75 ~ 1.0	1.0 ~ 1.25
5	2017 年 12 月 13 日	25 个基点	1.0 ~ 1.25	1.25 ~ 1.5
6	2018 年 3 月 21 日	25 个基点	1.25 ~ 1.5	1.5 ~ 1.75
7	2018 年 6 月 13 日	25 个基点	1.5 ~ 1.75	1.75 ~ 2.0
8	2018 年 9 月 27 日	25 个基点	1.75 ~ 2.0	2.0 ~ 2.25
9	2018 年 12 月 19 日	25 个基点	2.0 ~ 2.25	2.25 ~ 2.5

资料来源:根据相关网站整理得到。

2015 年 12 月以来,除了表 6 - 1 中所列美元加息 9 次以外,2017 年 9 月 20 日美联储决定自 10 月起启动渐进式被动缩表,这意味着美联储将从市场抽出流动性。按美联储缩表计划,从 2017 年 10 月开始,将国债每月缩减再投资上限定为 60 亿美元,在 12 个月内以每三个月增加 60 亿美元的节奏递增,直到 300 亿美元上限;MBS 最初每月缩减上限为 40 亿美元,每三个月增加 40 亿美元,直到 200 亿美元上限。至 2018 年 10 月,美联储每月减少国债和 MBS 再投资上限之和增至 500 亿美元,该上限将保持至缩表结束。2017 年第四季度至 2018 年第四季度,美联储总缩表规模为 4500 亿美元,其中 2017 年为 300

[①] 本部分内容仅针对美元新一轮加息对国际资本流动的影响展开研究。

亿美元，2018 年全年为 4200 亿美元。

从目前美联储缩表进度来看，2018 年美联储减持的国债、MBS 数额分别为 2291 亿美元、1409 亿美元，美联储对国债和 MBS 的减持相对于计划分别滞后 209 亿和 345.6 亿美元，累计实际减持分别占计划的 90.6% 和 76.6%。这符合当前美联储"快加息 + 慢缩表"的货币政策正常化组合。2017 年全球经济同步复苏，2018 年在税改刺激下美国失业率屡创新低，时薪增速稳步上升，同时居民消费也受税改提振，形成"需求和盈利增长—扩大招工—时薪上涨—收入增加—消费上行—通胀升温"的正向链条。这为美联储加息提供了支撑，2018 年 7 月美国核心 PCE 四年来首次突破 2% 的通胀目标，在此情况下，美联储或有意放慢缩表速度以配合加息节奏，避免市场利率过快上行对经济增长构成威胁。

美联储加息期间通常都将伴随着国债收益率曲线的走平甚至倒挂，即利率上浮给资产价格、经济增长带来的下行压力在长期利率中的映射（见图 6.1）。在"加息 + 缩表"的组合中，加息影响的是短期利率，而缩表与长期利率挂钩更甚，加息引致的收益率曲线的扭曲形态可以通过缩表修复。因此，假如加息暂缓，后续货币政策正常化进程可能将主要由缩表推进。

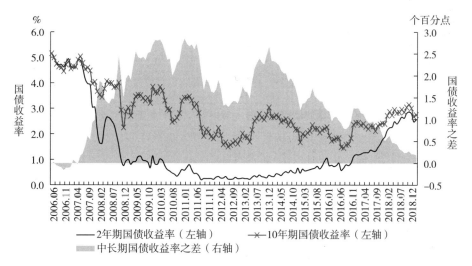

图 6.1 美国国债收益率曲线变动比较（2006.06—2018.12）

（数据来源：美联储官方网站）

6.3.1.2　国际资本流动新趋势

2008 年国际金融危机给全球经济带来严重冲击，发达国家和地区为了扭转不利局面，加快在全球调整战略布局，通过制定新的贸易规则以及实现再工业化，其最终目的都是对国际资本的争夺。从长期来看，国际资本流动将呈现出以下新趋势：

第一，基本面走强及美元加息支撑国际资本流入美国。2015 年以来，从美国的经济增速、核心通货膨胀率和就业率三个基本面指标来看，美国经济总体表现强劲，美联储加息扩大了美国与新兴市场国家的利差，有助于支撑美元指数继续走强，吸引国际资本通过多种渠道回流美国（见图 6.2）。

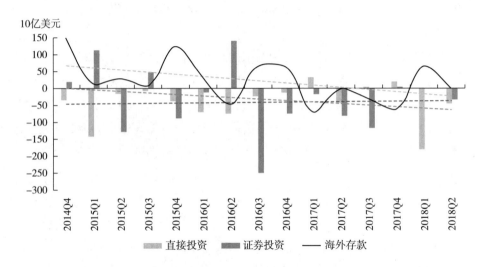

图 6.2　美国跨境资本流动变化趋势（2014 年第四季度至 2018 年第二季度）

（数据来源：国际货币基金组织官方网站）

由图 6.2 可以看出，2014 年第四季度，伴随着美元加息临近，美国直接投资出现净流入，2015 年第一季度直接投资净流入增长迅速，2015 年第二季度美国证券投资开始转向净流入，而美国海外存款是在 2015 年 12 月首次加息后开始大幅度下降，到 2016 年第二季度海外存款转向净流入。2014 年第四季度至 2018 年第二季度，美国直接投资和证券投资总体保持净流入趋势，其中证券投资净流入增长快于直接投资净流入增长，美国海外存款自 2016 年第四季度以来总体呈现净流入趋势。这说明新一轮美元加息对吸引国际资本流入美国起到显著作用。

　　第二，发达国家资本流动存在多样性和分化性。在工业4.0战略推动下，国际资本向发达国家回流。工业4.0是2010年7月由德国政府在《思想·创新·增长——德国2020高技术战略》中所提出的十大未来项目之一，它是利用物联网信息系统（Cyber Physical System，CPS）将生产中的供应、制造、销售信息数据化、智能化，从而实现快速、高效、个性化的产品供应。2008年国际金融危机爆发后，发达国家和地区开始加速布局新工业技术创新，增强对高端科技领域和全球价值链的竞争及掌控能力，这将对低端制造业的资本流入形成挤压局面，引起资本从新兴市场回流发达国家。2015年以来，国际资本显露出从新兴市场经济体回流发达国家的态势。尽管2015年发展中国家吸引外商投资环比增长9%，已经达到7650亿美元的历史最高点，但是2015年流入发达国家的国际资本总额翻了一番，达到9620亿美元，由2014年的占全球41%提高到2015年的55%，扭转了多年来发展中国家占据引进外资主导地位的趋势，其中美国在2015年的外国直接投资流入额是2014年的近4倍。本书对G7集团及澳大利亚等8个主要发达国家自2014年第四季度以来的金融账户净额进行分析，结果显示：尽管国际资本总体正在向发达国家流入，但各个发达国家的资本流动状况存在一定差异（见图6.3）。

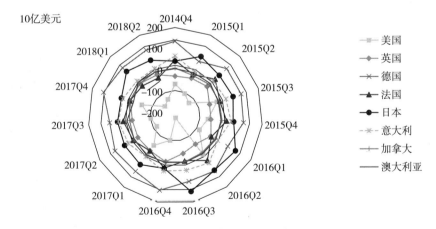

图6.3　主要发达国家金融账户净额变动（2014年第四季度至2018年第二季度）①

（数据来源：国际货币基金组织官方网站）

---

　　①　本节中金融账户净额不包含储备资产增减额，下同。

由图6.3可以看出，从金融账户所反映出的国际资本流动情况来看，2014年第四季度至2018年第二季度，在8个主要发达国家中，美国呈现出大规模的资本净流入，英国、加拿大、澳大利亚也表现为资本净流入，但流入规模小于美国；德国、日本、意大利呈现出明显的资本净流出，法国则是资本净流入与净流出交替发生，但2017年第四季度以来表现为越来越强劲的资本净流入。由此可见，新一轮美元加息周期中，发达国家资本流动呈现出总体净流入与个体多样性、分化性并存的状态。

第三，新兴市场资本流出增加，债务风险加大。2014年第四季度以来，受美元加息预期和发达国家经济复苏的影响，新兴市场资本加速外流，国内经济增长乏力，尤其是2018年4月美国引发贸易摩擦后，拉美及亚洲主要新兴市场经济体的资金大举撤离，使这些国家和地区的贸易、经济受到较大冲击。本书对金砖国家（BRICS）2014年第四季度至2018年第二季度的金融账户净额进行分析，结果显示：新兴市场经济体外资流出增加，但波动性存在差异（见图6.4）。

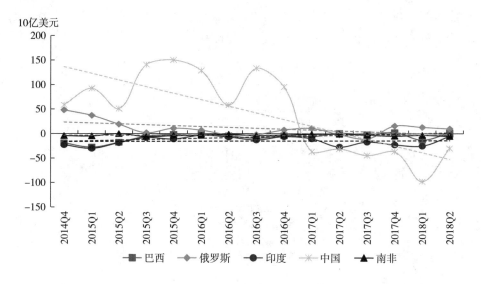

图6.4　金砖国家金融账户净额变动（2014年第四季度至2018年第二季度）

（数据来源：国际货币基金组织官方网站）

由图6.4可以看出，2014年第四季度至2018年第二季度，以金砖国家为代表的新兴市场经济体正在承受较大的资本外流压力，但波动性存在较大差异。其中，金融账户净额波动最大的是中国，以 2017 年第一季度为转折点，中国由较大规模的资本流出转向资本流入，但 2018 年第二季度开始资本流出有所增加；其次是俄罗斯，与中国不同的是，俄罗斯总体呈现资本外流趋势，波动幅度远远低于中国。印度、巴西和南非总体表现为资本流入状态，其中南非较为稳定，印度的波动幅度相对较大，而巴西则在 2018 年第二季度转为资本净流出。

长期以来，外国直接投资一直是新兴市场经济体国际资本流动的主要方式。1991 年以前，新兴市场经济体外国直接投资占比接近 100%。随着新兴市场资本管制的放开，证券投资尤其是债权投资呈加快增长趋势。据统计，2005—2013 年，新兴市场经济体的外国直接投资净流入额占全球比重从 56%下降到 49.03%，外国股权投资额占比从 12.79%下降到 5.40%，外国债权投资额占比从 10.85%提高到 15.86%。由此看出，后危机时代的新兴市场经济体汇率、利率、流动性等风险进一步加大。

近年来，我国政府不断加快债券市场对外开放的步伐，一方面允许境外组织和机构到中国债券市场发行"熊猫债"，另一方面允许更多境外组织和机构投资中国境内的人民币债券资产。到 2018 年末，"熊猫债"累计发行规模近2000 亿元人民币，发债主体包括世界银行、亚洲开发银行等国际组织以及外国政府、外国金融机构、跨国企业等。2018 年，中国债券市场净流入外资规模达到 1000 亿美元左右，占全部新兴市场国家的 80%，表明境外投资者对人民币资产配置的需求非常强烈。根据国家外汇管理局公布的数据，2014 年第四季度至 2018 年第三季度，我国直接投资、证券投资（包括股权投资和债券投资）、金融衍生工具和其他投资的波动趋势与金融账户净额的波动趋势存在不同的相关性（见表 6.2）。

表 6.2　　　　　　　　　中国资本流动相关性统计结果

项目	金融账户净额	直接投资	股权投资	债券投资	金融衍生工具	其他投资
金融账户净额	1.0000	—	—	—	—	—
直接投资	0.4316 0.0950	1.0000	—	—	—	—
股权投资	0.3112 0.2407	0.1726 0.5226	1.0000	—	—	—

项目	金融账户净额	直接投资	股权投资	债券投资	金融衍生工具	其他投资
债券投资	0.6294 0.0090	0.1929 0.4741	0.6454 0.0069	1.0000	—	—
金融衍生工具	0.1480 0.5843	0.1646 0.5423	−0.1075 0.6920	−0.2490 0.3523	1.0000	—
其他投资	0.8584 0.0000	0.0250 0.9267	−0.0266 0.9222	0.3280 0.2149	0.1902 0.4804	1.0000

数据来源：国家外汇管理局官方网站（http://www.safe.gov.cn/）。

由表 6.2 分析得出，根据国家外汇管理局公布的数据，2014 年第四季度至 2018 年第三季度，与我国金融账户净额相关性最高的是其他投资，相关系数达到 0.8584，显著性水平接近 0；其次是债券投资，相关系数为 0.6294，显著性水平为 0.9%；而直接投资、股权投资和金融衍生工具的相关系数均小于 0.5，显著性水平超过 5%，相关性较低。由此看出，我国近年来资本流动状况主要受到其他投资中的海外存款、贷款、贸易信贷以及国际债券投融资的影响比较大，这可能引起我国未来偿债的风险加大，货币当局应加大对银行和债券资产及负债的有效监管，防止出现债务风险。

第四，新兴市场资本流出引发货币危机。新兴市场货币危机从其实质来说是全球美元霸权造成的，美国在后危机时代的再工业化以及页岩气革命，会推动美元进入长期上涨趋势。由于新兴市场经济体过度依赖美元借款发展本国经济，因此历次美元贬值都会给全球带来通货膨胀，相反，历次美元升值又会给新兴市场国家的货币带来投机性冲击，甚至沉重打击，形成资本外流加剧—货币贬值—国内资产价格下跌的货币危机。但究其根源，则是因为新兴市场国家本币超发、通胀高企和外债比例过高触发了新兴市场货币危机。2018 年 4 月以来，阿根廷、土耳其、巴西、委内瑞拉等新兴市场国家的货币迅速贬值，其他货币超发严重、通胀程度较高、外债比例过高的新兴市场经济体可能会形成下一个风险点，但此轮货币危机的不利影响不会超过 1997 年亚洲金融危机所造成的损失。

6.3.2 新兴市场货币危机动态及成因

近年来，随着美欧等发达经济体逐步摆脱国际金融危机的负面经济影响，国际经济政策发生了很大转变,新兴市场经济体受到发达国家经济政策调整的影响,正面临着新一轮货币危机的冲击。深入分析新兴市场货币危机的发展状况及成因,有利于把握新形势下货币竞争的重点,有效防范和化解新兴市场金融风险。

6.3.2.1 新兴市场货币危机逐步蔓延

2013年以来,新兴市场经济体已经遭受了4轮货币冲击。第一轮:2013年5月至2013年末,美联储开始酝酿退出量化宽松货币政策(QE),美元迎来了一波短期的升势,前期资本流入规模相对较大且国内经济存在一定过热的印度和印度尼西亚首先受到冲击,货币出现了快速贬值。第二轮:2014年,欧美货币政策分化加大,美元又迎来一轮快速升值。同时原油价格大幅下降,以俄罗斯、巴西为代表的资源国受到了严重的冲击,国内通胀高企,货币加速贬值。第三轮:2015年8月11日,中国实行新的汇率改革措施,主动将人民币贬值3%,激起了全球对于亚洲新兴市场经济体的恐慌情绪,前期资本流入规模大的马来西亚受到的冲击最大,马来西亚林吉特的贬值幅度接近20%。第四轮:受美国贸易摩擦等影响,2018年5月和8月,阿根廷、土耳其先后爆发货币危机,阿根廷比索和土耳其里拉对美元汇率分别比年初贬值50%和40%以上。2018年下半年,巴西、委内瑞拉、南非、俄罗斯等国货币也出现了大幅度贬值,新兴市场经济体危机有蔓延的迹象(见表6.3)。

表6.3　　　　　　　2018年新兴市场货币危机发生程度

国家	汇率（美元/本币）			通货膨胀率		
	2017年	2018年	变动率（%）	2017年（%）	2018年（%）	变动率（%）
阿根廷	18.60	37.60	−50.53	24.796	40.453	63.14
土耳其	3.78	5.27	−28.27	11.920	20.000	67.79
巴西	3.31	3.87	−14.47	2.947	4.162	41.23
委内瑞拉	3333.33	6250000	−99.95	2818.153	2500000	88610.58
南非	12.34	14.39	−14.25	4.717	5.300	12.36
俄罗斯	57.60	69.47	−17.09	2.523	3.587	42.17

数据来源:根据国际货币基金组织、新兴市场中央银行官方网站数据整理得到。

由表6.3可以看出,2017年12月至2018年12月,阿根廷、土耳其、巴西、委内瑞拉、南非、俄罗斯等国的货币对外、对内均出现不同程度的贬值:(1)从本币对外贬值幅度来看,6个国家2018年本币对美元汇率贬值幅度由大到小依次排列分别是：委内瑞拉强势玻利瓦尔（-99.95%）、阿根廷比索（-50.53%）、土耳其里拉（-28.27%）、俄罗斯卢布（-17.09%）、巴西雷亚尔（-14.47%）南非兰特（-14.25%）；（2）从本币对内贬值幅度来看，6个国家2018年通货膨胀率的变动率由高到低依次排列分别是：委内瑞拉（88610.58%）、土耳其（67.79%）、阿根廷（63.14%）、俄罗斯（42.17%）、巴西（41.23%）、南非（12.36%）。由上述分析可以看出，2018年下半年以来委内瑞拉、阿根廷、土耳其三国出现了较为严重的货币危机，并加剧其国内的经济与政治危机。

6.3.2..2　触发新兴市场货币危机的原因

本轮新兴市场货币危机是2013年美联储开始退出QE以来的第四轮冲击，多数贬值失控的新兴市场国家都出现外汇储备的明显下降。例如，委内瑞拉的外汇储备由2008年的430亿美元降到2018年6月的85亿美元，降幅达到80.23%；土耳其的外汇储备由2013年的1092.80亿美元降到2018年12月的713.98亿美元，降幅达到34.67%。新兴市场国家外汇储备的大量流失引发其他国家对其偿债能力的担心，国际资本进一步外流加剧了汇率贬值，形成恶性循环。

美元加息和美元升值固然是此轮新兴市场货币危机的导火索，但究其根本原因在于这些新兴市场国家内部的货币超发和通胀飙升。例如，委内瑞拉2018年11月的广义货币供应量（M3）为4080.17亿强势玻利瓦尔，同比增长72.56%，2018年12月通货膨胀率高达2500000%；阿根廷2018年7月的广义货币供应量（M3）为3.845万亿比索，同比增长42.63%，2018年12月通货膨胀率为40.453%；土耳其2018年11月的广义货币供应量（M3）为1.955万亿里拉，同比增长16.05%，2018年12月通货膨胀率为20%。

除委内瑞拉、阿根廷和土耳其三国以外，俄罗斯、巴西、南非三国的外汇储备、货币供应量和通货膨胀率也出现了不同程度的变化。例如，俄罗斯的外汇储备由2012年的4719.05亿美元降到2018年12月的3709.63亿美元，降幅达到21.39%，俄罗斯2018年10月的广义货币供应量（M3）为57.52万亿卢布，同比增长10.97%，2018年12月通货膨胀率为3.587%；巴西2018年11月的广义货币供应量（M3）为11.193万亿雷亚尔，同比增长69.98%，2018年12月通货膨胀率为4.162%；南非2018年11月的广义货币供应量（M3）

为 3.544 万亿兰特，同比增长 5.69%，2018 年 12 月通货膨胀率为 5.3%。由此看出，俄罗斯广义货币供应量增速略高于过去 5 年的平均增速 9%，通货膨胀率并不算高，但外汇储备下降较多；巴西 2018 年 12 月外汇储备为 3613.60亿美元，近乎达到历史最高水平，通货膨胀率并不算高，但广义货币供应量增速较快；南非 2018 年 11 月外汇储备为 429.15 亿美元，接近历史最高水平，并且广义货币供应量增速和通货膨胀率均不算高。

从其他新兴市场经济体货币运行情况来看，2018 年 12 月，中国、墨西哥、韩国、波兰、埃及、印度、越南、菲律宾、马来西亚、印度尼西亚、泰国、捷克、匈牙利、智利、哥伦比亚、秘鲁这 16 个新兴市场经济体的本币对美元汇率平均贬值率为 4.691%、广义货币供应量（M3）平均增速为6.181%，平均通货膨胀率为 3.803%，整体来看并没有严重的货币贬值、货币超发和通货膨胀问题，其中只有埃及的货币增速和通货膨胀率两项指标均超过 10%（见表 6.4）。从外汇储备与外债比率的角度来看，这一比率越低，表明该国偿债能力越弱，无法有力地抵御金融危机带来的冲击。这一比率的国际公认警戒线区间为 30% ~ 50%，而 16 个新兴市场经济体的该指标平均值为64.449%，整体来看外债负担并不沉重，其中低于 50% 的新兴市场经济体包括墨西哥（36.45%）、波兰（30.06%）、埃及（31.94%）、越南（47.56%）、马来西亚（41.11%）、印度尼西亚（32.23%）、匈牙利（25.02%）、智利（21.08%）、哥伦比亚（35.65%）。

表 6.4　　　　　其他 16 个新兴市场经济体 2018 年货币运行状况　　　　单位:%

新兴市场经济体	本币汇率变动率	M3 增速	通货膨胀率	外汇储备/外债
中国	-4.96	7.27	2.550	179.67
墨西哥	0.56	5.46	4.349	36.45
韩国	-4.05	6.20	1.600	87.33
波兰	-7.45	6.44	2.323	30.06
埃及	-1.01	11.83	14.384	31.94
印度	-8.65	9.92	5.139	72.06
越南	-0.75	10.61	4.000	47.56
菲律宾	-5.31	4.98	5.200	83.13
马来西亚	-1.93	6.01	3.032	41.11
印度尼西亚	-6.44	4.65	3.633	32.23

续表

新兴市场经济体	本币汇率变动率	M3 增速	通货膨胀率	外汇储备/外债
泰国	0.71	3.25	0.535	151.36
捷克	-5.25	7.43	2.600	72.43
匈牙利	-7.87	10.60	3.101	25.02
智利	-11.57	2.12	2.900	21.08
哥伦比亚	-9.26	0.62	3.057	35.65
秘鲁	-1.82	1.50	2.446	84.11
16 个经济体平均值	-4.691	6.181	3.803	64.449

数据来源：国际货币基金组织、世界银行、新兴市场中央银行官方网站、TradingEconomics 数据库。

从上述分析可以看出，2018 年以来，土耳其、阿根廷和委内瑞拉三国触发的货币危机尽管蔓延到俄罗斯、巴西、南非等新兴市场经济体，但是由此判断整个新兴市场经济体出现了连锁负面反应还为时过早，个别货币超发严重、通货膨胀程度较高以及外债比例过高的国家可能会形成下一个风险点，应引起这些国家货币当局的高度警惕。

6.4 货币危机中的货币竞争力指标分析

在前文我们谈到货币危机一旦爆发往往是急剧的、大规模的、突发性金融事件，表面上看是由短期内大量资本外逃引起的，而深层次原因则与国内经济恶化和国外投机冲击有关。根据第 5 章中提出的 15 个货币竞争力指标，剔除反映货币长期竞争力和国际资本流动的相关指标后，货币危机的爆发对 11 个危机国家货币竞争力的 7 项经济指标会产生较大影响（见表 6.5）。

表 6.5　　　　　11 个危机国家的货币竞争力指标短期变化情况　　　单位：%

年份	国家	通货膨胀率	实际有效汇率变动率	国际储备增长率	实际 GDP 增长率	货物和服务贸易总额增长率	货币市场利率变动率	股票指数变动率
1992	英国	2.60	-12.17	-11.92	-2.23	-3.81	-19.08	15.27
1992	意大利	4.65	-17.07	-28.89	-5.28	-13.33	14.82	-13.36
1994	墨西哥	51.97	-35.55	-74.54	-58.26	-2.88	222.83	-47.94
1997	泰国	7.48	-45.80	-30.41	-12.02	-21.01	69.99	-60.00
1997	印度尼西亚	77.54	-70.31	-9.77	-90.67	-21.57	349.79	-45.95

年份	国家	通货膨胀率	实际有效汇率变动率	国际储备增长率	实际GDP增长率	货物和服务贸易总额增长率	货币市场利率变动率	股票指数变动率
1997	菲律宾	10.13	-17.71	-25.51	-10.70	-15.67	26.55	-20.00
1997	韩国	6.57	-50.19	-40.11	-9.44	-18.61	20.42	-50.91
1998	俄罗斯	84.40	-39.72	-31.27	-89.75	-31.43	141.11	-40.00
1999	巴西	8.94	-35.37	-30.42	-8.47	-12.62	5.04	-27.96
2001	土耳其	68.49	-53.79	-15.44	-74.45	-15.47	58.40	-50.00
2001	阿根廷	40.95	-69.88	-58.29	-51.85	-34.08	407.36	-49.01
	平均值	33.07	-40.69	-32.42	-37.56	-17.32	117.93	-35.44

数据来源：根据国际货币基金组织和世界银行官方网站、EPS数据库整理得到。

表6.5给出了20世纪90年代至21世纪初11个货币危机发生国的7项货币竞争力短期指标变化情况。从表6.6中各项指标的平均值来看，货币危机发生后对7项指标的影响程度从大到小依次是：（1）货币市场利率平均上涨117.93%；（2）本币实际有效汇率平均贬值40.69%；（3）实际GDP平均下降37.56%；（4）股票指数平均下跌35.44%；（5）通货膨胀率平均上涨33.07%；（6）国际储备平均减少32.42%；（7）货物和服务贸易总额平均减少17.32%。其中，实际GDP的下降主要是受通货膨胀率上升的影响，名义GDP平均下降仅为5.03%。因此，一国发生货币危机对利率、实际有效汇率、股票指数、通货膨胀率、国际储备额五项指标在短期内影响较大，表明这些指标对于国际资本异动的敏感度很高，而对于与实体经济增长关系密切的名义GDP、货物和服务贸易总额两项指标在短期内的影响有限。

从危机国家的具体情况分析，一方面，发达国家较少发生货币危机，而新兴市场经济体发生货币危机的次数较多；另一方面，发达国家（如英国、意大利）的货币竞争力指标变化率一般低于危机国家平均值，尤其是英国的通货膨胀率、货币市场利率变动率、股票指数变动率三项指标均表现良好，而新兴市场经济体发生货币危机后，各项货币竞争力短期指标的恶化程度明显高于发达国家。这是由于发达国家的经济实力整体较强、金融开放度高、国际清偿力强以及货币当局宏观调控水平较高。相反，新兴市场经济体的经济发展不平衡、金融市场开放度与经济发展阶段不相适应、国际储备有限和国际借贷能力不强、宏观调控水平较低、容易受到金融大鳄的投机冲击，因此，对于新兴市场经济体来说，不仅要及时防范和判断货币危机的发生，而且在遭受冲击时应采取有效的应对措施，从货币市场、汇市、股市、物价、外汇储备等视角测度竞争力指标的变动幅度和变化趋势，尽可能控制国际资本异动对金融乃至实体经济带来的不利影响，保持货币的长期竞争力。

6.5　货币危机中的国际资本异动分析

从历次货币危机发生的情况来看，由于经济、政治、军事等方面的原因，危机国家货币竞争力下降，一旦遭受内外部冲击，容易导致短期内国际资本大量外流，引发货币危机。

6.5.1　国际资本异动的概念界定

国内有关"国际资本异动"的提法并不多见。刘定平（2004）将国际资本异动理解为国际资本的异常流动[137]。本书中将国际资本异动界定为资本为追逐高额利润或规避风险而进行的大规模、突发性、剧烈跨境流动。按照这一定义，传统意义上的国际资本异动仅指短期投机性资本的大规模、剧烈跨境流动，它属于国际短期资本流动的概念范畴。随着金融市场的发展和金融工具的创新，国际资本流动中的长期和短期资本的时间界限日益模糊，期限较长的投资工具也具有很高的流动性，特别是在国际金融市场上，二级市场高度发达，金融产品极为丰富，使得一些长期投资工具同样可以转变成短期投资的良好替代品，如股票、债券等证券化资产已经具有相当的流动性和投机性，成为国际短期资本流动的重要形态。人们常说的"热钱"（Hot money，也称国际游资）是具有高度流动性和高度敏感性的国际短期资本的一部分，其他诸如平衡性、自主性的短期资本是与"热钱"截然不同的，但由于这些平衡性、自主性短期资本极易受到金融市场投机性资本运动的影响，并转化为投机资本，因此很难区分此类短期资本与"热钱"之间的界限。有鉴于此，本书将国际短期资本与"热钱"等同起来考虑，而国际资本异动指的就是国际短期资本的大规模、非正常、突发性、剧烈跨境流动，包括大规模的资本外流和资本内流。因此，国际资本异动规模可根据国际短期资本流动进行估算。国际短期资本的大规模流入和流出容易引发本币汇率的剧烈波动，导致货币危机爆发，并波及本国乃至本地区的生产和就业。

正常的国际资本流动对经济、贸易和投资都有促进作用，也是国家通过资本项目开放获取收益的重要方式。如果正常的跨境资本流动演变为异常状态，成为"热钱"，就会对本国经济造成不利影响，甚至损害经济安全。只要国际资本出现突发性、大规模流入或流出就属于资本异动。资本异动可以由一些政治、经济、政策等因素发生重大变化引起（例如突发性的政治事件、军事冲突、主要国家货币政策变化等），也可以由金融投机活动引起。

目前，国际上较为公认的衡量一国是否出现国际资本异常流动的标准主要是国际货币基金组织的经验标准，即一国国际收支平衡表中"净误差与遗漏"项占该国同期进出口贸易总额的比例不应超出5%的经验警戒线，如果这一比例超过5%，通常认为该国出现国际资本的异常流动，即表现为国际资本异动①。

6.5.2 国际资本异动与货币危机的关系

本研究发现，从资本项目开放与货币危机的关系来看，由于经济发展水平高、金融市场运作能力强、其货币均是世界主要储备货币，因此发达国家的资本项目完全开放对预防货币危机利大于弊。对于发展中国家来说，经济发展极不平衡，金融市场发展滞后，金融监管制度不健全，金融风险防御能力弱，使得发展中国家在资本开放进程中极易发生货币危机，应在市场发展较为成熟时全面开放资本项目。

发生国际资本异动的国家，其资本项目已经完全或近乎完全开放。因此，对于新兴发展中国家来说，如何更好地防范货币危机是关系到国家安全和经济增长的重大课题。此外，从流向上看，国际资本异动包括资本异常流入和异常流出两种情况。而货币危机爆发的标志性特征是短期内本币汇率出现大幅度的贬值，即在发生货币危机的国家，国际资本呈现短期内大规模外流的现象，本币贬值超出了一国可以控制的范围（见图6.5）。由此看出，国际资本异常流出状况是衡量货币危机是否发生的重要依据，同时对资本异常流入也应加强预警和实时监控，及早采取措施预防危机产生。

---

① 国际惯例5%的临界点是一国测度国际资本异动状况的非常泛化的标准，不同的国家可以结合自己的情况适当地放宽或者紧缩该标准。对于发展中国家来说，这一标准可适当降低。

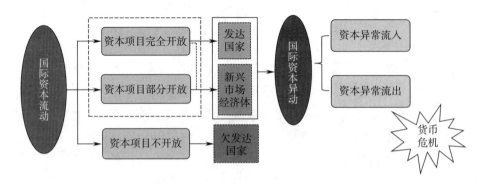

图 6.5　国际资本异动与货币危机的关系

6.5.3　国际资本异动的货币危机经验判断

20 世纪 90 年代以来，货币危机频繁发生，国际金融市场动荡不安，也给发生危机的国家和地区经济带来严重的影响。以下针对 11 个国家发生货币危机时的本币贬值率以及国际货币基金组织经验判断法测算的危机国家资本异动情况进行分析（见表 6.6）。

表 6.6　　　　　　　11 个货币危机发生国的经验判断比较　单位:%、百万美元

序号	国家	年份	本币汇率变动率（1）	净误差与遗漏（2）	进出口贸易总额（3）	国际货币基金组织经验比率（4）=（2）/（3）
1	英国	1992	−11.15	7754.7	305276.6	2.54
2	意大利	1992	−5.37	13912.6	180859.2	7.69
3	墨西哥	1994	−11.098	10141.2	65776.7	15.42
4	泰国	1997	−9.758	3703.3	86841	4.26
5	印度尼西亚	1997	−19.275	2843.2	52041	5.46
6	菲律宾	1997	−7.956	5089.6	45464	11.19
7	韩国	1997	−23.98	30333.5	430879.9	7.04
8	俄罗斯	1998	−11.173	16382.2	190158.3	8.62
9	巴西	1999	−9.505	4977.1	83284	5.98
10	土耳其	2001	−18.923	5648.2	98156	5.75
11	阿根廷	2001	−24.30	4248.1	62154.2	6.83

数据来源：国际货币基金组织数据库。

注：1. 此栏为 11 国本币对美元汇率（期末值）的季度平均变动率，负数表示本币贬值率。

2. 此栏为正值表明该国净误差与遗漏项出现资本净流入，负值表明该国出现资本净流出。

3. 按照国际货币基金组织的经验判断，若此列数值超过 5% 的经验警戒线，则认为该国出现了国际资本异动。

由表6.6的计算过程，可以得出以下结论：

第一，发达国家与发展中国家同样面临发生货币危机的可能性，危机国家的本币贬值率一般在 -25% ~ -5% 。由于发达国家大多实行浮动汇率制，其发生货币危机的可能性大大低于发展中国家。

第二，实行钉住汇率制度的国家更容易发生货币危机。例如，1997 年的泰国、印度尼西亚、菲律宾和韩国，1998 年的俄罗斯，1999 年的巴西，2001 年的土耳其、阿根廷在发生货币危机之前，都实行钉住汇率制度。

第三，从 11 个货币危机国家的情况来看，危机发生前和发生时都会出现明显的资本内流，但不一定符合国际货币基金组织的经验判断标准。例如，1992 年英镑危机、1997 年泰铢危机中，两国的"净误差与遗漏"项与进出口贸易总额之比均未超过 5% 的经验警戒线，这说明采用国际货币基金组织的判断标准并不能十分准确地预测货币危机的发生。此外，5% 的经验警戒线主要适用于 OECD 国家，因为这些国家均为发达国家，其市场经济比较完善，资本市场高度发达，而新兴发展中国家贸易增长迅速，资本市场尚未完全开放，"净误差与遗漏"项相对发达国家来说规模较小。本书认为，5% 的经验警戒线只能作为市场经济较成熟国家是否出现国际资本异动的基本经验判断，对于新兴市场经济体来说，这一比例应有所下降①。

第四，从危机国家资本外逃与爆发危机的时间来看，这里粗略地采用"净误差与遗漏"项表示危机国家资本异动状况，而货币危机爆发前往往会伴随着短期资本大量流入或两者同时发生（见图6.6）。

由图6.6可以看出，在 11 个发生货币危机的国家中，有 10 个国家在货币危机爆发前 0.5 ~ 1 年出现了明显的资本内流现象，仅印度尼西亚一国的资本内流是与货币危机同时发生的。此外，墨西哥和巴西两国的资本内流在货币危机爆发前 1 个季度就结束了，而韩国的资本内流在货币危机结束后仍持续了 3 个季度，其余 8 个国家的资本内流时间均未超出货币危机结束时间。

综合以上国际经验，本书归纳出货币危机预警的几个基本判断标准：（1）一国净误差与遗漏项与进出口贸易总额之比超过 5% 的经验警戒线，通常认为该国爆发货币危机的可能性很大，对于新兴市场经济体而言，这一比例可

---

①　例如，韩振国、张欣渝运用统计上的置信区间假设对我国 1994—2005 年的数据进行分析，得出结论：在 95% 的置信区间内，这一比例在 -1.5207% ~ -1.2800% 的区间内是合理的。

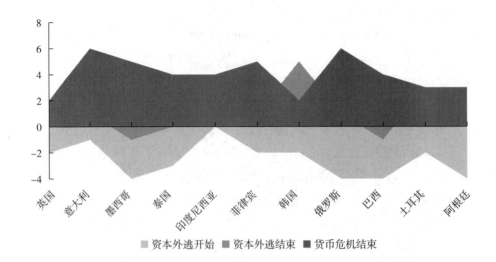

■ 资本外逃开始　■ 资本外逃结束　■ 货币危机结束

注：图中纵坐标为 0 表示货币危机开始时间，负值表示危机爆发前的季度值，正值表示危机爆发后的季度值。

图 6.6　危机国资本外逃与危机发生的时间关系

（资料来源：根据国际货币基金组织数据库整理得到）

降低到 4%；（2）国际短期资本净流入规模持续半年以上超过 5%[①]，就应当引起货币当局的密切关注，如不立即采取有效措施，后期发生货币危机的概率极大；（3）货币危机发生时，本币对美元汇率的贬值幅度通常会超过 10%。

6.5.4　国际资本异动下货币危机预警分析

货币危机发生前或发生时常常伴随着国际资本异动现象，本书通过对货币危机国家的短期资本流动规模进行测算，并对货币危机的影响因素进行实证研究，从资本异动的角度提出防范货币危机的主要途径。

6.5.4.1　改进的短期资本流动规模测算方法——"综合测算法"

当前，国际上通行的估算短期资本流动的方法主要有：（1）非直接投资净额调整法。该方法是国际货币基金组织、国际清算银行等机构使用的测算方法，具体还分为净误差与遗漏项调整法和分项调整法两种方法。（2）直接测

---

① 国际上关于短期资本流动规模的测算方法比较多，可选择其中一种方法进行测算，在此不作详细阐述。

算法。它是一种较为简单、直观的测算方法。（3）间接测算法。这是世界银行使用的测算方法。（4）克莱因法。该方法是由克莱因（Cline）在摩根公司测算基础上改进而成。上述四种方法是从不同角度对短期资本流动规模进行测算，各有特点，但也存在明显缺陷，主要表现在：非直接投资净额调整法极易受到主观判断的影响；采用直接测算法有可能低估本国短期资本流动规模；使用间接测算法有可能高估本国短期资本流动规模；克莱因法在各个阶段的测算结果存在较大的波动性[138]。

本书综合考虑上述四种方法的优点与缺陷，主要在非直接投资净额调整法和克莱因法的基础上进一步加以改进，提出了新的短期资本流动规模测算方法，以下称为"综合测算法"。其计算公式如下：

$$\text{短期资本净流入额} = \text{资本和金融账户差额} - \text{直接投资差额}$$
$$\text{银行体系和货币当局资本项目差额}$$
$$+ \text{货物贸易差额} \times 20\% + \text{经常转移差额} \times 40\%$$
$$+ \text{外商直接投资差额} \times 30\%$$
$$+ \text{净误差与遗漏项差额} \times 40\% \qquad (6.1)$$

公式（6.1）从国际收支平衡表（BOP）中剔除了银行体系和货币当局对外投资差额，同时考虑到国际短期资本可能通过货物贸易、经常转移、外商直接投资等贸易与非贸易渠道流入和流出，再加上"净误差与遗漏"项中难以统计的资本内流部分，并兼顾了金融工具创新所带来的长期投资工具的高流动性，能够比较全面、准确地反映短期资本流动规模。公式（6.1）中的各项占比主要依据国际货币基金组织、国际清算银行等国际机构的非直接投资净额法测算公式和经验分析而得。结合上述 11 国发生危机时的具体数据，采用公式（6.1）计算短期资本净流入额（见表 6.7）。

表 6.7　　　　　　　危机国家短期资本流动综合测算情况　　　单位：百万美元

国家	资本和金融账户差额（1）	直接投资差额（2）	银行体系和货币当局资本项目差额（3）	货物贸易差额的20%（4）	经常转移差额的40%（5）	外商直接投资差额的30%（6）	净误差与遗漏项差额的40%（7）	短期资本净流入额（8）=（1）-（2）-（3）+（4）+（5）+（6）+（7）
英国	24118.1	-2582	30751.6	-3437.36	-2789.36	4852.17	3101.88	-2324.17

国家	资本和金融账户差额（1）	直接投资差额（2）	银行体系和货币当局资本项目差额（3）	货物贸易差额的20%（4）	经常转移差额的40%（5）	外商直接投资差额的30%（6）	净误差与遗漏项差额的40%（7）	短期资本净流入额（8）＝1－（2）－（3）＋（4）＋（5）＋（6）＋（7）
意大利	25393.9	－1510.1	2484.5	276.4	－1300.24	452.82	5565.04	29413.52
墨西哥	29826.7	8156.4	－3511.6	－3252.88	1102.04	2446.92	4056.48	29534.46
泰国	11691	1459.6	1232.1	－893.34	122.56	668.07	1481.32	10377.91
印度尼西亚	4437.2	1043	37.8	1031	207.6	320.4	1137.28	6052.68
菲律宾	8721.6	997	5895.1	－1747.6	317.6	322.2	2035.84	2757.54
韩国	8496	661.2	7761.4	4791.82	1028.76	2269.02	12133.4	20296.40
俄罗斯	24196	2066.2	－30087.1	2778.08	－233.88	1373.79	6552.88	62687.77
巴西	29092.1	16766	4486.5	－948.8	455.2	5254.2	1990.84	14591.04
土耳其	7053.2	2133	6732.9	－3095.2	1885.2	816.6	2259.28	53.18
阿根廷	3813.9	3969.4	－4866.1	3176.24	256.36	1187.25	1699.24	11029.69

数据来源：国际货币基金组织（BOP）数据库。

注：表中数据正值表示资本流入，负值表示资本流出，下同。

由表6.7可以看出，除土耳其以外，其余10国在货币危机发生前均出现了大规模的短期资本流入和流出现象，其中仅英国为短期资本净流出23.2亿美元，俄罗斯、墨西哥、意大利、韩国、巴西、阿根廷、泰国的短期资本净流入额均达到100亿美元以上，印度尼西亚和菲律宾的短期资本净流入额分别为60.5亿美元和27.6亿美元。由于短期资本流动并不是土耳其出现货币危机的直接原因，以下分析将围绕其余10个国家的数据展开。

6.5.4.2 危机国家短期资本流动比率分析

从理论上讲，尽管某些国家在一段时间内出现了短期资本的突发性、大规模流出，但是否引发该国出现货币危机，即短期内本币汇率的贬值幅度超出一国可以承受的范围，还需要进一步考察短期资本流动比率。本书进一步对上述10国发生货币危机前短期资本净流入额与GDP和国际储备的比率进行分析，得出短期资本流动比率的计算结果（见表6.8）。

表 6.8 危机国家短期资本流动比率 单位：百万美元、%

序号	国家	短期资本净流入额（1）	GDP（现价美元）（2）	国际储备（3）	短期资本净流入额/GDP（4）=（1）/（2）	短期资本净流入额/国际储备（5）=（1）/（3）
1	英国	−2324.17	884744.65	46330.6	−0.26	−5.02
2	意大利	29413.52	657903.5	72300	4.47	40.68
3	墨西哥	29534.46	389650.09	25300	7.58	116.74
4	泰国	10377.91	120848.92	38600	8.59	26.89
5	印度尼西亚	6052.68	107874.43	19400	5.61	31.20
6	菲律宾	2757.54	61758.2	11800	4.47	23.37
7	韩国	20296.4	842846.72	25307.86	2.41	80.20
8	俄罗斯	62687.77	405678.1	16169.46	15.45	387.69
9	巴西	14591.04	652661.56	52200	2.24	27.95
10	阿根廷	11029.69	317850	14923.26	3.47	73.91
	平均值	—	—	—	5.40	80.36

数据来源：世界银行集团（IDA）数据库、国际货币基金组织（IIP）数据库。

由表 6.8 可以得出如下结论：

第一，货币危机国家的短期资本净流入额占该国同期 GDP 的比率平均为 5.40%，普遍高于本国同期的 GDP 增速，而俄罗斯这一比率最高，达到 15.45%。这表明实体经济增长乏力会加大货币危机爆发的可能性。

第二，货币危机国家的短期资本净流入额占该国同期国际储备的比率平均为 80.36%，部分国家这一比率超过了 100%，比如俄罗斯和墨西哥的这一比率分别达到 387.69% 和 116.74%。这表明如果一国国际储备资产较少，将难以抵御短期游资的冲击。

6.5.4.3 资本异动下货币危机影响因素实证分析

（1）变量的总体描述

本书运用 Stata 14.0 软件对 10 个货币危机国家的本币贬值率与 5 个资本异动因素的统计量和相关性进行描述。变量设计中采用 *exchange* 代表本币贬值率；*current* 代表经常账户下资本异动占比；*capital* 代表资本和金融账户下资本异动占比；*omission* 代表净误差与遗漏项下资本异动占比；*gross* 代表短期资本净流入额占 GDP 的比率；*reserve* 代表短期资本净流入额与国际储备的比率。上述各个变量的单位均采用百分比来表示。

6 个变量的统计结果描述如表 6.9 所示。

表 6.9   变量统计量描述

变量名称	样本量	均值	标准差	最小值	最大值	偏度	峰度
exchange	10	− 13. 3565	6. 692596	− 24. 3	− 5. 37	− 0. 7476369	2. 072926
current	10	27. 88	87. 5913	− 51. 86	267. 91	2. 29345	7. 057963
capital	10	61. 583	42. 12986	− 34. 45	93. 55	− 1. 401523	3. 71001
omission	10	10. 536	55. 13812	− 133. 46	73. 83	− 1. 824523	6. 035656
gross	10	5. 403	4. 376592	− 0. 26	15. 45	1. 128789	3. 882823
reserve	10	80. 361	113. 5055	− 5. 02	387. 69	2. 225719	6. 701869

由表 6.9 的输出结果可知，10 个国家在货币危机期间的本币贬值率（*ex-change*）、资本和金融账户下资本异动占比（*capital*）、短期资本净流入额占 GDP 的比率（*gross*）三个变量的分布比较接近正态分布。但是，经常账户下资本异动占比（*current*）、净误差与遗漏项下资本异动占比（*omission*）、短期资本净流入额占国际储备的比率（*reserve*）三个变量的标准差、偏度、峰度均明显偏离正态分布。

从整体变量分布来看，10 个货币危机国家的本币平均贬值率为 − 13.36%，资本和金融账户、经常账户下的资本异动是货币危机的主要引致因素，这两项平均占比分别为 61.58% 和 27.88%，两项合计占比达到近 90%。而净误差与遗漏项下的资本异动平均占比为 10.54%，标准差、偏度和峰度均不满足正态分布，说明由净误差与遗漏项下的资本异动引发货币危机的解释并不显著。短期资本净流入额占 GDP 和国际储备的平均比率分别为 5.40% 和 80.36%，超出上述 10 国的一般 GDP 增速，且国际储备资产难以满足国际资本异动的需求。

（2）变量的分类描述

将上述国家划分为发达国家和新兴市场经济体两大类，对 6 个变量分别进行统计量描述如下（见表 6.10）。

表 6.10 发达国家与新兴市场经济体的分类统计量描述

类型	统计量	exchange	current	capital	omission	gross	reserve
发达国家	样本量	3	3	3	3	3	3
	均值	−13.50	97.70	20.55	−18.25	2.21	38.62
	标准差	9.52	148.28	60.01	101.84	2.37	42.65
	最小值	−23.98	−3.48	−34.45	−133.46	−0.26	−5.02
	最大值	−5.37	267.91	84.56	59.78	4.47	80.20
	偏度	−0.43	0.67	0.27	−0.58	−0.16	−0.09
	峰度	1.50	1.50	1.50	1.50	1.50	1.50
新兴市场经济体	样本量	7	7	7	7	7	7
	均值	−13.30	−2.04	79.17	22.87	6.77	98.25
	标准差	6.08	26.41	16.10	22.61	4.42	132.19
	最小值	−24.30	−51.86	53.47	10.45	2.24	23.37
	最大值	−7.96	31.12	93.55	73.83	15.45	387.69
	偏度	−1.02	−0.74	−0.69	1.99	1.08	1.78
	峰度	2.45	3.05	1.87	5.05	3.18	4.53

由表 6.10 中分类统计量比较得到如下结论：（1）新兴市场经济体发生货币危机的次数多于发达国家；（2）新兴市场经济体发生货币危机时的本币平均贬值率与发达国家接近；（3）发达国家在经常账户下的资本异动相比新兴市场经济体显著，而新兴市场经济体在资本和金融账户下的资本异动相比发达国家更加显著；（4）货币危机发生前新兴市场经济体的净误差与遗漏项出现明显的短期资本净流入，相反，发达国家出现明显的短期资本净流出；（5）发达国家的资本异动占 GDP 和国际储备的平均比率远低于新兴市场经济体，说明相对于大规模短期游资来说，无论是新兴市场经济体还是发达国家，都难以抵御货币危机的冲击，新兴市场经济体尤为严重。

（3）模型设计

根据国际收支平衡表（BOP）三大账户和两个短期资本流动比率，可以得到资本异动下的货币危机影响因素模型，也称"五因素模型"。模型形式为

$$exchange = \beta_0 + \beta_1 current + \beta_2 capital + \beta_3 omission + \beta_4 gross + \beta_5 reserve + u$$

五因素模型主要用于分析货币危机国家通过经常账户、资本和金融账户、净误差与遗漏项引起的短期资本异常流出与本币贬值程度之间的关系，同时还

可以用于分析国际资本异动占 GDP 和国际储备的比例对本币贬值的风险控制影响程度。

（4）回归模型参数估计与检验

本书运用 Stata 14.0 软件对 10 个货币危机国家的五因素模型进行参数估计，为消除多重共线性，对所有变量取正值后求对数，采用 OLS 回归分析，回归结果如表 6.11 和表 6.12 所示。

表 6.11　　　　　　　　　五因素模型参数估计（一）

统计量	平方和	自由度	均方根	样本数：10
回归误差	0.273428277	5	0.054685655	F 检验：F（5，4）＝1.70 P 值＞F ＝ 0.3129
残差	0.128371699	4	0.032092925	R^2 ＝ 0.6805 调整后的 R^2 ＝ 0.2811
总体	0.401799975	9	0.044644442	残差的标准差 ＝ 0.17914

表 6.12　　　　　　　　　五因素模型参数估计（二）

回归方程	系数	标准差	t 值	P 值＞$\lvert t \rvert$	95% 的置信区间	
current	1.658797	1.072673	1.55	0.197	− 1.31942	4.637013
capital	− 1.582367	1.424583	− 1.11	0.329	− 5.537643	2.372908
omission	0.9005055	0.399122	2.26	0.087	− 0.2076347	2.008646
gross	5.805372	11.85937	0.49	0.650	− 27.12152	38.73226
reserve	− 0.2666707	0.8073847	− 0.33	0.758	− 2.50833	1.974989
_ *cons*	− 12.73395	23.74522	− 0.54	0.620	− 78.66124	53.19334

从表 6.11 中的回归结果可以看出，R^2 和调整后的 R^2 分别为 0.6805 和 0.2811，说明模型的整体拟合度中等，可以基本用来解释本币汇率的变动率。在 α ＝0.05 的显著性水平下，5 个解释变量的 P 值＞0.05，表明这 5 个变量对本币汇率变动率的拟合优度不高，对本币汇率变动率的解释较弱。此外，资本异动通过经常账户和净误差与遗漏项与本币汇率变动率正相关，因为本币汇率变动率此处已取正值，所以上述两项在短期资本净流入中占比越大，本币汇率贬值程度越大，且经常账户下影响更加显著。资本和金融账户下的资本异动与本币汇率变动率负相关，即该账户下短期资本净流入占比越小，则本币汇率贬值程度越大。短期资本净流入额/GDP 与本币汇率变动率正相关，

且回归系数最大，即短期资本净流入额占 GDP 的比率越大，本币汇率贬值程度越大。短期资本净流入额/国际储备与本币汇率变动率负相关，但是影响程度并不显著。

综上所述，由于上述 10 个国家发生货币危机的年份和危机持续时间并不相同，因此五因素模型的参数估计并不显著，但该模型可以粗略解释国际资本异动与货币危机之间存在一定的相关性，为进一步研究开放经济国家短期资本流动状况以及防范货币危机提供一种新的预警工具。

6.6 我国资本异动的测度与货币危机风险预警

6.6.1 我国近年来短期资本流动规模的测度

以下依据前文提出的综合测算法，对我国 2011—2018 年短期资本流动规模进行测算，并根据测算结果分析我国近年来短期资本流动变化趋势（见表 6.13）。

表 6.13 　　　中国短期资本流动综合测算表（2011—2018 年）单位：百万美元

时间	资本和金融账户差额（1）	直接投资差额（2）	银行和货币当局资本项目差额（3）	货物贸易差额的20%（4）	经常转移的40%（5）	外商直接投资的30%（6）	净误差与遗漏项的40%（7）	短期资本净流入额（8）= 1 -（2）-（3）+（4）+（5）+（6）+（7）
2011Q1	107310.4	67667.3	43769.6	3736.10	4355.64	22142.04	-11783.16	14324.12
2011Q2	111359.9	61796.7	39899.8	12563.62	2586.52	21933.15	6158.32	52905.01
2011Q3	67637.5	41713.5	17299.6	16434.38	1940.36	17283.96	8421.44	52704.54
2011Q4	-31730.0	60474.2	-92235.6	13006.06	921.68	22662.54	2710.60	39332.28
2012Q1	41870.3	45675.6	-11609.4	3732.58	983.04	18334.05	-489.32	30364.45
2012Q2	-25466.3	37690.2	-73377.3	17747.48	240.48	15486.48	18833.16	62528.40
2012Q3	-59537.7	34933.0	-98263.5	19908.02	318.68	14773.86	7489.00	46282.36
2012Q4	2823.1	57951.6	-76817.8	20925.90	-168.76	23769.78	8995.60	75211.82
2013Q1	98157.3	38098.0	50267.1	13199.50	-596.96	17807.85	-5877.72	34324.87
2013Q2	27983.9	53431.7	-30375.8	18271.70	-921.40	20707.47	10308.12	53293.89

续表

时间	资本和金融账户差额（1）	直接投资差额（2）	银行和货币当局资本项目差额（3）	货物贸易差额的20%（4）	经常转移的40%（5）	外商直接投资的30%（6）	净误差与遗漏项的40%（7）	短期资本净流入额（8）=1-（2）-（3）+（4）+（5）+（6）+（7）
2013Q3	73832.2	41545.3	22967.8	17209.56	-506.36	17192.10	4145.24	47359.64
2013Q4	140022.8	84882.7	29340.4	23115.50	-1468.60	31571.13	16593.28	95611.01
2014Q1	81848.0	42260.8	17407.3	8734.66	1273.68	18395.70	-15134.80	35449.14
2014Q2	-34142.6	25211.4	-74511.3	20989.72	674.96	16140.90	7089.44	60052.32
2014Q3	-40104.7	26471.0	-90012.5	27887.46	-643.88	19232.85	15471.44	85384.67
2014Q4	-58928.9	51024.5	-131641.6	29396.50	-726.28	26659.74	19321.64	96339.80
2015Q1	-92606.2	44743.9	-128206.3	23736.78	-615.12	20049.00	25613.72	59640.58
2015Q2	-50863.3	29729.6	-64656.7	27504.80	-796.96	18521.64	5069.60	34362.88
2015Q3	-140896.8	-11362.0	-110924.0	31933.22	-1626.24	12693.24	34995.88	59385.30
2015Q4	-150411.9	4987.1	-130216.0	32063.42	-2021.36	21482.91	19504.56	45847.13
2016Q1	-128575.1	-18576.9	-71409.1	20893.20	-796.56	12392.25	16146.12	10045.91
2016Q2	-58238.3	-25971.5	-37131.2	24938.70	-544.52	11316.72	16966.84	57542.14
2016Q3	-133246.2	-30676.5	-95173.2	27682.06	-929.84	7723.80	31232.24	58311.76
2016Q4	-95666.4	33549.9	-113027.2	24262.64	-1537.24	20992.08	27420.24	54948.62
2017Q1	16344.5	3092.5	17135.3	16445.18	-1259.56	9915.69	16024.40	37242.41
2017Q2	23686.0	-8302.3	34945.1	26396.52	-1591.00	6330.63	19515.16	47694.51
2017Q3	20139.1	48.7	-15993.9	24063.66	-1066.88	9793.50	14455.92	83330.50
2017Q4	49458.8	32952.1	15808.0	28282.92	-825.04	23785.29	35218.88	87160.75
2018Q1	99001.3	55028.1	33632.2	10342.84	-1041.48	21889.26	15374.96	56906.58
2018Q2	30004.1	24786.2	-53936.9	20720.18	-1553.20	15796.32	4532.04	98650.14
2018Q3	14184.7	71.6	-19724.1	20160.20	642.16	7565.79	16035.40	78240.75
2018Q4	-12054.6	27133.8	-36968.4	27810.88	988.60	15796.23	28142.80	70518.51

数据来源：国际货币基金组织（BOP）数据库。

由表6.13所计算出的2011—2018年我国短期资本净流入额可以看出近年来我国短期资本流动变化趋势（见图6.7）。

由图6.7可以看出，2011—2018年，我国短期资本流动方向均为净流入，但净流入规模差别较大。总体来看，与其他季度相比，每年第一季度短期资本

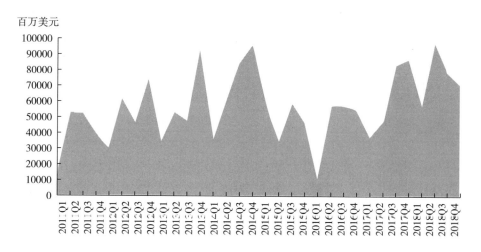

图 6·7　我国短期资本净流入额变化趋势（2011—2018 年）

（数据来源：根据表 6.11 整理得到）

净流入下降幅度较大。2013 年第四季度至 2014 年第四季度，短期资本净流入额增长较快，但 2015 年第二季度至 2017 年第二季度，短期资本净流入额显著下降，2017 年第三季度至 2018 年第四季度，短期资本净流入额出现回升态势。

由表 6.13 可以得出我国 2011—2018 年短期资本净流入额中三大账户的占比情况（见表 6.14）。

表 6.14　　　　　中国短期资本净流入额分解表（2011—2018 年）

单位：百万美元、%

时间	短期资本净流入额	经常账户下资本异动		资本和金融账户下资本异动		净误差与遗漏项下资本异动	
		数额	占比	数额	占比	数额	占比
2011Q1	14324.12	8091.74	56.49	18015.54	125.77	-11783.16	-82.26
2011Q2	52905.01	15150.14	28.64	31596.55	59.72	6158.32	11.64
2011Q3	52704.54	18374.74	34.86	25908.36	49.16	8421.44	15.98
2011Q4	39332.28	13927.74	35.41	22693.94	57.70	2710.60	6.89
2012Q1	30364.45	4715.62	15.53	26138.15	86.08	-489.32	-1.61
2012Q2	62528.40	17987.96	28.77	25707.28	41.11	18833.16	30.12
2012Q3	46282.36	20226.70	43.70	18566.66	40.12	7489.00	16.18

时间	短期资本净流入额	经常账户下资本异动		资本和金融账户下资本异动		净误差与遗漏项下资本异动	
		数额	占比	数额	占比	数额	占比
2012Q4	75211.82	20757.14	27.60	45459.08	60.44	8995.60	11.96
2013Q1	34324.87	12602.54	36.72	27600.05	80.41	−5877.72	−17.12
2013Q2	53293.89	17350.30	32.56	25635.47	48.10	10308.12	19.34
2013Q3	47359.64	16703.20	35.27	26511.20	55.98	4145.24	8.75
2013Q4	95611.01	21646.90	22.64	57370.83	60.00	16593.28	17.35
2014Q1	35449.14	10008.34	28.23	40575.60	114.46	−15134.80	−42.69
2014Q2	60052.32	21664.68	36.08	31298.20	52.12	7089.44	11.81
2014Q3	85384.67	27243.58	31.91	42669.65	49.97	15471.44	18.12
2014Q4	96339.80	28670.22	29.76	48347.94	50.18	19321.64	20.06
2015Q1	59640.58	23121.66	38.77	10905.20	18.28	25613.72	42.95
2015Q2	34362.88	26707.84	77.72	2585.44	7.52	5069.60	14.75
2015Q3	59385.30	30306.98	51.03	−5917.56	−9.96	34995.88	58.93
2015Q4	45847.13	30042.06	65.53	−3699.49	−8.07	19504.56	42.54
2016Q1	10045.91	20096.64	200.05	−26196.85	−260.77	16146.12	160.72
2016Q2	57542.14	24394.18	42.39	16181.12	28.12	16966.84	29.49
2016Q3	58311.76	26752.22	45.88	327.30	0.56	31232.24	53.56
2016Q4	54948.62	22725.40	41.36	4802.98	8.74	27420.24	49.90
2017Q1	37242.41	15185.62	40.78	6032.39	16.20	16024.40	43.03
2017Q2	47694.51	24805.52	52.01	3373.83	7.07	19515.16	40.92
2017Q3	83330.50	22996.78	27.60	45877.80	55.06	14455.92	17.35
2017Q4	87160.75	27457.88	31.50	24483.99	28.09	35218.88	40.41
2018Q1	56906.58	9301.36	16.34	32230.26	56.64	15374.96	27.02
2018Q2	98650.14	19166.98	19.43	74951.12	75.98	4532.04	4.59
2018Q3	78240.75	20802.36	26.59	41402.99	52.92	16035.40	20.49
2018Q4	70518.51	28799.48	40.84	13576.23	19.25	28142.80	39.91

数据来源：根据表6.13计算得到。

由表6.14可以得出如下结论：

第一，经常账户下资本异动均为净流入，且占短期资本净流入额的比例先升后降，2015年第二季度至2016年第一季度，这一比例上升到50%以上，2016 年第一季度达到 200%，此后呈现下降趋势，2018 年上半年低于 20%。这说明长期以来我国经常账户下存在日趋严重的隐蔽性、投机性短期资本净流入，2016 年第二季度以来，受我国加强贸易项下金融监管以及中美经贸摩擦等国内外因素的影响，短期资本通过经常账户流入我国的比例出现下降。

第二，资本和金融账户下资本异动表现为资本净流入（个别季度除外），且占短期资本净流入额的比例明显下降，由 2011 年第一季度的 125.77% 大幅下降到 2018 年第四季度的 19.25%，其中，2015 年第二季度至 2017 年第二季度，这一比例基本未超过 10%，部分季度还表现为短期资本净流出。这说明我国资本和金融账户下短期资本净流出增加是我国货币当局监控资本异动的重点，应防止资本外逃和发生货币危机。

第三，净误差与遗漏项下资本异动由资本净流出转向资本净流入，且占短期资本净流入额的比例不断上升，由 2011 年第一季度的 -82.26% 上升到 2018 年第四季度的 39.91%，2016 年第一季度更是达到 160.72%。2017 年第三季度以来，这一比例小幅下降。这说明我国净误差与遗漏项下的投机性资本流出是短期内引发资本异动的重要因素。

图 6.8 给出了 2011—2018 年我国短期资本净流入额三大项的比较。

由图 6.8 可以看出，2011—2018 年，三大项资本异动占比的变化特征大致经历了如下三个阶段。

第一阶段：2011—2014 年。这一阶段资本和金融账户下的资本异动对我国短期资本流动的影响最大，其次是经常账户下的资本异动，二者均呈净流入且变化方向大体一致，决定了这一阶段我国短期资本净流入特征明显；净误差与遗漏项下的资本异动变化与其他两大账户方向相反，且部分年份呈现净流出，但其影响程度有限。

第二阶段：2015 年第一季度至 2017 年第二季度。这一阶段经常账户下的资本异动对我国短期资本流动的影响最大（2016 年第一季度除外），其次是净误差与遗漏项下的资本异动，二者均呈净流入且变化方向大体一致；资本和金融账户下的资本异动占比迅速下降，2015 年第三季度至 2016 年第一季度表现为净流出增加，其余季度为小幅净流入。

第三阶段：2017 年第三季度至 2018 年第四季度。这一阶段资本和金融账

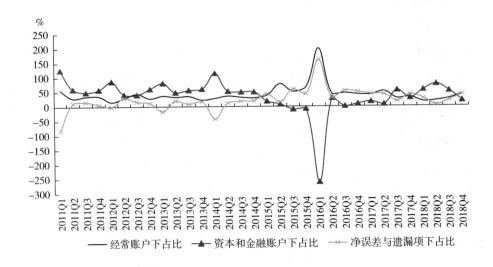

图 6.8   我国短期资本净流入额三大项占比 （2011—2018 年）

（数据来源：根据表 6.14 整理得到）

户下的资本异动对我国短期资本流动的影响最大，经常账户和净误差与遗漏项下的资本异动有所下降，且二者占比变化的同步性增强，三大项均呈资本净流入趋势。但 2018 年第四季度经常账户及资本和金融账户下的资本净流入占比小幅提升，超过了资本和金融账户的净流入占比。

综上所述，资本和金融账户下的资本异动状况依然是我国货币当局加强短期资本流动监管的重点，同时货币当局还应密切关注同步性日益增强的经常账户和净误差与遗漏项下的短期资本流动变化趋势。

6.6.2   我国短期资本流动比率的测度

由前文分析可知，尽管一国在一段时期内可能出现突发性、大规模的短期资本流出，但是否会引发该国出现货币危机，仍需进一步考察该国的短期资本流动比率。根据表 6.13 的计算结果，2011—2018 年我国短期资本净流入额均呈现净流入，需要密切关注我国短期资本流动的变化状况，避免引发货币危机。本小节将通过进一步测度我国短期资本流动比率（见表 6.15），来考察我国经济增长与国际储备资产能否为国际资本安全性保驾护航，能否有力支撑我国资本账户开放，为人民币国际化提供必要保障。

表 6.15　　　　中国短期资本流动比率（2011—2018 年）

单位：百万美元、%

时间	短期资本 净流入额（1）	GDP （现价美元）（2）	储备资产 总额（3）	短期资本流动/ GDP 比率 （4）=（1）/（2）	短期资本流动/ 总储备资产比率 （5）=（1）/（3）
2011Q1	14324.12	1567048.50	3115633	0.91	0.46
2011Q2	52905.01	1783438.50	3270582	2.97	1.62
2011Q3	52704.54	2024995.20	3277861	2.60	1.61
2011Q4	39332.28	2208193.60	3255786	1.78	1.21
2012Q1	30364.45	1877721.60	3383100	1.62	0.90
2012Q2	62528.40	2101129.60	3314800	2.98	1.89
2012Q3	46282.36	2209433.60	3365300	2.09	1.38
2012Q4	75211.82	2428992.00	3387900	3.10	2.22
2013Q1	34324.87	2071193.60	3515738	1.66	0.98
2013Q2	53293.89	2296299.20	3557006	2.32	1.50
2013Q3	47359.64	2435563.20	3726004	1.94	1.27
2013Q4	95611.01	2684356.80	3880383	3.56	2.46
2014Q1	35449.14	2244323.20	4009553	1.58	0.88
2014Q2	60052.32	2494756.80	4055812	2.41	1.48
2014Q3	85384.67	2638364.80	3945932	3.24	2.16
2014Q4	96339.80	2883044.80	3899285	3.34	2.47
2015Q1	59640.58	2409500.80	3784838	2.48	1.58
2015Q2	34362.88	2685992.00	3771348	1.28	0.91
2015Q3	59385.30	2812860.80	3590269	2.11	1.65
2015Q4	45847.13	2875812.00	3406111	1.59	1.35
2016Q1	10045.91	2414509.50	3305444	0.42	0.30
2016Q2	57542.14	2698180.50	3303172	2.13	1.74
2016Q3	58311.76	2840064.00	3264085	2.05	1.79
2016Q4	54948.62	2938280.80	3097845	1.87	1.77
2017Q1	37242.41	2511647.60	3102764	1.48	1.20
2017Q2	47694.51	2987667.00	3150384	1.60	1.51
2017Q3	83330.50	3147361.50	3204381	2.65	2.60
2017Q4	87160.75	3485235.00	3235895	2.50	2.69
2018Q1	56906.58	3166720.00	3240343	1.80	1.76
2018Q2	98650.14	3289431.00	3206123	3.00	3.08
2018Q3	78240.75	3442432.50	3177087	2.27	2.46
2018Q4	70518.51	3803979.00	3167993	1.85	2.23

数据来源：中经网统计数据库。

由表 6.15 可以看出, 2011—2018 年, 我国短期资本始终保持净流入状态。因此, 短期资本净流入额占 GDP 和国际储备的比率持续保持正值, 但震荡趋势明显, 2015 年第一季度至 2017 年第二季度处在震荡下降趋势, 此后小幅震荡回升 (见图 6.9)。

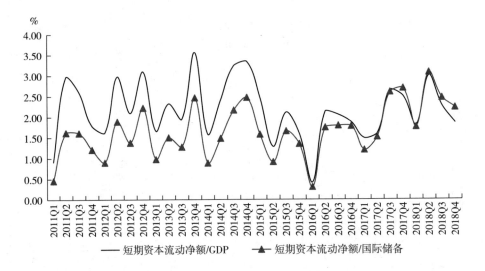

图 6.9　中国短期资本流动比率变动趋势 (2011—2018 年)

(数据来源: 根据表 6.15 整理得到)

由图 6.9 可以看出, 2011—2018 年, 我国短期资本净流入额占同期 GDP 和国际储备的比率均比较低, 基本保持在 0.4% ~ 3.6%, 且短期资本净流入额占 GDP 的比率略大于短期资本净流入额占国际储备的比率, 2015 年第四季度以后, 两个比率的数值越来越接近, 趋同性增强。这表明我国经济增长对短期国际资本的依赖性较小, 国际储备足以应对短期游资的冲击, 且 2015 年 "8·11" 汇改后, 我国货币当局加强对短期游资的监控, 通过保持适度的国际储备规模, 应对经济增长过程中可能带来的国际资本流动风险。

6.6.3　我国货币危机风险预警的实证研究

6.6.3.1　我国短期资本流动与人民币汇率变动的关系

根据上文中测算的我国短期资本流动规模, 结合同期人民币汇率的波动情况, 可以粗略看出我国短期资本流动与人民币汇率变动之间的关系, 有助于对货币危机风险进行预警研究。

2011—2018 年人民币对美元汇率期末中间价及其变动率如表 6.16 所示。

表 6.16　　人民币对美元汇率中间价变动率（2011—2018 年）

单位：元/美元、%

时间	人民币对美元汇率中间价	人民币汇率变动率	时间	人民币对美元汇率中间价	人民币汇率变动率
2011Q1	6.56	0.91	2015Q1	6.14	−0.33
2011Q2	6.47	1.39	2015Q2	6.11	0.49
2011Q3	6.35	1.89	2015Q3	6.36	−3.93
2011Q4	6.30	0.79	2015Q4	6.49	−2.00
2012Q1	6.29	0.16	2016Q1	6.47	0.31
2012Q2	6.32	−0.47	2016Q2	6.64	−2.56
2012Q3	6.34	−0.32	2016Q3	6.67	−0.45
2012Q4	6.29	0.79	2016Q4	6.95	−4.03
2013Q1	6.27	0.32	2017Q1	6.89	0.87
2013Q2	6.18	1.46	2017Q2	6.78	1.62
2013Q3	6.15	0.49	2017Q3	6.65	1.95
2013Q4	6.10	0.82	2017Q4	6.51	2.15
2014Q1	6.15	−0.81	2018Q1	6.28	3.66
2014Q2	6.15	0.00	2018Q2	6.62	−5.14
2014Q3	6.15	0.00	2018Q3	6.88	−3.78
2014Q4	6.12	0.49	2018Q4	6.85	0.44

数据来源：国际货币基金组织 IFS 数据库。

根据表 6.13 和表 6.16 可以得出 2011—2018 年我国短期资本净流入额与人民币汇率变动之间的关系（见图 6.10）。

由图 6.10 可以看出，2011—2018 年，我国短期资本基本呈现净流入态势，但 2015 年第一季度至 2017 年第一季度短期资本净流入大规模减少，2017 年第二季度以来逐渐回升。2011—2018 年，人民币对美元汇率期末中间价呈缓慢下跌态势，尤其是 2015 年"8·11"汇改后，人民币对美元汇率浮动明显加大，受美联储新一轮加息的影响，2015 年第三季度至 2016 年第四季度，人民币汇率出现较大幅度下跌，最高跌幅达 4% 左右。2017 年第一季度至 2018

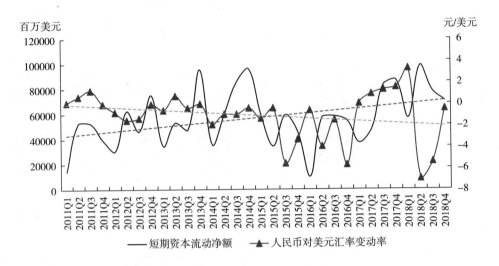

注：图中人民币对美元汇率变动率为正值表明人民币升值，变动率为负值表明人民币贬值。

图 6.10　短期资本流动与人民币汇率变动关系比较（2011—2018 年）

（数据来源：根据表 6.13 和表 6.16 整理得到）

年第一季度，在全球美元走跌的情况下，人民币汇率大幅上扬。2018 年第二季度以来，受中美经贸摩擦持续升温的影响，人民币对美元汇率大幅回落，最高跌幅超过 5%，2018 年第四季度人民币汇率小幅回升。

从二者的关系来看，以 2015 年"8·11"汇改作为分界线，大致划分为两个阶段。第一阶段：2011 年第一季度至 2015 年第一季度，我国短期资本净流入额与人民币汇率变动基本正相关；第二阶段：2015 年第二季度至 2018 年第四季度，我国短期资本净流入额与人民币汇率变动显著负相关。这表明随着人民币汇率市场化改革的不断深入，汇率预期对我国短期资本流动的影响程度正在加强，宏观政策调整通过汇率预期作用于短期资本流动，加剧国际资本流动风险。因此，我国货币当局应采用适度微调的宏观政策工具，以避免引发国际资本异动。

6.6.3.2　人民币汇率变动的五因素模型分析

（1）变量总体描述

根据前文提出的五因素模型，以下对变量的选取情况加以解释和说明（见表 6.17）。

表 6.17 变量的选取和解释

变量类型	变量符号	变量名称	变量解释
被解释变量	cexchange	人民币汇率变动率	人民币对美元汇率期末中间价变动
解释变量	ccurrent	经常账户下短期资本流动占比	占比变量
	ccapital	资本和金融账户下短期资本流动占比	占比变量
	comission	净误差与遗漏项下短期资本流动占比	占比变量
	cgross	短期资本净流入额占 GDP 的比率	GDP 对短期资本流动的依存度
	creserve	短期资本净流入额占国际储备的比率	国际储备对短期资本流动的抗风险度

注：表中所有变量的单位均采用百分比来表示。

结合前文得到的我国 2011—2018 年相关变量计算结果，本书运用 Stata 14.0 软件对表 6.17 中的 6 个变量进行统计量描述，具体结果见表 6.18。

表 6.18 变量统计量描述

变量名称	样本量	均值	标准差	最小值	最大值	偏度	峰度
cexchange	32	−0.088125	1.973323	−5.14	3.66	−0.9509524	3.569946
ccurrent	32	41.93719	31.7881	15.53	200.05	4.020148	20.49955
ccapital	32	35.21719	62.69727	−260.77	125.77	−3.269549	16.82765
comission	32	22.84625	37.32263	−82.26	160.72	0.7677677	8.733331
cgross	32	2.161875	0.7196479	0.42	3.56	−0.0760771	2.777762
creserve	32	1.659688	0.6529362	0.3	3.08	0.0766041	2.62858

由表 6.18 的输出结果可知，2011—2018 年，我国人民币对美元汇率中间价波动较大，总体趋于贬值，短期资本流动总体呈现净流入，通过经常账户流入的"热钱"占比最大，平均占比为 41.94%，且有上升趋势；其次是资本和金融账户，平均占比为 35.22%，且有下降趋势；净误差与遗漏项的平均占比为 22.85%，总体变化不明显。短期资本净流入额占 GDP 和国际储备的平均比率分别为 2.16% 和 1.66%，其中短期资本净流入额占 GDP 的比率有下降趋势、占国际储备的比率有上升趋势。

（2）单位根检验

首先运用 Stata 14.0 统计分析软件对上述 6 个变量进行 4 期移动平均修匀，修匀后的变量分别用 cexchange1、ccurrent1、ccapital1、comission1、cgross1、creserve1 来表示，然后对这 6 个变量进行单位根检验，检验结果见表 6.19。

表6.19   单位根检验结果

检验变量	未差分的 DF 检验		DF 检验		PP 检验	
	t 统计量	临界值	t 统计量	临界值	t 统计量	临界值
*cexchange*1	− 1.883	− 2.992	− 3.577 *	− 2.994	− 3.574 *	− 2.994
*ccurrent*1	− 1.393	− 2.992	− 4.622 *	− 2.994	− 4.638 *	− 2.994
*ccapital*1	− 1.410	− 2.992	− 4.378 *	− 2.994	− 4.415 *	− 2.994
*comission*1	− 1.737	− 2.992	− 4.769 *	− 2.994	− 4.785 *	− 2.994
*cgross*1	− 1.582	− 2.992	− 4.296 *	− 2.994	− 4.317 *	− 2.994
*creserve*1	− 0.620	− 2.992	− 4.090 *	− 2.994	− 4.106 *	− 2.994

注：* 代表差分次数（即协整阶数），在5%的显著性水平上进行单位根检验。

表6.19 的数据显示，6 个变量均是非平稳的，但所有变量的一阶差分均是平稳的，分别记为 *dcexchange*1、*dccurrent*1、*dccapital*1、*dcomission*1、*dcgross*1 和 *dcreserve*1。

（3）VAR 模型回归

以下运用 VAR 方法对一阶差分后的变量 *dcexchange*1 进行回归，回归结果如表6.20 和表6.21 所示。

表6 – 20   变量 *dcexchange*1 的 VAR 回归结果（一）

样本区间：2012q3 – 2018q4   样本数：26

回归方程	参数	标准差	R^2	卡方统计量（Chi2）	P 值 > Chi2
*dcexchange*1	13	0.594867	0.6497	48.21453	0.0000

表6 – 21   变量 *dcexchange*1 的 VAR 回归结果（二）

回归方程	系数	标准差	z 值	P 值 > |z|	95% 的置信区间	
*dcexchange*1						
*dcexchange*1						
L1.	0.1552879	0.2011252	0.77	0.440	− 0.2389103	0.549486
L2.	− 0.1353848	0.2051277	− 0.66	0.509	− 0.5374276	0.266658
*dccurrent*1						
L1.	184.8517	57.42069	3.22	0.001	72.3092	297.3942
L2.	133.4525	78.60687	1.70	0.090	− 20.61413	287.5191
*dccapital*1						
L1.	184.8722	57.4169	3.22	0.001	72.33718	297.4073
L2.	133.4418	78.60588	1.70	0.090	− 20.62293	287.5065

回归方程	系数	标准差	z 值	P 值 $> \|z\|$	95%的置信区间	
*dcomission*1						
L1.	184.8622	57.41706	3.22	0.001	72.32682	297.3976
L2.	133.4292	78.6034	1.70	0.090	-20.63068	287.489
*dcgross*1						
L1.	-0.9902443	2.984627	-0.33	0.740	-6.840006	4.859518
L2.	1.346837	2.72119	0.49	0.621	-3.986597	6.68027
*dcreserve*1						
L1.	0.3992717	3.906888	0.10	0.919	-7.258088	8.056632
L2.	-2.786121	3.680858	-0.76	0.449	-10.00047	4.428227
_ *cons*	0.0565406	0.1307327	0.43	0.665	-0.1996909	0.312772

注：自变量的滞后期为滞后 1～2 期。

由表 6.20 可知，*dcexchange*1 的回归模型的 $R^2 = 0.6497$，表明模型的拟合程度较好。P 值为 0，说明自变量能够很好地解释因变量。下面对 VAR 模型进行回归后的滞后阶数重新估计，结果见表 6.22。

表 6.22　　　　　　　　　VAR 模型滞后阶数的重新估计

样本区间：2012q3－2018q4　　　　　　　　　　　　　　　　样本数：26

检验标准 〳 滞后阶数	对数 似然值	似然 比检验	自由度	P 值	FPE 检验	AIC 检验	HQIC 检验	SBIC 检验
0	-23.7446				4.0e-07	2.28805	2.37165	2.57838*
1	19.4645	86.418	36	0.000	2.5e-07*	1.7335*	2.31873*	3.76581
2	48.7892	58.649*	36	0.010	6.9e-07	2.24699	3.33385	6.02128

由表 6.22 可以看出，通常根据 AIC 取值最小准则，确定被解释变量 *dcexchange*1 的 VAR 模型的最大滞后期为 1。因此，变量 *dcexchange*1 的自回归方程如下：

$$dcexchange1 = 0.155 dcexchange1_{t-1} + 184.852 dccurrent1_{t-1}$$
$$+ 184.872 dccapital1_{t-1} + 184.862 dcomission1_{t-1}$$
$$- 0.99 dcgross1_{t-1} + 0.399 dcreserve1_{t-1} + 0.057$$

（4）模型稳定性检验

运用 Stata 14.0 软件对上述回归模型进行稳定性检验（见图 6.11）。

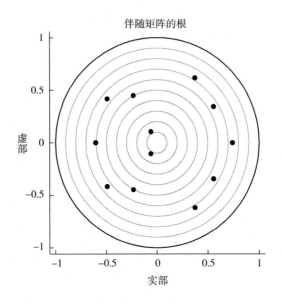

图 6.11　模型稳定性检验

由图 6.11 可以看出，伴随矩阵所有特征值的模均位于单位圆内，说明上述 VAR 模型是稳定的，即我国短期资本净流入额的变化滞后 1 个季度对人民币汇率的变动都会产生影响，这种影响具有长期稳定性。

（5）格兰杰因果检验

以下运用 Stata 14.0 软件对五因素模型进行格兰杰（Granger）因果检验，检验结果见表 6.23。

表 6.23　　　　　　　　　格兰杰因果检验结果

被解释变量	自变量	卡方统计量（chi2）	自由度	P 值 > Chi2
$dcexchange1$	$dccurrent1$	13.648	2	0.001
$dcexchange1$	$dccapital1$	13.65	2	0.001
$dcexchange1$	$dcomission1$	13.649	2	0.001
$dcexchange1$	$dcgross1$	0.25382	2	0.881
$dcexchange1$	$dcreserve1$	1.1934	2	0.551
$dcexchange1$	ALL	39.348	10	0.000

由表 6.23 可以看出，上述回归方程中，解释变量 $dccurrent1$、$dccapital1$ 和 $dcomission1$ 与被解释变量 $dcexchange1$ 的因果关系成立，而解释变量 $dcgross1$ 和

*dcreserve*1 与被解释变量 *dcexchange*1 的因果关系不成立。由此得出结论：我国短期资本流动是影响人民币汇率变动的原因。

（6）脉冲响应和方差分解

为了进一步观察短期资本流动对人民币汇率变动的短期效应，还可对被解释变量 *dcexchange*1 进行脉冲响应分析（见图6.12）。

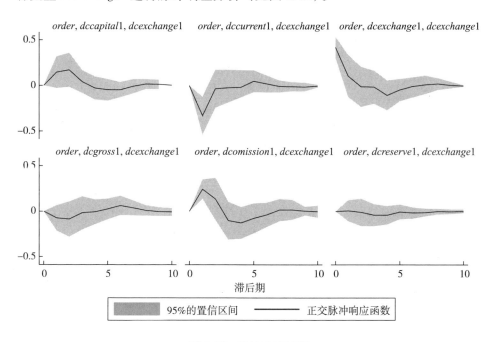

图 6.12　脉冲响应过程

由图6.12可以看出，整个系统对冲击的反应是稳定的。本书进而应用方差分解法对短期资本流动的5个解释变量在不同预测期限误差的方差进行分解，以确定被解释变量预测所产生的误差由各因素解释的程度（见表6.24）。

表 6.24　　　　　　　　　　　　方差分解结果

期数	*dcexchange*1		*dccurrent*1		*dccapital*1		*dcomission*1		*dcgross*1		*dcreserve*1	
	Fevd	S. E.	Fevd	S. E.	Fevd	S. E.	Fevd	S. E.	Fevd	S. E.	Fevd	S. E.
0	0	0	0	0	0	0	0	0	0	0	0	0
1	1	2.5e-16	0	0	0	0	0	0	0	0	0	0
2	0.492	0.142	0.284	0.142	0.056	0.065	0.153	0.108	0.014	0.027	0.000	0.002
3	0.429	0.129	0.250	0.134	0.116	0.097	0.175	0.113	0.030	0.049	0.000	0.005

期数	dcexchange1		dccurrent1		dccapital1		dcomission1		dcgross1		dcreserve1	
	Fevd	S. E.	Fevd	S. E.	Fevd	S. E.	Fevd	S. E.	Fevd	S. E.	Fevd	S. E.
4	0.415	0.128	0.243	0.128	0.116	0.095	0.192	0.058	0.029	0.050	0.005	0.013
5	0.412	0.145	0.229	0.133	0.110	0.087	0.214	0.121	0.028	0.047	0.008	0.017
6	0.406	0.134	0.227	0.121	0.111	0.091	0.220	0.112	0.028	0.048	0.008	0.016
7	0.399	0.139	0.224	0.122	0.114	0.093	0.219	0.125	0.035	0.055	0.009	0.016
8	0.398	0.106	0.223	0.126	0.113	0.095	0.219	0.124	0.038	0.057	0.009	0.016
9	0.398	0.131	0.223	0.119	0.114	0.097	0.219	0.091	0.038	0.057	0.009	0.016
10	0.397	0.096	0.223	0.125	0.114	0.093	0.219	0.146	0.038	0.057	0.009	0.015

由表 6.24 的方差分解结果可以看出，在从 1~10 的预测期内，我国人民币汇率变动率由它自身变动的贡献率从第 2 期的 49.2% 下降到第 7 期的 39.9%；由经常账户下短期资本净流入占比的贡献率从第 2 期的 28.4% 下降到第 7 期的 22.4%；由资本和金融账户下短期资本净流入占比的贡献率从第 2 期的 5.6% 上升到第 3 期的 11.6%；由净误差与遗漏项下短期资本净流入占比的贡献率从第 2 期的 15.3% 上升到第 7 期的 21.9%；由短期资本净流入额占 GDP 的比率的贡献率从第 2 期的 1.4% 上升到第 8 期的 3.8%；由短期资本净流入额占国际储备的比率的贡献率从第 2 期的 0% 上升到第 7 期的 0.9%。综合上述分析，得出如下结论：我国人民币汇率的变动除了受汇率预期的影响外，受到短期资本流动的影响比较大，其中经常项目和净误差与遗漏项下的短期资本流动对人民币汇率的变动影响显著，资本和金融账户下的短期资本流动对人民币汇率的变动影响较小，短期资本净流入额占 GDP 和国际储备的比率对人民币汇率的变动影响甚微，说明当前我国经济增长状况与国际储备总额足以应对短期资本流动风险。

（7）模型的预测

下面给出 VAR 模型在 2011 年第一季度至 2019 年第一季度的动态预测结果（见图 6.13）。

由图 6.13 可以看出，2015 年第二季度至 2017 年第二季度，上述 VAR 模型的动态预测效果很好，但 2017 年第三季度以后的预测值与实际观测值之间的误差加大，这说明上述 VAR 模型在滞后 7 期的预测效果更为明显。下面给

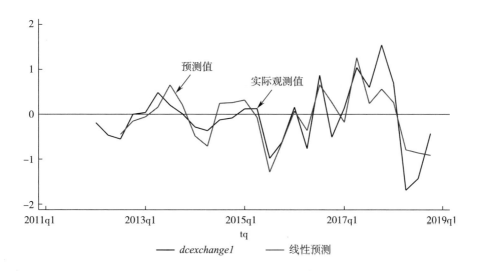

图 6.13 VAR 模型动态预测结果

出被解释变量 *dcexchange*1 在 2011 年第一季度至 2018 年第四季度的残差估计（见图 6.14）。

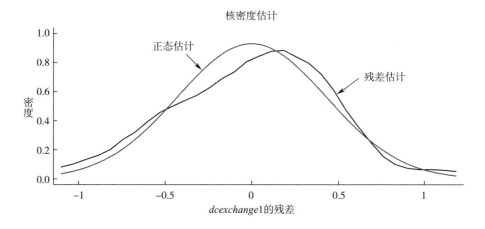

图 6.14 *dcexchange*1 的残差拟合图

由图 6.14 可以看出，被解释变量 *dcexchange*1 的残差近似服从 N（0，1）的正态分布，预测值与实际观测值的拟合误差基本控制在 ±0.5% 之间，该模型的预测效果较好。

6.7　本章小结

　　第 6 章研究了货币竞争力、国际资本异动与货币危机三者之间的关系，认为一国货币竞争力水平下降通常会引起国际短期资本大量流出，造成本币汇率急剧贬值，从而引发货币危机。本章首先诠释了货币危机的内涵及特征，紧接着梳理了 20 世纪 90 年代以来发生的历次货币危机，并对 2015 年美联储新一轮加息后新兴市场货币危机动态及成因展开论述，然后结合 11 个货币危机国家数据进行实证分析，从货币竞争力指标、国际货币基金组织经验判断法和国际资本异动的五因素模型三个层面提出了货币危机预警的可行方案，最后对我国近年来的资本异动状况进行测度，并对我国货币危机风险预警进行了实证研究，为我国货币当局有效制定经济政策、防范货币危机风险提供新的预警工具。

7 结论与对策建议

7.1 研究结论

本书围绕"一带一路"背景下如何实施人民币国际化战略，提升人民币的国际竞争力，有效防范货币危机展开理论框架设计和风险预警研究，并得出一系列重要的研究结论。主要研究结论归纳如下：

（1）按照地域不同，货币竞争可以划分为境内货币竞争、区域货币竞争和全球货币竞争三种形式，这是本书提出的关于货币竞争的核心理论框架。纵观全球主要货币的发展历史，无不伴随着这三种形式货币竞争的过程。发达经济体和新兴市场经济体在不同形式的货币竞争中具有不同特点，本书基于理论与实践、国内与国际、历史与现实相结合的视角，构建衡量一国（地区）货币竞争力水平的重要指标，为"一带一路"背景下推进人民币国际化、抵御国际金融风险提供可资借鉴的理论工具。

（2）对于开放经济体来说，首先面临的是境内货币竞争。本书所指的境内货币竞争是一国（地区）更多地使用外币作为计价结算货币和贮藏手段，引起境内本币与外币间的竞争。这种境内货币竞争包括货币替代和反货币替代两种形式，可以通过货币替代率和反货币替代率两项指标分别加以反映。

（3）发达经济体和新兴市场经济体的境内货币竞争存在不同特征。本书首先选取了12个发达经济体的境内货币竞争状况进行研究发现，从长期来看，发达经济体的货币替代率与反货币替代率负相关，货币替代率较高且呈下降趋势，反货币替代率较低且呈上升趋势。这说明近年来发达经济体境内外币存款有所减少，本币数量相对增加，境内货币竞争压力逐步降低，但发达经济体之间存在个体差异。接着本书又选取了11个新兴市场经济体进行比较研究。与发达经济体相比，新兴市场经济体的货币替代率总体低于发达经济体，反货币替代率总体高于发达经济体并呈先升后降的趋势。这说明新兴市场经济体境内货币自由化程度以及金融市场开放度仍比较低，且存在一定程度的金融管制，本币币值稳定性较弱，境内外汇市场交易并不活跃，与外汇有关的金融产品数量较少，外币替代本币的程度较低，本币替代外币的能力有所削弱。各新兴市场经济体的境内货币竞争存在一定的差异。

（4）我国境内尚不存在明显的货币竞争。本书通过国别比较法研究发现，在 23 个主要经济体中，中国在货币替代与反替代中均位列第四，表明我国境内不存在明显的外币替代本币现象，人民币在我国金融机构存款中占据绝对优势。但 2008 年以来，我国外汇储备增量开始下降，削弱了人民币的境内竞争力。从金融机构外币存款的币种结构来看，美元约占 50%，欧元约占 6%，日元约占 2%，英镑、瑞士法郎占比均不足 1%。未来人民币主要面临的境内竞争货币依然是美元，受货币替代率自身变化、国内 GDP 增长率、商品和服务进口总额、居民消费价格指数、人民币实际有效汇率等因素变化的影响较大，而与利率的变化相关性不大，并在滞后 1~4 个季度进行预测的效果较好。

（5）区域货币竞争的最终目标是选择主导货币并形成货币区，这一过程既有竞争又有合作。货币区的初级阶段是在区域内实行固定汇率制度安排，货币区的高级阶段则是区域内成员使用统一货币。本研究认为，目前世界主要货币区有两个：美元区与泛欧元区。其中，美元区属于松散型货币区，主要由世界上使用美元作为本位货币以及实行钉住美元汇率制度的国家和地区组成。从20 世纪初至今，美元区已经历了崛起—垄断—竞争三个特殊发展阶段。为了全面分析欧元的国际地位及其发展趋势，本书提出了"泛欧元区"的概念，不仅包括欧盟成员中的 19 个欧元区国家，还包括其他以欧元作为汇率锚的国家区域。从整体经济实力来看，美元区依然位居全球经济核心地位，2017 年美元区的 GDP 总量占全球 GDP 总量的 19.6%，泛欧元区占全球 GDP 的12.5%。美元区的货币合作形式比较松散，经济发展并未形成较强的合力；而泛欧元区实行统一的货币政策，强有力地支持了泛欧元区的经济增长。

（6）东亚货币竞争是建立在合作框架下的良性竞争。它既是东亚国家参与国际货币竞争的需要，也是中国、日本等东亚国家争夺区域货币主导权的竞争过程。本书在东盟"10 + 3"机制的基础上，对 14 个国家和地区（包括中国香港）的主要经济指标进行实证分析。结果表明，影响东亚地区经济增长的最主要因素是利率，且利率与经济增长率负相关，降低利率有助于拉动经济增长。其次是价格和汇率的影响，它们与经济增长率正相关，价格上涨、本币升值有助于刺激经济增长。本研究还发现，东盟内部货币合作与竞争的关键取决于经济发展水平较高、政策较为协调统一的东盟 6 国未来的发展方向。

（7）"一带一路"倡议的提出为人民币在更加广泛的领域实现区域化提供了新的路径。"一带一路"倡议提出以来，人民币在 64 个沿线国家的贸易结算与投资中使用得越来越广泛。本书以"五通"中的资金融通为切入点，提出了在"一带一路"沿线国家分区域建立"泛人民币区"的设想，并根据北京大学 2018 年 1 月公布的《"一带一路"沿线国家五通指数报告（2017）》计算出的"一带一路"沿线国家资金融通指数进行分区域研究，确定了"泛人民币区"建设的首选区域是东北亚和东南亚地区，其次是中亚和中东欧地区。这为确立人民币区域化发展路径提供了借鉴。

（8）货币竞争的最高阶段是全球货币竞争，而全球货币竞争的本质是国际货币之间的竞争力较量。本书指出一国（地区）的货币要想成为国际货币，应当在满足市场需求、信心保证、可持续获利三个方面表现出强大的货币竞争能力。为了更加全面、准确地反映全球货币竞争力状况及其变化趋势，本书创设了货币竞争力指数模型，该模型的指标体系设计包括三大类 15 个指标，从货币使用的流动性、安全性与盈利性三个层面赋予各指标相应的权重值，对 2012—2018 年世界主要国家（地区）以及全球排名前 20 位的支付货币分别计算 MCI 值并排名，从静态、动态两个角度进行比较研究，不仅可以得出主要支付货币在全球货币竞争力上的排名变化，而且可以找出影响主要支付货币竞争力变化的深层次原因，进而为货币当局提供相关对策建议。本书将会在未来几年的持续研究中继续关注货币竞争力指数的测算和分析，力图使该模型的指标架构和权重安排更加合理可靠。本书期望达到的最终目标之一，是为有序推进人民币国际化进程作出一定的理论贡献。

（9）货币竞争本质上是各国综合国力的竞争。货币危机是货币竞争力指标恶化引发国际资本异动的必然结果，即货币竞争力下降→国际资本异动→货币危机爆发。货币危机是发生频率最高的金融危机，20 世纪 90 年代以来，平均每隔 2～3 年就会出现一次货币危机。货币危机具有传染性，无论是发达国家还是发展中国家都曾爆发过货币危机，并给危机国带来了深重灾难。2018

年以来，美元新一轮加息导致美元汇率持续走强，引发部分新兴市场国家出现货币危机。本书着重分析了历史上曾经爆发过货币危机的 11 个国家的货币竞争力指标，剔除反映长期货币竞争力和国际资本流动的相关指标后，对 11 个危机国家货币竞争力的 7 项短期指标进行研究，结果发现一国发生货币危机对利率、实际有效汇率、股票指数、通货膨胀率、国际储备额 5 项指标短期内影响较大，而对于名义 GDP、货物和服务贸易总额 2 项指标在短期内的影响有限。新兴市场经济体发生货币危机后，各项货币竞争力短期指标的恶化程度明显高于发达国家，这主要是由新兴市场经济体的经济发展不平衡、金融市场开放程度不高、国际清偿力有限、宏观调控能力低等导致的。

（10）发生货币危机的国家往往具备一些基本特征。本书通过对 11 个货币危机国家的历史数据进行研究发现，危机国家的本币贬值率一般在 -25% ~ -5%，平均贬值率为 -13%，大多数国家在发生大规模资本流入后 2 ~ 4 个季度内爆发货币危机。发达国家货币贬值率通常低于发展中国家，实行钉住汇率制或汇率制度不灵活的国家更容易发生货币危机。

（11）国际资本异常流入是判断货币危机能否发生的重要依据。本书在总结国际经验和研究历次货币危机特征的基础上，归纳出货币危机预警的几个基本判断标准：① 一国净误差与遗漏项与进出口贸易总额之比超过 5% 的经验警戒线，通常认为该国极易发生货币危机，对于新兴市场经济体而言，警戒线可降低到 4%；② 短期资本净流入额持续半年以上增长超过 5%，后期发生货币危机的概率很大；③ 一旦发生货币危机，本币对美元汇率的贬值幅度通常会超过 10%。

（12）将国际资本异动引入货币危机理论，提出了关于国际资本异动的综合测算法及五因素模型。国际上测算短期资本流动规模的方法比较多，但都无法全面、准确地测算短期资本流动规模。本书在非直接投资净额调整法和克莱因法的基础上加以改进，首次提出了综合测算法，并将国际资本异动与本币汇率波动联系在一起，设计出五因素模型，然后结合 11 个货币危机国家数据进行分析，进而运用该模型对我国 2011—2018 年的短期资本流动状况进行了实证分析。结果表明我国短期资本净流入额的变化滞后 1 个季度对人民币汇率的变动都会产生影响，且这种影响具有长期稳定性。当前我国经济增长对短期国际资本的依赖性较小，国际储备足以应对短期游资的冲击。五因素模型能够较好地解释国际资本异动与货币危机之间的关系，为我国货币当局有效制定经济政策、防范货币危机提供了新的预警工具。

本书主要涉及货币竞争力及其与货币危机关系的研究，力图为提升人民币国际化水平和竞争力、防范货币危机提供理论与技术支持，这项科研工作在国内乃至国际上尚处于研究的初级阶段，尤其是对于货币竞争力的研究仍以定性分析为主，尚未形成较为完整的理论分析框架。此外，国际上关于货币危机的研究往往局限于单个国家或地区的货币危机来展开，不能综合探究历次货币危机爆发的一般性特征。本书从上述提及的国内外研究薄弱点及空白处入手，努力突破和创新，对发达经济体和新兴市场经济体在货币竞争力以及货币危机的形成等方面进行比较研究，在预期目标上取得了一定进展。但因本人研究水平及研究时间有限，关于三个层次的货币竞争仍有很大的理论和实践探索空间，有待在今后的研究中继续加以完善。

第一，本书在货币竞争力指数的指标体系及权重设计安排上考虑得比较全面，但相关指标的国际数据从 2012 年起方能获得，仍需要更长时间检验 MCI 值的有效性，以便于对未来全球主要支付货币的竞争力进行持续性排名，从而研究各国货币竞争力变化的原因。为此笔者将会在未来几年继续此项研究工作，从全球视野出发，考虑主要发达国家、新兴市场国家等的资本流动特点及货币政策取向，为我国货币当局制定和实施有效的货币政策、提升人民币的国际竞争力提供理论工具。

第二，本书在研究国际资本异动与货币危机的关系时创设了五因素模型，因研究时间有限，未能运用该模型对发生货币危机的发达经济体和新兴市场经济体分别展开实证检验。因此，五因素模型的实证研究还有待进一步完善，通过对我国短期资本流动状况的即时跟踪监测，为货币当局防范货币危机提供科学、有效的预警工具。

7.2　对策建议

在我国渐进式开放经济条件下，随着综合国力的不断提升，实现人民币国际化成为摆在货币当局面前的重要任务。货币当局要立足全球视野，根据主要国家货币政策的调整及时作出反应，特别是在当前中美贸易局势复杂、全球不确定性因素不断增加、世界经济格局正待调整的背景下，要根据形势变化适时适度调整货币政策，构建规范的短期资本流动监管体系，减轻国际资本异动对人民币汇率的冲击效应，扩大人民币在全球支付结算和储备中的作用，提升人民币的国际竞争力，有效防范货币危机。

7.2.1 推进"一带一路"泛人民币区域化建设

2013 年，习近平总书记提出了"一带一路"倡议，经过几年的不懈努力，"一带一路"的国际影响力达到新高度。2019 年 4 月 25—27 日，第二届"一带一路"国际合作高峰论坛在北京召开，引发全球媒体高度关注。中国与"一带一路"国家共建"六廊六路多国多港"，其中包括中蒙俄、中巴、中国—中亚—西亚、新亚欧大陆桥、中国—中南半岛和孟中印缅等 6 个"经济走廊"，有利于开创域内国家和地区互利共赢的新格局。截至 2018 年 12 月底，中国已同 122 个国家以及 29 个国际组织分别签署了 170 份政府间的合作文件，已有 64 个国家加入"一带一路"的"朋友圈"，这些国家遍布亚洲、非洲、欧洲、大洋洲和拉丁美洲。中国对"一带一路"国家的贸易和投资总体呈现增长态势，多元化投融资体系建设推动人民币的区域竞争力不断增强。

7.2.1.1 中国与"一带一路"国家贸易与投资成效显著

2018 年是"一带一路"倡议提出 5 周年，中国与各沿线国家继续秉持共商、共建、共享的原则，稳步推进"一带一路"各项合作计划，对外贸易加速回暖，取得了积极成效（见图 7.1）。

由图 7.1 可以看出，2013—2018 年，中国对外贸易增速经历了 2015—2016 年的大幅下降后迅速回升，2018 年达到 12.6%。中国与"一带一路"沿线国家的贸易增速在 2017 年后大幅攀升，2017 年和 2018 年分别达到 13.45% 和 16.3%，均明显高于同期中国对外贸易增速，有力地拉动了我国对外贸易增长。2018 年中国与"一带一路"沿线国家货物贸易进出口总额近 1.3 万亿美元，占 2018 年货物贸易总额的 27.4%。其中，中国向沿线国家货物出口 7047.3 亿美元，同比增长 10.9%；由沿线国家货物进口 5630.7 亿美元，同比增长 23.9%。2013—2018 年，中国与 64 个沿线国家的货物贸易总额达到 64691.9 亿美元。未来中国与"一带一路"沿线国家的双边贸易发展将会成为推动全球经济增长的重要引擎，并为提升人民币在全球支付货币中的地位打下坚实的基础。

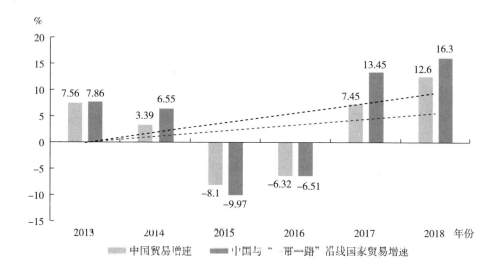

图 7.1 中国与"一带一路"沿线国家贸易增长状况（2013—2018 年）

（数据来源：中国一带一路网）

　　除双边贸易外，中国还利用自身优势，积极向"一带一路"沿线国家开展跨国直接投资。2015 年，中国企业对 49 个沿线国家进行了非金融类直接投资，累计投资总额为 148.2 亿美元；与 60 个沿线国家签署对外工程承包合同，合同总金额为 926.4 亿美元，占同期总额的 44.1%，完成营业额 692.6 亿美元，占同期总额的 45%。2016 年，中国企业对 53 个沿线国家进行了非金融类直接投资，累计投资总额为 145.3 亿美元，占同期总额的 8.5%；与 61 个沿线国家签署对外工程承包合同，合同总金额为 1260.3 亿美元，占同期总额的 51.6%，完成营业额 759.7 亿美元，占同期总额的 47.7%。2017 年，中国企业对 59 个沿线国家进行了非金融类直接投资，累计投资总额为 143.6 亿美元，占同期总额的 12%；实施并购 62 起，并购总额为 88 亿美元；与 61 个沿线国家签署对外工程承包合同，合同总金额为 1443.2 亿美元，占同期总额的 54.4%，完成营业额 855.3 亿美元，占同期总额的 50.7%。2018 年，中国企业对 56 个沿线国家进行了非金融类直接投资，累计投资总额为 156.4 亿美元，占同期总额的 13%；与沿线国家签署对外工程承包合同，合同总金额为 1257.8 亿美元，占同期总额的 52%，完成营业额 893.3 亿美元，占同期总额的 52.8%，同比增长 4.4%。2019 年，中国企业对 56 个"一带一路"沿线国家进行了非金融类直接投资，投资总额为 150.4 亿美元，占同期总额的 13.6%，主要投向新加坡、越南、老挝、印度尼西亚、巴基斯坦、泰国、马来西亚、阿联酋、柬埔寨和哈萨克斯坦等国家。中国企业对沿线国家新签承包工程项目合同额 1548.9 亿美元，占同期总额的 59.5%，完成营业额 979.8 亿美元，占同期总额的 56.7%（见图 7.2）。

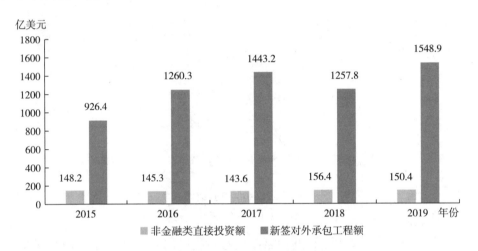

图 7.2　中国与"一带一路"国家投资合作状况（2015—2019 年）

（数据来源：中国商务部官方网站）

综合以上分析，加快推进"一带一路"建设是发展我国对外贸易和投资的重要方向，具有重要意义，不仅成为助力我国经济增长的新引擎，也成为拉动"一带一路"沿线国家经济发展的重要力量。2013—2018 年，中国与 64 个"一带一路"沿线国家之间的货物贸易总额为 64691.9 亿美元，直接投资总额达到 800 亿美元以上，签署对外工程承包合同的总金额达到 5000 亿美元以上，建设了 82 个跨境经贸合作区，上缴"一带一路"沿线国家税费总计为 20.1 亿美元，创造了 24.4 万个就业岗位。中国与"一带一路"沿线国家之间广泛开展经贸合作，为提高人民币在区域乃至全球范围的货币竞争力奠定坚实的经济基础。

围绕"一带一路"经贸投资合作，今后应重点抓好以下几个环节：（1）加强政策引领，各级政府要根据本地区特点，积极推动高质量的投资合作；（2）加强法制化建设，制定并严格执行符合国际准则的法律、法规，遵守沿线国家相关法律规定,将各项服务及监管纳入法治轨道;(3)与东道国共同建立良好的、可预见的营商环境,为投融资企业长期、稳定发展提供安全保障;(4)引导地方民营企业增加对第三产业的境外投资,采用企业并购、股权置换、实物投资、特许经营等多种对外投资方式,灵活主动开拓国际市场;(5)增强风险防范意识和能力,强化境外企业安全主体责任,及时有效应对各类跨国投资风险。

7.2.1.2 发挥人民币定价结算与投资功能

随着中国与"一带一路"沿线国家正在迈向高质量合作与发展的新阶段,越来越多的国家和地区开始使用人民币定价结算,"一带一路"将成为人民币国际化的重要突破口。截至 2019 年 5 月底,我国各类金融机构为"一带一路"沿线国家提供资金总额达 4400 亿美元以上。其中,仅人民币境外基金数量就已超过 3200 亿元人民币。2016 年,中国采购了全球 15% 的石油、50% 的铁矿石、主要国家 70% 的大豆,并成为全球黄金消费第一大国。因此,人民币有能力在石油、铁矿石、大豆、黄金等世界大宗商品贸易中获得定价权,为人民币成为全球主要支付结算货币创造有利条件。在"一带一路"的合作发展过程中,资金始终是十分重要的问题,没有资金就无法开展建设与合作。"一带一路"沿线国家有 40 亿人口,经济总量约 21 万亿美元,资金缺口预计达到 10 万亿美元。中国作为"一带一路"的重要出资国,无论是投资还是贷款都争取使用人民币。为此,人民币在大宗商品贸易中,应着重依托亚投行、金砖国家开发银行、上合组织开发银行、丝路基金等政策性金融机构,带动更多社会性资金投入"一带一路"建设,逐渐从"美元—人民币"双币计价结算转向以人民币计价结算为主。截至 2019 年 5 月底,亚投行成员已达 97 个,60%以上来自"一带一路"沿线国家,已签约 39 个项目。中国出资 400 亿美元成立丝路基金,2017 年又增资 1000 亿元人民币。截至 2020 年 10 月底,丝路基金已签约 47 个项目承诺投资金额 178 亿美元。

此外,"一带一路"投融资体系建设中还需不断扩大人民币对外投资渠道。截至 2018 年 12 月底,境内人民币流通股中外资持有部分占全部流通股的 3.2%,外资持有境内人民币债券占全部债券的 3.24%,表明我国境内资本市场对外开放程度很低。因此,可以适当放宽沿线国家的人民币合格境外机构投资者(RQFII)在我国境内的投资限制,允许优秀企业发行熊猫债或在我国上市，同时鼓励境内企业使用人民币直接在沿线国家投资等。截至 2017 年 12 月底，中国与泰国、卡塔尔、阿联酋等 7 个沿线国家建立了人民币合格境外机构投资者合作机制，总额度为 4500 亿元人民币，为"一带一路"沿线国家投资我国境内人民币产品开拓了更多渠道。截至 2018 年 3 月末，银行间债券市场上"一带一路"熊猫债累计注册约 1200 亿元人民币，发行超过 480 亿元人民币。中国还可以运用银团贷款、产业投资基金、境内外公私合营、发行"丝路债券"等多种投资方式，并通过同东道国的货币互换合作，积极扩大境外基础设施投资安排中的人民币规模。截至 2017 年 12 月底，我国与新加坡、塔吉克斯坦、蒙古国等 22 个沿线国家的货币当局分别签署了货币互换协议，累计协议总金额为 5752 亿元人民币。此外，还应充分发挥保险、租赁、法律、评级等中介机构的积极作用，推进跨境人民币双向投融资服务体系建设，提高人民币在沿线国家使用的便利性和低成本。

7.2.1.3 鼓励中资银行开展人民币汇兑与清算业务

为了降低货币汇兑成本，中国外汇交易中心已实现人民币与俄罗斯卢布、马来西亚林吉特、韩元、新加坡元等 12 个沿线国家货币之间的直接汇兑，同时还实现了人民币与蒙古图格里克、柬埔寨瑞尔、哈萨克斯坦坚戈的银行间市场直接汇兑。人民币与上述货币的直接挂牌交易，有利于促进人民币与沿线国家之间的双边贸易与投资便利化，加强人民币在更广泛领域的使用。

为了更好地服务于海外中资企业，我国大银行纷纷选择在"一带一路"沿线国家设立分支机构，开展跨境人民币存贷款及结算业务。截至 2018 年 12 月底，我国银行在 24 个"一带一路"沿线国家设立了各类机构 102 家，中国银行、建设银行、工商银行、农业银行、交通银行、招商银行、中信银行等许多中资银行都在"一带一路"沿线国家设立了分行、代表处、子银行等分支机构，积极拓展境外人民币业务。其中，新加坡、马来西亚、印度尼西亚、泰国的中资银行数量最多。40 个国家的 165 家银行参与人民币跨境支付，银联卡在沿线国家的发卡数量超过 2500 万张，覆盖 540 万家商户。中国人民银行还在俄罗斯、新加坡、南非、阿联酋、韩国、卡塔尔、匈牙利、泰国、马来西亚 9 个沿线国家设立了人民币清算行，有利于人民币在沿线国家开展支付结算。

7.2.2　建设多层次开放型金融市场体系

我国金融市场尚处在发展的初级阶段，存在着市场化程度不高、融资渠道比较单一、金融产品创新性不足、抵御风险的能力较差等问题。建立发达的金融市场不仅有助于社会资源合理配置，而且有利于实现宏观经济调控目标。因此，必须加快发展我国的金融市场，建设多层次、开放型市场体系，实现利率和汇率市场化，提升人民币的国际化程度。

7.2.2.1　大力发展货币市场

货币市场是短期金融工具的交易场所，主要包括同业拆借市场、票据贴现市场、证券回购市场、短期政府债券市场等，它能够及时反映货币供求和短期利率波动，是各国央行货币政策操作的基础平台。由于我国采取了"先资本市场，后货币市场"的政策取向，货币市场发展十分滞后，且各了市场的发展极不均衡，其中，同业拆借和债券回购市场发展比较迅速，短期国债和票据市场发展较为缓慢，不能充分发挥货币市场的政策传导作用。

受美元加息及中美经贸摩擦的影响，我国货币市场交易保持了适度规模增长。在"稳健"的货币政策格局下，加强结构性政策调整，着重解决好"六稳"。2019 年第一季度，我国银行体系的流动性充裕，货币市场利率出现下行。2019 年 3 月底，隔夜和 1 周的 Shibor 分别为 2.49% 和 2.70%，较 2018 年12 月底分别下降了 6 个和 20 个基点；3 个月和 1 年期 Shibor 分别为 2.80% 和3.05%，较 2018 年 12 月底分别下降了 55 个和 47 个基点。从货币市场融资额看，2019 年 1—3 月，同业拆借市场累计成交 41 万亿元，同比增长 36.3%；银行间市场债券回购累计成交 196.6 万亿元，同比增长 21.3%；交易所债券回购累计成交 56.6 万亿元，同比下降 3.2%。由此看出，银行间回购、拆借交易量增长迅速，交易所回购有所萎缩。从融资主体结构看，中资大中型银行净融出资金 85.2 万亿元，同比增长 20.9%；证券业机构净融入 25.6 万亿元，同比增长 45.3%；保险业机构净融入 2 万亿元，同比增长 210%；其他金融机构及产品净融入 46.6 万亿元，同比增长 45.0%（见表 7.1）[139]。由此可以看出，中资大中型银行仍是资金的净融出方，其他为净融入方，其中保险业机构涨幅最大。

表7.1 2019 年第一季度金融机构货币市场融资情况 单位：亿元

国内金融机构	同业拆借		回购市场	
	2019 年第一季度	2018 年第一季度	2019 年第一季度	2018 年第一季度
中资大型银行	－83417	－65814	－516915	－386504
中资中型银行	－39830	－37281	－212088	－215385
中资小型银行	37387	45250	52584	132983
证券业机构	66229	41784	190239	134676
保险业机构	93	82	19818	9377
外资银行	－6838	579	26569	18860
其他金融机构及产品	26376	15399	439794	305994

数据来源：中国人民银行.2019 年第一季度中国货币政策执行报告〔R〕.2019.

注：正号表示净融入，负号表示净融出。

其他金融机构及产品包括城市信用社、农村信用社、财务公司、信托投资公司、金融租赁公司、资产管理公司、社保基金、基金、理财产品、信托计划、其他投资产品等。

此外，2019 年 1—3 月，中国金融机构发行大额存单（CDs）总量为 4.44 万亿元，同比增加 2.19 万亿元。随着居民收入水平的不断提高，在国内投资工具有限的情况下，大额存单越来越受到大众的青睐，不仅有助于扩大金融机构负债产品市场化范围，而且有利于培养国内金融机构的自主定价能力，健全市场化利率的形成与传导机制。

完善和发展我国货币市场可以从以下几个方面着手：① 调整好同业拆借市场的结构，逐步将其发展成为调节存款类机构短期头寸的主要场所；② 培育规范化的商业票据市场，为建立全国统一的票据市场创造必要条件；③ 增加短期国债品种，加快培育完善的短期国债市场；④ 扩大外汇市场交易主体和交易工具，渐进式放宽市场外资准入，提高交易机制的灵活性。此外，还应加快发展货币市场各子市场业务，将同业拆借、短期国债、回购和外汇市场融合在一起，建设统一、开放的货币市场。

7.2.2.2 完善资本市场结构，扩大对外开放

我国资本市场发展较慢，国际化程度不高，距离世界金融强国的地位尚有较大差距，并且长期存在重股市、弱债市以及重国债、弱企业债的结构性问题，企业融资的主要渠道仍然是银行贷款，资本市场融资功能和监管水平十分薄弱。这种不合理的资本市场结构严重制约了金融服务实体经济的效率，这主要表现在以下两个方面。

(1) 我国债券市场发展规模有限，但提升空间很大

2004 年，中国人民银行同意 2004 年中国铁路建设债券（10 年期）在全国银行间债券市场交易流通，企业债终于完成了进入银行间市场流通这一关键性的跨越。这一方面进一步拓宽了企业的融资渠道，另一方面推动了非银行等金融机构之间的相互竞争，促使其提高对企业的服务。

银行间市场交易商协会自 2007 年 9 月 3 日成立以来，一直致力于推动银行间市场发展。市场规模稳步攀升，银行贷款占比由 2006 年的 91% 下降到 2012 年的 84%，直接融资中的债券融资比重由 60% 上升到 89%。

同发达国家相比，未来中国债券的提升空间很大。2011 年底，主要发达国家均以债权融资（贷款和债券）为主、股权融资（股票）为辅。美国、德国、日本、韩国的债券存量均达到本国银行贷款规模的 67% 以上，而我国的这一比例仅为 38%。美国贷款、债券和股票规模占比为 3∶2∶1，中国的占比为 3∶1∶1，可以看出我国债券市场发展明显滞后。同时，我国 67% 的债券是由商业银行持有的，而美国的银行持债比例仅为 7.6%，基金、保险、非居民、个人持债比例较高，分别是 30.3%、22.3%、20.6% 和 15.4%。

2012 年，中国债券市场又迎来一次大扩容，信用债发行全面增加，监管与金融创新同步发展。债券市场正在成为我国社会融资体系中的重要支柱。2012 年下半年，企业债券净融资占社会融资规模的比重上升至 20% 左右，较 10 年前增长了 10 倍。信用债发行规模首次超越国债、中央银行票据和金融债，成为中国债券市场第一大品种。2012 年，非金融企业债务融资工具存量规模突破 4.1 万亿元，累计发行量达到 8.1 万亿元，年度发行量近 2.5 万亿元，较 2011 年增加 1.1 万亿元，占社会融资规模总量的 8% 左右。战略性新兴产业企业债务融资规模达 2.8 万亿元，文化产业企业债务融资 1600 亿元，超过现代农业企业和小微企业债务融资近 3500 亿元。

近年来，我国债券市场创新不断，从短期融资券、公司债、中期票据到中小企业私募债和资产支持票据，私募发行与资产证券化成为债券市场的创新重点。中国债券市场增速远快于全球市场平均增速，发展势头迅猛。2002—2008 年，我国债券市场增速在 21%~32%，2009—2018 年这一增速下降到 8%~18% 之间。受 2008 年国际金融危机的影响，全球债券市场增速整体下滑，但

275

我国债券市场增速仍快于全球债券市场的增速。

2018 年底，中国债券市场规模已达 12 万亿美元，是世界第三大债市，但全球投资者的参与度却仍然偏低。2018 年，我国共发行各类债券 43.6 万亿元，同比增长 6.8%。其中，银行间市场发行债券 37.8 万亿元，同比增长 2.9%。国债发行 3.5 万亿元，地方政府债券发行 4.2 万亿元，金融债券发行 5.3 万亿元，公司信用类债券发行 7.3 万亿元。为了加快我国债券市场对外开放步伐，2019 年 1 月 17 日，在中国人民银行指导下，中国银行间市场交易商协会组织制定了《境外非金融企业债务融资工具业务指引（试行）》，促进境外非金融企业债务融资工具规范发展，提升银行间债券市场对外开放水平。

2019 年 1—3 月，我国债券市场发行规模继续扩大，共发行各类债券（含中央银行票据）10.2 万亿元，比 2018 年第一季度增加 1.4 万亿元，地方政府债和公司信用类债券发行量增长较多。银行间债券市场现券交易 43.3 万亿元，同比增长 80.2%。其中，政府债券现券交易成交 7.2 万亿元，占银行间市场现券交易的 16.6%；交易所债券现券交易成交 1.9 万亿元，同比增长 18.4%；金融债券和公司信用类债券现券交易分别成交 31.0 万亿元和 5.1 万亿元，占比分别为 71.6% 和 11.8%。截至 2019 年 12 月底，国内各类债券余额为 99.1 万亿元，同比增长 3.1%。中美经贸摩擦升级的情况下，政府债券和企业债券预计将进一步扩容，债券市场有望获得更大发展。

（2）企业债券在整个债券市场中所占的规模一直很小

2008 年，中国债券市场出现新的变化，国债发行规模比 2007 年降低 66.25%，企业债券发行规模比 2007 年增长 141.13%。2009 年企业债券发行节奏明显加快，发行规模达到 4214.33 亿元，比 2008 年增长 78.05%，企业债券余额为 11000.88 亿元，首超 10000 亿元。企业债发行量在经历了两年负增长后，终于在 2012 年获得超过 100% 的增长，年发行量超过 6000 亿元，其中城投债在 2012 年获得了长足的发展，从 2011 年底的总额 3000 亿元发行量飙升到 2012 年底超过 7000 亿元的水平（包括中期票据和企业债券）。2017 年以来，受国内外经济政策调整的影响，国内经济增速下滑，企业债券发行规模持续走低，2017 年和 2018 年，企业债券发行额分别为 5931 亿元和 4812 亿元，分别比上年同期减少 1395 亿元和 1119 亿元。2019 年 1—3 月，企业债券发行额为 820 亿元，比 2018 年第一季度减少 302 亿元，仅占全部债券发行额的 0.8%（见图 7.3）。

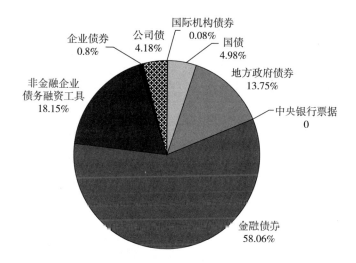

图 7.3　我国各类债券占比状况（2019 年 1—3 月）

（数据来源：根据中国人民银行《2019 年第一季度中国货币政策执行报告》整理得到）

目前，我国资本市场的发展并不均衡。一方面，货币当局应调整好资本市场结构，主要包括：① 培养优质股票市场主体，为资本市场的发展奠定良好的微观基础。2018 年 11 月 5 日，国家主席习近平在首届中国国际进口博览会开幕式上宣布设立科创板块，并首先在科创板块实行注册制改革。2019 年 1 月 30 日，中国证监会对外公布了《关于在上海证券交易所设立科创板并试点注册制的实施意见》。2019 年 3 月 1 日，证监会再次发布《科创板首次公开发行股票注册管理办法（试行）》《科创板上市公司持续监管办法（试行）》，目的是提升我国股票市场服务科技创新企业的能力，促进现有股票市场形成良好预期。② 进一步发展企业债券市场，改变企业主要依靠银行贷款的融资模式，放宽企业债券在品种、利率、期限等方面的限制，提升资本市场融资效率。

另一方面，我国应稳步推进资本市场对外开放。2019 年 3 月 15 日，《中华人民共和国外商投资法》正式通过，并于 2020 年 1 月 1 日起正式实施。这是我国对外商投资企业管理的立法化，充分展示了我国进一步鼓励外商投资和对外开放的决心。同时，我国进一步提高股票市场和债券市场的开放程度，深化境内外金融市场互联互通，推出面向境外投资者以人民币计价的原油、铁矿石等商品期货。

2019 年 1—4 月，我国共批准了 13 家合格境外机构投资者（QFII）和 12 家人民币合格境外机构投资者（RQFII），总投资额度分别是 47.4 亿美元和 240 亿元人民币，其中，QFII 已超过 2018 年全年总额度，RQFII 超过 2018 年总额度的 50%。上述举措表明我国继续扩大对外开放的决心没有改变，并使得我国金融市场对外资越来越具有吸引力。2018 年 6 月以来，中国 A 股被纳入包括 MSCI 在内的多个全球新兴市场股票指数。2019 年 1 月以来，中国债券被纳入包括彭博巴克莱全球综合指数在内的多个全球债券指数。这意味着国内资本市场与海外资本市场加快对接，外资对我国金融市场有较强的配置需求，从而间接反映出中国经济正在加速发展，中国市场正在成为全球不可或缺的重要组成部分。2019 年 1—3 月，我国股票市场外资净流入额为 194 亿美元，我国债券市场外资净流入额为 95 亿美元，比 2018 年第四季度大幅增长。我国货币当局应继续扩大金融市场对外开放，加快金融产品创新，以满足境外投资者的需求，积极吸引长期资本投资于我国金融市场。

通过上述分析可以看出，我国货币市场与资本市场之间应保持高度的流动性，只有提高这两个市场的一体化程度，才能提高货币政策传导效率。为此，应建立信贷资金进入股市的合规渠道，进一步放宽证券公司、基金公司等进入银行同业拆借市场的条件，允许券商参与银行间国债回购业务，同时优化商业银行的资产结构，完善个人质押贷款相关制度等。

7.2.2.3　加快利率市场化改革

我国自 1996 年以来开始推进利率市场化改革，近年来改革进程明显加快。我国利率市场化改革主要涉及三个方面：一是央行对存贷款利率的上下限管理；二是企业债券的发行利率仍需要审批；三是银行间债券市场与交易所债券市场仍处于分割状态。此外，再贴现利率等还没有实现完全的市场化。

2007 年 1 月 4 日，酝酿已久的上海银行间同业拆放利率（Shibor）正式开始运行，标志着我国货币市场基准利率形成。这一举措进一步推动了利率市场化，提高了金融机构自主定价能力，完善了利率传导渠道。

自 2012 年 6 月 8 日起，人民银行将金融机构存款利率浮动上限和贷款利率浮动下限分别调整为基准利率的 1.1 倍和 0.8 倍。自 2012 年 7 月 6 日起，人民银行又规定将金融机构贷款利率浮动下限调整为基准利率的 0.7 倍。自

2013 年 7 月 20 日起，人民银行全面取消金融机构贷款利率下限，取消票据贴现利率，对农村信用社贷款利率不再设立上限。自 2015 年 10 月 23 日起，人民银行全面取消对商业银行和农村合作金融机构等的存款利率浮动上限。至此，我国金融机构存贷款利率浮动限制已全面取消，利率市场化改革取得了显著进展。

中国长期以来存在利率"双轨制"的现象，一是在存贷款方面仍存在基准利率，二是货币市场利率完全由市场决定。《2019 年第一季度中国货币政策执行报告》进一步明确，利率"两轨"指的是存贷款基准利率和市场化无风险利率并存。"两轨合一轨"，意味着中国人民银行将不再公布存贷款基准利率，而是让金融机构包括存贷款在内的各类业务活动都以市场化无风险利率作为参考。为深化利率市场化改革，推动降低实体企业融资成本，中国人民银行于 2019 年 8 月 17 日发布公告，决定改革完善贷款市场报价利率（LPR）形成机制。8 月 20 日，新形成机制下的 LPR 首次发布，至此利率"两轨合一轨"迈出了实质性的一步。

利率市场化水平是反映一国货币竞争力的重要指标。今后的利率市场化改革还应充分考虑资本项目对外开放，着重做好以下工作：① 使市场化利率更加有利于实体经济的发展，尤其是推进企业债券利率市场化进程；② 创新利率衍生工具，增强不同品种和期限的利率之间的联动性；③ 降低超额准备金利率，改革准备金制度；④ 促进民间金融的发展，形成与银行体系竞争的市场环境；⑤ 提高债券市场的对外开放程度，扩大熊猫债等国际机构债券的发行规模，允许外资金融机构在我国开展评级、征信、银行卡清算等金融业务，为实现人民币国际化提供条件。

7.2.2.4 完善人民币汇率形成机制

2008 年 7 月至 2012 年 12 月底，美元对人民币汇率在 6.81 ~ 6.85 窄幅波动，人民币汇率已接近均衡汇率水平。由于人民币对美元汇率长期保持相对稳定，因此美元汇率的起落就导致了人民币实际有效汇率的起伏。2013 年以来，人民币升值幅度加快。国际清算银行数据显示，2013 年全年，人民币对美元即期汇率累计升值近 2.5%，人民币对美元汇率安排缺乏弹性以及市场心理因素是导致人民币加快升值的主要原因。如果缺乏基本面支撑，由市场预期和投机炒作推动的汇率波动会出现超调现象。如果人民币继续快速升值，就可能出现"超升",而 2014 年美联储退出 QE 政策将推动美元走强,加剧人民币贬值的风险。

（1）更加关注人民币有效汇率

2006 年 1 月 4 日,人民银行进一步完善外汇询价方式和做市商制度,在每日银行间外汇市场开盘前,通过向所有做市商询价,去掉最高报价和最低报价后,将剩余报价进行加权平均,得出人民币对美元汇率的中间价。当前,人民币尚难以参考一篮子货币,而是软钉住美元的。因此,国际市场美元汇率波动会直接传递到人民币汇率波动上来。例如人民币对美元贬值,但却对英镑、欧元升值,使我国货币当局难以判断人民币走势,人民银行应更多地转向人民币有效汇率,才能更加准确地控制人民币汇率变动的方向和幅度。

人民币有效汇率本质上是对多边汇率的一种综合反映。目前,国际清算银行和国际货币基金组织等都公布人民币有效汇率指数。2015 年 12 月 11 日,中国人民银行开始公布人民币有效汇率,最重要的是中国外汇交易中心编制的含 13 种货币在内的人民币有效汇率,可以较为准确地观测人民币对美元汇率的变化趋势。

（2）逐步放宽人民币汇率的波动幅度

2007 年 5 月 21 日,人民银行决定将银行间即期人民币对美元汇率浮动幅度由 3‰扩大至 5‰。2012 年 4 月 16 日,人民银行又宣布将这一浮动幅度由 5‰扩大至 1%。2014 年 3 月 17 日,人民银行继续将人民币对美元汇率浮动幅度由 1%扩大至 2%。上述举措有利于发挥汇率作为资源配置的价格效应,增强汇率调控经济的杠杆作用。

（3）建立人民币汇率市场化形成机制

2005 年 7 月 21 日,我国进行新一轮外汇体制改革,实行以市场供求为基础、参考一篮子货币进行调节、有管理的浮动汇率制度。2015 年 8 月 11 日,人民银行调整人民币汇率中间价的报价机制,根据前一日银行间外汇市场的收盘汇率来提供中间价报价。这一调整使得人民币汇率形成机制进一步市场化,更加真实地反映外汇市场的供求情况,是提升人民币国际竞争力的需要。

截至 2019 年 3 月底,人民币汇率中间价分别为 6.6841 元/美元、7.5607元/欧元、8.7908 元/英镑、6.0867 元/100 日元。2005 年 7 月至 2019 年 3 月底,人民币对美元、欧元、日元汇率累计升值率分别为 23.25%、32.45%、

20.03%。银行间外汇市场流动性显著上升，大大降低了企业汇兑成本（见表7.2）。

表 7.2　　　　银行间市场人民币即期外汇交易情况（2019 年 1—3 月）

单位：亿元人民币,%

币种	交易量	占比	币种	交易量	占比	币种	交易量	占比
美元	128492.45	96.3631	英镑	81.78	0.0613	沙特里亚尔	5.57	0.0042
欧元	2391.33	1.7934	新西兰元	53.97	0.0405	挪威克朗	5.36	0.0040
日元	798.86	0.5991	卢布	51.19	0.0384	阿联酋迪拉姆	5.05	0.0038
港元	433.19	0.3249	韩元	42.28	0.0317	土耳其里拉	0.68	0.0005
新加坡元	381.05	0.2858	瑞士法郎	36.89	0.0277	南非兰特	0.22	0.0002
澳大利亚元	272.8	0.2046	瑞典克朗	10.6	0.0079	波兰兹罗提	0.11	0.0001
加拿大元	144.3	0.1082	丹麦克朗	10.08	0.0076	匈牙利福林	0.06	0.000045
泰铢	116.95	0.0877	马来西亚林吉特	7.09	0.0053	墨西哥比索	0.05	0.000037

数据来源：根据中国外汇交易中心数据整理得到。

从长期目标来看，应逐步建立市场化的人民币汇率形成机制，通过"宏观审慎＋微观监管"，确保人民币汇率的基本稳定，加快人民币资本账户下的可兑换，推动人民币在跨境贸易和投资中的广泛使用，提升人民币的全球竞争力。

7.2.2.5　增强汇率与利率的联动性

由于目前我国市场化条件尚不成熟，外汇管制依然存在，资本项目还未全面开放，尤其是对短期资本流动存在较多管制，人民币还不是完全可兑换货币，因此我国汇率和利率之间的传导与联动效应比较弱。

近年来，我国资本项目开放已取得了很大进展。在国际货币基金组织规定的43项资本交易中，我国8项完全可兑换、11项有较少限制、18项有较多限制、6项严格管制。我国应适时放开资本市场管制及汇率浮动区间，利用市场机制自发实现汇率、利率和国际资本流动的内在平衡。

长期以来，我国利率市场化程度低，货币当局的利率管制阻碍了利率与汇率之间的传导。我国汇率与利率在政府管制之下很难形成真正意义上的联动机制。今后我国应积极稳妥地推动利率市场化改革，进一步扩大人民币汇率浮动弹性，减少政府干预外汇市场，充分发挥汇率调节经济的作用，疏通汇率和利率之间的传导渠道，充分体现市场价格信号功能，为资本完全流动和人民币国际化奠定市场信心，扩大人民币在全球贸易和投资中的使用以及提升人民币的国际竞争力。

7.2.3　加强国际短期资本流动监管

在经济全球化的今天，跨境短期资本流动日益成为全球普遍关注的问题。本书在第 6 章中通过对历次货币危机进行研究发现，发生货币危机的国家在危机爆发前往往出现半年至 1 年的国际资本异动状况。随着我国资本账户加快开放，人民币在国际经贸事务中的使用范围进一步扩大，国际影响力越来越大，未来所面临的各种形式和渠道的短期游资冲击会日益加深，这对提升人民币的国际竞争力是一种严峻的挑战。因此，如何加强国际短期资本流动监管成为摆在我国外汇管理部门面前的重要课题。

7.2.3.1　实施外汇收支的均衡管理

进入 21 世纪以来，我国国际收支形势发生了根本性变化。特别是 2005 年汇改后，国际收支双顺差导致外汇储备过快增长，1996 年制定并于 1997 年修订的《中华人民共和国外汇管理条例》中"宽进严出"的管理策略已无法应对日益凸显的高额外汇储备持有成本及其风险，需要实施对外汇流入流出的均衡管理，防范国际金融风险的冲击。2008 年 8 月 5 日，新修订的《中华人民共和国外汇管理条例》（以下简称新条例）正式公布实施，此次修改后的新条例将国际收支管理由过去的流出管理改为流入流出的双向均衡管理，加强了对流入外汇资金的用途管理。其主要措施有：

第一，规定经常账户下的外汇收支应当以真实、合法的交易作为基础。办理外汇业务的金融机构应对交易单证的真实性、外汇收支的合理性进行审查。取消经常账户外汇收入强制性结汇制度。

第二，加强资本账户下的外汇收支管理。除国家另有规定外，资本账户下的外汇收入保留或结汇应当由外汇管理部门批准，外汇支出原则上可以持规定的有效单证直接到金融机构办理。加强流入资本的用途管理，简化对境外直接投资外汇管理的行政审批。

第三，加强对外汇收支的双向监督检查。外汇管理部门对于资本账户下的外汇收支变动状况应及时进行监督检查，特别是对于流入的结汇资金去向进行延伸检查。金融机构需及时、全面地向外汇管理部门报送国际收支统计申报信息，并严格执行外汇账户管理规定。外汇管理部门对外汇资金的非法流入、非法结汇等违法行为应采取严厉的处罚措施。

上述新条例的出台，已经强化了对资本账户下的外汇收支的监督和管理，尤其是增加了对于资本流入的监管规定，为我国监控国际资金动向和防范货币危机提供了基础数据支撑。

2019年3月15日，《中华人民共和国外商投资法》正式通过，并于2020年1月1日起施行。此项法律的通过标志着我国将在未来加大吸引外商直接投资的力度，用法律切实维护外商投资者的合法权益。但该法同时规定，负面清单上规定的禁止外商投资的领域，外商不得投资。

外商投资企业可以依照相关法律，通过公开发行股票、公司债券等方式进行融资。这意味着我国境内银行、证券、保险等金融领域的外商投资将会不断扩大，国内竞争将会日趋激烈，外汇资金流入流出将更加频繁，加强对外汇收支的双向管理和监督是外汇管理部门的重要职责。

7.2.3.2   建立短期资本流动的动态监测体系

进入21世纪，我国经济保持稳定增长，外汇储备规模充裕，资本账户尚未完全开放，因此，国际短期资本近期内不会对我国经济带来较大冲击，但我们应高度关注并建立起短期资本流动动态监测体系，防范金融风险。例如，热钱流出的风险、美元新一轮加息、"美国优先"战略的实施、贸易保护主义抬头等，使国际资金会呈现总体流向美国的趋势，这也会使我国短期内面临热钱流出的风险。近年来，我国央行通过发行央票、提高法定存款准备金率等对冲了大量的货币流动性，但对冲行为是发生在央行与商业银行之间，缺乏对涉外企业及个人的有效监管。此外，过去外汇管理局难以追查到结汇资金的使用情况，限制了对结汇资金的使用实施动态监督检查。因此，我国需进一步完善短期资本跨境流动的动态监测体系，具体措施如下：

第一，健全国际收支统计申报制度。外汇管理部门对国际收支进行统计监测，定期公布国际收支状况，逐步优化国际收支申报数据的来源及业务范围，提高数据的时效性和准确性，增强对申报数据的统计分析和预测能力，建立全面、系统、动态的指标体系和科学的分析方法。

1995年，经国务院批准，中国人民银行颁布了《国际收支统计申报办法》，在我国近 30 年的国际收支统计中发挥了重要作用。2009 年国际货币基金组织发布《国际收支和国际投资头寸手册》（第六版），在统计原则、范围、分类以及框架结构等许多方面进行了全面修订和细化，并强化了国际投资头寸统计。我国自 2015 年起已按照 IMF 的第六版规定加强对国际收支和国际投资状况的统计和分析。

2013 年 11 月 9 日，国务院颁布了《关于修改〈国际收支统计申报办法〉的决定》，该规定自 2014 年 1 月 1 日起施行。本次修改明确将我国居民对外金融资产和负债纳入国际收支统计范围，申报主体由原来的居民扩大至非居民。此次修改可以更全面、准确地掌握有关国际收支交易情况。

2013 年 12 月 5 日，《对外金融资产负债及交易统计制度》由国家外汇管理局正式公布，自 2014 年 9 月 1 日起实施①。2014 年 4 月 16 日，为与国际收支统计的国际新标准接轨，加强跨境资金流动监测，国家外汇管理局修订并颁布了涉外收支交易分类与代码。同时，根据新国家标准，启用新的国民经济行业分类与代码。上述修订自 2014 年 5 月 1 日开始实施。

2015 年 6 月 18 日，《通过银行进行国际收支统计申报业务实施细则》由国家外汇管理局印发，该实施细则对银行间接申报国际收支数据的申报流程、申报内容及要求等进行了更加细致的解释说明，随后印发了相关业务指引（2016 年版）和业务核查规则（2017 年版）。2020 年 9 月 22 日，国家外汇管理局修订印发了《通过银行进行国际收支统计申报业务实施细则》。

第二，完善外汇资金的统计与监测。金融机构应依法向外汇管理部门报送客户的外汇收支及账户变动情况，有外汇经营活动的境内机构，还应当按照国务院外汇管理部门的规定报送财务会计报告、统计报表等资料。外汇管理部门可以全方位对短期资本流动进行监测，不断优化监测系统，完善监管信息通报制度，提升信息分析能力和手段。

目前，我国已形成了一系列加强外汇统计与监测的制度。一是大幅削减行政审批手段；二是加强对外汇收支的事中、事后监管，开展对银行、转口贸易等的专项检查，加大对地下钱庄等违法违规行为的查处，维护国家金融安全与稳定；三是从行为监管转向主体监管，探索经常账户集中收付汇、外债额度集

---

① 此后分别于 2016 年和 2018 年进行过两次修订。

中使用等新思路，全口径进行监测检查。外汇管理部门应加强对外汇市场的监管，严厉打击各类虚假性、欺骗性的外汇违法交易，保障外汇市场健康良性发展，促进人民币汇率稳定。今后要探索建立有效的跨境资金流动管理体系，严格依法行政，完善数据采集和综合利用，加快监测分析系统建设整合步伐。

本书在国际经验基础上研究设计出综合测算法，能够更加全面、准确地测算短期资本流动规模及其变动趋势，并结合五因素模型进一步分析引起国际资本异动的主要因素，可以为我国加强短期资本流动监测和人民币汇率预测提供科学手段，有助于防范货币危机。

第三，加强外债风险管理。各地区、各部门应加强对外债的统计与管理，在积极规避汇率、利率等市场风险的同时，控制外债规模的快速扩大。在外债结构上，既要保持相对合理的短期外债比重，又要保证经济的稳定、健康发展。外汇管理部门可通过外债的实时监测系统及时、准确地掌握资本项目外汇资金的流动状况，对异常变动及时作出反应。

2018年，中国外债总额为51941亿美元（不包括香港、澳门和台湾地区），比2017年底增长2.9%。外国来华直接投资额为27623亿美元，占外债总额的53.18%；外国来华证券投资额为10964亿美元，占外债总额的21.11%，其中，债券负债4122亿美元，占比7.94%，比2017年上升1.24个百分点；存贷款等其他投资负债13294亿美元，占比25.59%，比2017年上升1.43个百分点。

2018年，我国银行业外债额为12976亿美元，占我国外债总额的25%，同比增长1%；银行业对外净负债额为1812亿美元，同比下降36%。其中，吸收境外存贷款类负债额为7287亿美元，占银行业全部外债的56.16%，同比增长5%；对外债券类负债额为1848亿美元，占银行业全部外债的14.24%，同比增长0.5%；对外股权和金融衍生品等其他投资负债额为3841亿美元，占银行业全部外债的29.6%，同比下降4.5%。从币种结构来看，外币呈现对外净资产，人民币呈现对外净负债。其中，美元外债额为5052亿美元，占银行业全部外债的38.93%，同比增长7%；人民币外债额为4061亿美元，占银行业全部外债的31.30%，同比增长1%；其他外币负债额为3863亿美元，占银行业全部外债的29.77%，同比下降8%（见图7.4）。2018年，我国银行业人民币净负债2847亿美元，与2017年持平；外币净资产1035亿美元，比

2017 年增长 1000 亿美元；外债来源排名前 3 位的国家或地区分别是中国香港（6918 亿美元）、新加坡（1074 亿美元）、中国台湾（775 亿美元），三地合计占银行业外债余额的 67.56%[140]。

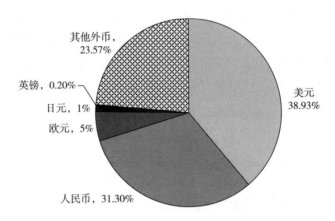

图 7.4　我国银行业外债币种分布状况（截至 2018 年 12 月底）

（数据来源：国家外汇管理局 . 2018 年中国国际收支报告 ［R］. 2019）

　　2018 年我国外债余额增长迅速，一方面受中美经贸摩擦不断升级的影响，另一方面也与国际市场美元利率、汇率上升等因素的影响有关。2018 年我国外债余额为 19652.1 亿美元，比 2017 年底上升 11.79%。其中，中长期外债余额为 6936 亿美元，短期外债余额为 12716.1 亿美元，短期外债占全部外债的 64.7%。尽管我国短期外债占比较高，但短期外债占外汇储备的比重只有 41.4%，国际公认的安全警戒线是 100%，且我国短期外债大部分与贸易有关，从经验来看，贸易引起的债权债务一般不会构成债务风险。2018 年底，我国偿债率、负债率、债务率三项外债指标分别为 5.5%、14.5% 和 74.13%，均处在国际安全警戒线之内，外债风险总体可控。虽然风险可控，但仍要看到当前国际经济形势复杂，外债余额较 2017 年出现较大上升。货币当局应加强外债监督和管理，降低外债偿还风险，尤其要密切关注短期外债监控指标，防止发生货币危机。

　　第四，完善国际收支的应急保障制度。当一国国际收支出现严重失衡时，按照国际通行做法，国家可以采取动用本国外汇储备或向国际金融市场紧急借款等方式对国际收支采取必要的、暂时性的保障及控制措施。此项制度应以健全的国际收支统计申报制度为基础，要收集完整的外汇收支信息，对跨境资金流动进行全面统计、分析与监测。随着中国经贸活动日益全球化、国际资金流动加快，需要进一步完善跨境资金流动监测体系，建立并完善国际收支的应急保障制度，防止出现较为严重的、长期的国际收支逆差，有效防范金融风险，提高对外经济开放水平。

7.2.3.3 健全短期资本监管手段

新条例细化了外汇管理部门的监管手段，规定外汇管理部门有权进行现场检查和取证、查阅并复制有关交易单证及会计资料、封存可能被转移或隐匿或损毁的文件资料、申请法院冻结或查封涉案财产及重要证据等，明确规定了外汇管理部门进行监督检查的程序，增加对外汇资金非法流入、非法结汇、违反结汇资金流向管理等违法行为以及对金融机构违规办理结售汇业务、资本项目资金收付等行为的处罚措施。

2009 年，我国陆续出台了一系列关于开放资本项目和完善短期资本监管的制度。2009 年 6 月 1 日，国家外汇管理局又将部分资本项目外汇业务的审批权限从总局下放至省市分局。此次下放审批权限的业务范围包括资本金账户异地开户、证券项下市场退出、境内机构对外提供担保、个人财产对外转移等 10 项。2009 年 6 月 9 日，《关于境内企业境外放款外汇管理有关问题的通知》由国家外汇管理局发布，通知中规定放松对境内企业境外放款的限制，但境外放款额度不得超过放款人所有者权益的 30%。2009 年 7 月 13 日，国家外汇管理局发布了《关于境外机构境内外汇账户管理有关问题的通知》，允许中资银行开立境外机构的境内外汇账户，并简化了开户审核手续，放宽了境外机构通过境内外汇账户与境外进行账户往来的管制。同日，国家外汇管理局发布了《境内机构境外直接投资外汇管理规定》，明确境内机构可以使用国内外汇贷款、自有外汇资金、人民币购汇及经外汇局核准的其他外汇来源从事境外直接投资。境内机构境外直接投资所得利润也可从事境外再投资。

2012 年，中国人民银行调查统计司课题组发表的《我国加快资本账户开放的条件基本成熟》一文强调，随着金融市场不断发展，金融产品加快创新，部分资金可能绕过资本管制，例如通过境内外货币互换、贸易品和服务价格转移、金融衍生工具、第三方支付等渠道流出境外，这些无疑加大了监管部门对短期资本流动的监管难度，再加上我国仍难以全面统计个人跨境金融资产，使我国短期资本管制效力不断下降，资本账户扩大开放成为必然，金融管制未来将会越来越少。我国资本项目成熟一项开放一项，鼓励中资企业大胆"走出去"，推进银行业的海外扩张，促进人民币国际化，同时加快国内金融市场开放，包括不动产、股票、债券等，逐步放开资本项目，减少资本管制。

从全球资本流动情况来看，2010—2019 年，无论是发达国家还是新兴市场经济体，跨境资本流动主要都是通过银行渠道完成的。2015 年以来，新兴市场经济体资本净流出压力加大，银行和证券投资均表现为资本净流出，而直接投资保持了稳定的资本净流入。我国应借鉴国际经验，从银行体系内部控制和外部监管两个方面增强应对外部冲击的能力，维护经济金融安全。货币当局在遵循逆周期市场化调节跨境资本流动时，应加大对外汇资金敞口头寸的关注，尤其是对通过贸易、直接投资、证券投资等渠道隐蔽性进出的短期游资加强监管，一方面引导企业合理运用外汇衍生产品规避汇率、利率风险；另一方面防止异常跨境资金的流动，控制银行、企业盲目扩大外汇敞口头寸，从而放大外部冲击的风险。只有建立一个稳健的、有利于实体经济发展的内部金融制度框架，推进利率市场化和汇率形成机制改革，实现金融监管制度与国际对接，完善跨境资金流动监管手段，才能有效控制短期资本流动风险，维护国家经济金融安全。

7.2.4　建立并完善金融风险预警制度

由于我国实行资本项目管制政策，因此目前国际短期资本的流动并没有对我国经济造成破坏性影响。但是，根据国外经验，我国有必要在现有的高频外债监测预警系统和市场预期调查系统的基础上，致力于建立更为全面和完善的国际短期资本流动监测预警体系和多任务集成、多行业参与、信息实时贡献、支持数据挖掘的国际短期资本流动监测预警信息系统，为决策者及时了解我国国际短期资本的流动状况进而作出及时有效的决策提供依据。

7.2.4.1　构建短期资本流动监测预警系统

在资本跨境流动监测预警方面，我国已根据资本交易的不同类型建立了四类监测系统，分别是外债统计监测系统、贸易信贷统计监测系统、针对外商直接投资（FDI）和对外直接投资（ODI）的直接投资统计监测系统以及针对合格境外机构投资者（QFII）和合格境内机构投资者（QDII）的证券投资统计监测系统。监管部门不仅可以对跨境资本流动、流向、流速及其可能产生的风险加强有效防控，维护金融稳定，而且可以在监管能力建设进程中，加快推进金融服务业和跨境资本交易对外开放，增强我国金融业的竞争力。

（1）建立金融系统内部安全网

1999 年 5 月，国际货币基金组织推出了金融部门评估计划（Financial Sector Assessment Program，FSAP），对成员国金融稳健度加以评估。我国目前已参加 FSAP。2003 年 11 月，我国商业银行开始进行压力测试，它是 FSAP 的重要组成部分。压力测试方法主要包括敏感性分析、情景分析以及扩散性分析等。我国商业银行提交了各类金融风险的压力测试方案，其中，中国工商银行提供了信用风险测试方案，中国建设银行和中国银行共同提供了利率风险测试方案，中国银行提供了汇率风险测试方案，中国农业银行和深圳发展银行共同提供了流动性风险测试方案。

长期以来，我国实行的是国家全额补偿的隐性存款保险制度，未能充分发挥市场机制的作用，不利于培养投资者的风险防范意识。因此，应建立正规的显性存款保险制度。发达国家的经验表明，存款保险体系的建立对于维护整个金融体系的稳定具有极为重要的意义。美国在 1929—1933 年经济大萧条期间，先后有 1200 多家银行倒闭，存款人平均要等 6 年左右才能得到其存款额 60% 左右的清偿。1933 年，美国正式成立了联邦存款保险公司（Federal Deposit Insurance Corporation，FDIC），1934 年 1 月 1 日起开办业务，它是美国国会建立的独立的联邦政府机构，通过为储户提供存款保险和接管倒闭的金融机构，维护公众信心。

通过研究和借鉴发达国家经验，中国已经建立起存款保险制度，对银行业的稳定发展和保护存款者的利益起到重要的作用。2014 年 4 月 29 日，中国人民银行发布了《中国金融稳定报告（2014）》，提出建立存款保险制度以及金融机构市场化退出机制，以维护长期金融稳定。从 2015 年 5 月 1 日起，我国开始正式实施存款保险制度，按照这项制度的规定，人民银行要求各家商业银行向相关保险机构统一缴纳一定比例的保险费，如果商业银行出现支付危机，由保险机构向存款人提供最高 50 万元人民币的赔偿。存款保险制度的建立可以有效维护公众信心，促进我国金融体系的长期稳定、健康发展。

（2）构筑分层次的预警系统

我国应建立统一的金融监督管理委员会，集中管辖银保监会和证监会，实行宏观、中观、微观三个层次的风险监测预警。其中，宏观预警系统主要负责对全国性、区域性金融机构进行监测预警；中观预警系统主要对辖区内金融机构实行监测预警；微观预警系统主要加强对基层金融机构的早期预警。此外，还应充分发挥财政、工商、税务等公共职能机构和会计、审计、律师等中介机构的外部监测预警作用。

在金融区域化、全球化趋势日益明显的今天，"互联网＋"金融打破了传统金融发展模式，第三方支付正在使全球支付方式发生根本性变革，传统的分业经营、分业监管的理念越来越不适应未来金融业的发展需求，必然会被金融业竞争和混业经营所替代，由限制金融机构的合并转向鼓励金融机构之间的联合。这一过程必然会伴随着大量的金融创新，也就意味着金融监管体系将会朝混业监管方向变革。2018年3月17日，第十三届全国人大一次会议表决通过了关于国务院机构改革方案的决定。2018年4月8日，银监会与保监会进行机构合并，成立了中国银行保险监督管理委员会，使金融监管和预警效率大大提升，有利于更好地保护投资者权益，及时处置金融风险。

（3）开发金融风险评测模型

发达国家通常都建设有完善的风险评测模型，对各类金融风险进行预警和分析。我国也应利用统计分析方法、金融工程方法、人工智能技术等，开发各类风险评测模型，有效发现潜在的金融风险，提高金融监管的科学性和准确性。

2005年4月21日，银监会（现为银保监会）制定《商业银行风险预警操作指引（试行）》，根据非现场监管、现场检查和其他渠道取得的银行业信息，通过一定技术手段，采用专家判断和时间序列法、层次分析法及功效计分法等模型分析方法，对商业银行进行动态风险监测和预警。

（4）健全科学的金融预警指标体系

目前，我国已经设立的金融预警指标体系涵盖定性指标和定量指标两大部分。其中，定性指标主要涉及公司治理、外部经营环境、管理层评估、信息披露、内控制度等分类指标；定量指标主要包括资本充足率、信用风险、操作风险、市场风险、流动性风险等分类指标。可以根据历史经验，确定各指标的阈值和权重，综合得出商业银行的风险预警等级，通常包括正常、蓝色预警、橙色预警、红色预警四个等级。随着我国金融监管手段的国际化，应当逐步健全和完善我国金融预警指标体系。本书基于对货币竞争与货币危机的关系展开理论和实证研究，通过构建货币竞争力指数，力求从静态、动态两个视角，持续进行跟踪研究，并对指标体系的完整性、科学性加以检验，构建更加合理的货币危机预警指标体系。

7.2.4.2　建立高效的风险预警信息系统

经过十几年的发展，我国目前已经形成较为完整的金融市场统计指标体系，但我国金融风险预警信息系统的作用十分有限，尚处于一种分割、低效、失真的状态，远未达到国际统一的监管标准，容易造成监管部门不能及时有效地发现问题和危机，从而降低金融监管效率。

为此，我国应加快金融监管预警信息系统的网络化建设。一方面，实现金融系统内部的监管信息共享；另一方面，加快信息传递速度，建立严格的数据申报制度，增强信息的准确性和透明度。同时，还应采取有效措施降低监管成本，提高监管效率。

7.2.4.3　加强国内监管机构间的协调

目前，我国金融市场仍存在大量分割，各监管部门职责划分不清、协调不力，因此加强监管部门之间的协调势在必行。为了解决这些问题，应努力实现机构监管向功能监管的转变。随着各类金融机构的业务融合，金融控股公司数量不断增加，加大了金融监管难度，更应注重协调好监管部门之间的关系。

第一，应明确金融控股公司的监管原则，设立有效的防火墙，避免出现监管真空和套利机会；第二，应出台金融理财产品创新的相关监管规定，协调好各部门之间的关系；第三，建立发生金融危机的处理预案，发挥人民银行、银保监会、证监会的协调机制；第四，监管部门的人员和被监管的企业之间要设立严格的防火墙，通过制度约束相关人员的行为；第五，处理好加强金融监管和鼓励金融创新的关系，一方面，鼓励通过金融创新改善我国金融发展滞后的现状，另一方面，加强对金融创新产品的监管也是提高中国金融监管有效性的重要环节。

7.2.5　促进监管合作，提升人民币全球竞争力

当前，我国金融业的监管标准正逐步与国际接轨，不仅要加强与国外金融监管机构信息的沟通，而且要加强国际货币政策的协调，力图使跨国监管真正

行之有效，有利于各国的共同经济利益。

7.2.5.1 完善国际监管标准

国际监管标准存在缺陷是制约国际监管机构协调与合作的重要因素。1988年的《巴塞尔协议》首次提出了最低资本充足率要求，并成为国际银行业最主要的监管标准之一。2004年的《巴塞尔协议Ⅱ》进一步提出了"三大支柱"的资本监管新框架，从资本充足率要求、监管当局以及市场约束三个方面加强监管。2008年国际金融危机暴露出《巴塞尔协议Ⅱ》的重要缺陷：一是对表外产品的风险估计不足；二是强调顺周期资本监管缺陷。[①] 2009年，《巴塞尔协议Ⅲ》又提出关于第一支柱中资产证券化、交易账户以及其他两个支柱的改进建议，大大降低了监管资本套利行为。

目前，全球近100个国家和地区已经实施了《巴塞尔新资本协议》。2012年6月，银监会颁布了《商业银行资本管理办法》，要求国内各商业银行遵守《巴塞尔协议Ⅱ》和《巴塞尔协议Ⅲ》的相关规定。截至2018年12月底，我国商业银行资本充足率平均为14.20%，比2017年底上升了0.55个百分点，其中，一级资本充足率平均为11.58%，比2017年底上升了0.24个百分点，核心一级资本充足率平均为11.03%，比2017年底上升了0.28个百分点。从整体来看，当前我国商业银行的资本充足率水平较高，抵御金融风险的能力较强，应持续保持动态风险监测过程，促进金融机构盈利模式转变，提高银行风险管理水平，促进资源的合理配置。

7.2.5.2 促进国际监管合作

在全球化发展的今天，仅仅依靠一个国家的能力去抵御巨额游资的冲击是非常困难的，2008年国际金融危机的教训表明，应当加强国际监管机构间的协调与合作。目前各国在金融监管标准和尺度方面差异较大，各国监管当局的合作难度很大，许多金融机构得以逃避金融监管。为了进一步促进国际监管合作与协调，应从以下几个方面着手。

（1）建立国际间信息披露制度

当前各国关于国际资本流动的信息主要采取央行间的谅解备忘录形式进

---

① 顺周期性缺陷是指《巴塞尔协议》的资本要求会随经济周期的波动而发生变化，在一定程度上会放大经济波动幅度，加剧经济周期的负面影响。例如，经济繁荣期资本监管会被弱化，经济衰退期资本监管会被强化。

行，这远远不能满足防范金融危机的需要。因此，应当统一国际投资银行、对冲基金等金融机构的信息披露标准，建立双边或多边信息披露和交换渠道，增加国际资本流动状况的信息透明度，防止资本异常流动，有效管理外资银行的境内外关联账户交易，防止"热钱"通过关联账户大规模进入境内，有效规避资本流动风险。

（2）建立金融监管的国际合作机制

首先，应建立国内外金融监管机构之间的合作交流机制，采取监管高层互访、磋商、跨境联合检查等方式进行交流与合作；其次，积极应对国际性突发事件，加强与国际金融机构的合作，通过信息共享联手预警、干预和处置国际金融突发事件，协调各国间的宏观经济政策，建立国际监管合作框架；最后，积极发挥中国在维护本地区乃至世界金融稳定中的重要作用，提升中国在国际金融事务中的话语权和规则制定权，加强与发达国家、其他新兴市场经济体的交流与合作，持续推进国际监管体系改革，维护国际金融稳定。

按照《巴塞尔协议Ⅲ》的有关规定，我国应加强与世界各国在跨境金融监管方面的有效合作，广泛参与双边与多边国家金融监管合作组织及会议，并从国际交流与合作中学习适合我国国情的监管经验。

（3）加强金融监管人才的国际培训合作

2007 年美国次贷危机的爆发，很大程度上反映了金融全球化背景下国际监管协调与合作的不足。随着金融自由化和全球化的发展，金融风险将会波及更多的国家和地区，国际金融监管合作的必要性更加凸显。一些跨国金融机构甚至通过设立监管团制度来加强国际金融风险的防范。

我国金融监管机构不仅要加强国内金融监管，还要制定符合全球金融监管要求的监管制度，通过国际合作防止金融风险在全球范围内扩散，保护好投资者利益。同时，我国可通过派员到发达国家学习高层次的监管手段和方法、参加国际金融组织的监管会议、在国内举办金融监管国际研讨会等多种形式，逐步提高监管人员的监管水平。

7.2.5.3 提升人民币的全球竞争力

本研究指出，纵观世界主要货币的全球化进程，一国货币参与全球竞争不能单纯依靠政府力量去推动，而是要经济、金融、文化、政治、军事、历史、地理等多个渠道共同发力，才能提升货币的全球竞争力。本书立足于从经济金融视角探索如何衡量一国（地区）货币的全球竞争力问题，从经济金融指标层面间接反映出该国（地区）在政治、军事、文化等领域的国际地位，并结合世界主要货币发行国的经济金融发展状况展开对比分析，为衡量货币竞争力提供科学工具，从而提升人民币的全球竞争力。

本研究认为应从货币资金的流动性、安全性、盈利性三个方面建立对其竞争力水平的评价指标体系，对于国际货币来说，流动性是最主要的衡量标准。因此，本书提出可以通过满足市场需求、信心保证、可持续获利三个方面体现货币的国际竞争力。具体来看：①满足市场需求反映在计价结算功能和交易便利性两个方面，作为国际货币应能够满足正常的国际贸易、投资等支付结算需求，应提供足够的流动性及国际清偿力；②信心保证反映在币值稳定性和发行国财务状况两个方面，作为国际货币应能够提高国际资金转移的安全性，防止出现货币危机；③可持续获利反映在经济发展潜力和收益可能性两个方面，作为国际货币应能够提供给国际社会更多的可持续盈利机会。本书根据上述三个方面构建指标体系，产生了较为有效的货币竞争力指数模型，用来衡量主要支付货币的全球竞争力水平及其变化趋势，并从具体指标研究探索存在的差距，为提高本国货币竞争力提供科学依据。笔者将在未来的国际经济金融发展实践中继续检验和完善此项研究成果，力图使其成为具有长期性、国际性的货币金融研究工具。

尽管目前人民币国际化进程尚处在初级阶段，但上海国际金融中心建设正在加快推进，"一带一路"沿线的"泛人民币区"建设也在探索起步阶段。未来随着中国经济和网络科技的新发展，为适应建设经济强国、科技强国的发展目标，应加快我国金融对外开放步伐，提升人民币的全球支付能力及影响力，继续扩大人民币在国际贸易与投资中的使用范围；增加国内金融市场交易品种，通过实现汇率、利率市场化提高人民币的国际信心；探索和完善包括货币竞争力指数在内的指标模型，使其更加科学、有效地运用于国际货币研究；建立前瞻性思维框架，不断提升人民币的全球竞争力，防止发生金融风险和货币危机，为实现人民币国际化战略提供更多理论方法和实践工具。

7.3 本章小结

第 7 章首先对前 6 章的主要研究结论进行了归纳总结，并指出今后继续研究的总体方向，然后从五个方面论述了人民币国际化进程中提升人民币竞争力和防范货币危机的对策建议。首先，提出推进"一带一路"人民币区域化建设，努力使人民币发展成为"一带一路"沿线国家贸易和投资中的重要支付货币与储备货币，为"泛人民币区"建设提供政策借鉴；其次，针对我国现阶段金融市场发展不平衡、资本项目开放较为缓慢等问题，提出建设多层次、开放型金融市场体系，增强货币政策传导效应，有利于提高人民币的全球市场信心和竞争力，进而提出加强国际短期资本流动监管，主要措施包括实施外汇资金的均衡管理、建立短期资本流动的动态监测体系以及健全短期资本监管手段和完善监管制度；再次，强调建立并完善金融风险预警制度，包括构建短期资本流动监测预警系统、建立高效的风险预警信息系统以及增强国内监管机构间的协调，并结合货币市场和资本市场建设、加快利率和汇率的市场化改革以及增强利率与汇率的联动性，详细分析了疏通货币政策传导渠道的主要措施；最后，提出促进国际监管合作与货币政策协调，加快提升人民币全球竞争力的对策建议。

参 考 文 献

［1］Milton Friedman. The Demand for Money: Some Theoretical and Empirical Results ［J］. American Economic Review, Vol. 49, Issue 2, 1959: 525 – 527.

［2］George A. Akerlof. The Market for "Lemons": Quality Uncertainty and the Market Mechanism ［J］. Quarterly Journal of Economics, Vol. 84, Issue 3, 1970: 488 – 500.

［3］Friedrich A. von Hayek. The Pretence of Knowledge ［J］. Swedish Journal Economics, Vol. 77, Issue 1, 1975: 433 – 442.

［4］Eugene Fama. Banking in the Theory of Finance ［J］. Journal of Monetary Economics, Vol. 6, Issue 1, 1980: 39 – 57.

［5］V. K. Chetty. On Measuring the Nearness of Near – Moneys ［J］. American Economic Review, Vol. 59, Issue 3, 1969: 270 – 282.

［6］Peter B. Kenen. The SDR as a Means of Payment: A Comment ［C］. International Monetary Fund Staff Papers, Vol. 30, Issue 3, 1983: 656 – 661.

［7］Ronald McKinnon. Two Concepts of International Currency Substitution ［M］. The Economics of the Caribbean Basin, 1985: 101 – 113.

［8］Jeffrey Sachs. Developing Country Debt and Economic Performance: The International Financial System: Introduction ［M］. Developing Country Debt and Economic Performance, Vol. 1, 1989: 1 – 35.

［9］John Cuddington. Managing Foreign Exchange Risk ［J］. Journal of International Economics, Vol. 16, 1984: 382 – 385.

［10］Guillermo Calvo, Carlos A. Vegh. Currency Substitution in Developing Countries – An Introduction ［C］. International Monetary Fund Working Papers, 1992: 92/40.

［11］Pablo Guidotti, Carlos Rodriguez. Dollarization in Latin America:

Gresham's Law in Reverse? [C] . Universidad del CEMA, CEMA Working Papers, 1992: 81.

[12] Benjamin Cohen. The Geography of Money [M] . Ithaca and London: Cornell University Press, 1998: 229.

[13] 李杨, 黄金老. 金融全球化研究 [M] . 上海: 上海远东出版社, 1999: 95 – 104.

[14] Robert Mundell. A Theory of Optimum Currency Areas [J] . International Finance, Vol. 2, 2000: 510 – 518.

[15] Sven Grassman. A Fundamental Symmetry in International Payment Patterns [J] . Journal of International Economics, Vol. 3, Issue 2, 1973: 105 – 116.

[16] D. E. Allen, S. Carse, K. Fujio. Trade Financing Procedures in Britain and Japan [J] . Applied Economics, Vol. 19, Issue 6, 1987: 711 – 727.

[17] George Tavlas, Yuzuru Ozeki. The Internationalization of the Yen [J] . Finance and Development, Vol. 28, Issue 2, 1991: 2 – 5.

[18] Jeffrey Frankel, Shanjin Wei. Open Regionalism in a World of Continental Trade Blocs [C] . International Monetary Fund Staff Papers, Vol. 45, Issue 3, 1998: 440 – 453.

[19] Michael Woodford. European Financial Integration: Currency Competition and the Transition to Monetary Union: Does Competition between Currencies Lead to Price Level and Exchange Rate Stability [M] . Cambridge, New York & Melbourne: Cambridge University Press, 1991: 257 – 289.

[20] Helene Rey. International Trade and Currency Exchange [C] . CEPR Discussion Papers, 1999: 2226.

[21] Frank Cipolla, Larry Goodwin. Effective Downsizing: Lessons Learned [J] . Public Manager, Vol. 24, Issue 2, 1995: 23 – 26.

[22] Robert Mundell. The Euro: How Important? [J] . CATO Journal, Vol. 18, Issue 3, 1999: 441 – 444.

[23] Paul Krugman. A Model of Balance – of – Payments Crises [J] . Journal of Money, Credit and Banking, Vol. 11, Issue 3, 1979: 311 – 325.

[24] Robert P. Flood, Peter M. Garber. Collapsing Exchange – Rate Regimes:

Some Linear Examples [J]. Journal of International Economics, Vol. 17, Issue 1 – 2, 1984: 1 – 13.

[25] Maurice Obstfeld. Risk – taking, Global Diversification and Growth [J]. American Economic Review, Vol. 84, Issue 5, 1994: 1310.

[26] Allan Drazen, Paul R. Masson. Credibility of Policies versus Credibility of Policymakers [J]. Quarterly Journal of Economics, Vol. 109, Issue 3, 1994: 735 – 754.

[27] Gulcin Ozkan, Alan Sutherland. Policy Measures to Avoid a Currency Crisis [J]. Economic Journal, Vol. 105, Issue 429, 1995: 510 – 519.

[28] Bernard Bensaid, Olivier Jeanne. The Instability of Fixed Exchange Rate Systems When Raising the Nominal Interest Rate is Costly [J]. European Economic Review, Vol. 41, Issue 8, 1997: 1461 – 1478.

[29] Ronald I. McKinnon, Huw Pill. The Overborrowing Syndrome: Are East Asian Economies Different? [M]. //R. Glick. Managing capital flows and exchange rates: Perspectives from the Pacific Basin. Cambridge, New York & Melbourne: Cambridge University Press, 1998: 322 – 355.

[30] Roberto Chang, Andres Velasco. Financial Crises in Emerging Markets: A Canonical Model [C]. Working Paper Series (Federal Reserve Bank of Atlanta), Vol. 1998, Issue 10, 1998: 1, 51.

[31] Paul Krugman. First: What Ever Happened to the Asian Miracle? [J]. Fortune, Vol. 136, Issue 4, 1997: 26 – 28.

[32] Paul Krugman. Currency Crises [R] // International Capital Flows. National Bureau of Economic Research Conference Report Series. Chicago and London: University of Chicago Press, 1999: 421 – 440.

[33] Lawrence H. White. Currency Competition and Consumer – Driven Unification [J]. CATO Journal, Vol. 23, Issue 1, 2003: 139 – 145.

[34] Anthony M. Endres. Currency Competition: A Hayekian Perspective on International Monetary Integration [J]. Journal of Money, Credit and Banking, Vol. 41, Issue 6, 2009: 1251 – 1263.

[35] Cheol S. Eun, Soo – Hyun Kim, Kyuseok Lee. Currency Competition be-

tween the Dollar and Euro: Evidence from Exchange Rate Behaviors ［J］. Finance Research Letters, Vol. 12, Issue 2, 2015: 100 – 108.

［36］Siow Yue Chia. Modalities for ASEAN Economic Integration: Retrospect and Going Forward ［J］. Singapore Economic Review, Vol. 62, Issue 3, 2017: 561 – 591.

［37］Amil Dasgupta, Roberto Leon – Gonzalez, Anja Shortland. Regionality Revisited: An Examination of the Direction of Spread of Currency Crises ［J］. Journal of International Money and Finance, Vol. 30, Issue 5, 2011: 1 – 848.

［38］Jamal Ibrahim Haidar. Can the Euro Survive? ［J］. World Economy, Vol. 38, Issue 3, 2015: 553 – 567.

［39］Todd Keister. Bailouts and Financial Fragility ［J］. Review of Economic Studies, Vol. 83, Issue 2, 2016: 704   736.

［40］André Azevedo Alves. The Portuguese Malaise: Structural Causes of the Crisis and Lessons for the Eurozone ［J］. Economy Affairs, Vol. 31, Issue 2, 2011: 47 – 52.

［41］Napoleon Pop, Ioan – Franc Valeriu. Crisis, Globalization, Global Currency ［J］. Procedia Economics and Finance, Vol. 22, Issue 2, 2015: 479 – 484.

［42］C. Fred Bergsten, Joseph E. Gagnon. Currency Conflict and Trade Policy: A New Strategy for the United States ［M］. Washington DC: Peterson Institute for International Economics, Distributed by Columbia University Press, 2017: 240.

［43］Jacek Pera. The Third Currency War as an Effect of Post – crisis changes in the International System: the Risk Aspect – the Case Analyses of Brazil ［J］. Journal of Economics and Management, Vol. 31, Issue 1, 2018: 149 – 180.

［44］陈雨露，王芳，杨明. 作为国家竞争战略的货币国际化：美元的经验证据——兼论人民币的国际化问题［J］. 经济研究，2005（2）：35 – 44

［45］陆磊，王颖. 结构变迁、货币竞争与中国宏观调控体系重塑［J］. 经济学动态，2008（5）：34 – 39.

［46］刘锡良，王丽娅. 国际货币竞争理论研究评述［J］. 经济学动态，2008（5）：98 – 102.

［47］石巧荣. 国际货币竞争格局演进中的人民币国际化前景［J］. 国际

金融研究，2011（7）：34 – 42.

　　［48］甄峰. 货币竞争与人民币国际化［J］. 金融监管研究，2014（8）：62 – 76.

　　［49］于恩锋. 特朗普冲击与美元同欧元货币竞争［J］. 国际关系研究，2018（4）：37 – 55，154.

　　［50］乔桂明. 货币危机预警理论及实证比较研究——兼对中国的模拟分析及启示［J］. 财经研究，2006（11）：115 – 124.

　　［51］韩振国. 理性预期、资本内流与货币危机——基于资本流动的宏观效应分析［J］. 国际金融研究，2008（8）：44 – 50.

　　［52］李志辉，聂召，郑亚楠. 新兴市场国家货币危机的形成、演变和预警——基于二元分类模型的实证研究［J］. 金融研究，2012（12）：107 – 121.

　　［53］郑璇，罗明铭. 国际资本流动突然中断与货币危机——基于新兴市场国家的证据［J］. 财经科学，2016（4）：43 – 49.

　　［54］王振齐，龙文. 基于平衡稳定性的货币危机预警模型及实证研究［J］. 系统工程学报，2018（3）：355 – 364.

　　［55］中国人民大学国际货币研究所. 人民币国际化报告 2012（英文版）［M］. 北京：中国人民大学出版社，2012（12）：1 – 12.

　　［56］苏治，李进，方彤. 人民币区域接受程度：指数构建与影响因子计量——以东盟及中国香港为例［J］. 经济理论与经济管理，2014（7）：51 – 63.

　　［57］中国人民银行上海总部跨境人民币业务部课题组. 人民币国际化指数研究［J］. 上海金融，2015（8）：29 – 34.

　　［58］景健文，吴思甜. 人民币国际化对中国宏观经济的影响分析——基于人民币国际化动态指数计算的实证研究［J］. 中国经济问题，2018（4）：76 – 87.

　　［59］Benjamin J. Cohen. The Seigniorage Gain of An International Currency：An Empirical Test［J］. Quarterly Journal of Economics，Vol. 85，Issue 3，1971：494 – 507.

　　［60］Peter B. Kenen. International Money and Macroeconomics［R］. World

Economic Problems, Special Report Series No. 7, Washington D. C. : Institute for International Economics, 1988：5 - 41.

［61］ Philipp Hartmann. Currency Competition and Foreign Exchange Markets: The Dollar, the Yen and the Euro ［M］. Cambridge: Cambridge University Press, 1998.

［62］陈雨露. 东亚货币合作中的货币竞争问题 ［J］. 国际金融研究, 2003 (11)：17 - 23.

［63］修晶. 人民币国际化进程中不同市场汇率关联性的实证研究——CNY、CNH 和 NDF 市场的数据 ［J］. 南方金融, 2012 (8)：17 - 22.

［64］［美］巴里·艾肯格林. 英镑的过去, 美元的将来——历史视角下的国际储备货币竞争 ［J］. 张群群, 译. 财经智库, 2017 (5)：68 - 88.

［65］ Alan Greenspan. The Challenge of Measuring and Modeling a Dynamic Economy ［J］. Business Economics, Vol. 36, Issue 2, 2001：5 - 8.

［66］ Jeffrey A. Frankel, Andrew K. Rose. Currency Crashes in Emerging Markets: Empirical Indicators ［C］. National Bureau of Economic Research, Inc, NBER Working Papers, 1996：5437.

［67］ Barry Eichengreen, Andrew K. Rose, Charles Wyplosz. Contagious Currency Crises: First Tests ［C］. NBER Working Paper, No. 5681, 1996.

［68］ Gerardo Esquivel, Felipe Larrain. Explaining Currency Crises ［C］. Harvard Institute for International Development, Massachusetts, Working Papers, No. 666, 1998.

［69］ Paul Krugman. The International Role of the Dollar: Theory and Prospect ［M］.//Bilson J. and Marston R. Exchange Rate Theory and Practice. Chicago: University of Chicago Press, 1984.

［70］ George Alogoskoufis, Richard Portes. European Monetary Union and International Currencies in a Tripolar World ［C］. Establishing a Central Bank: Issues in Europe and Lessons from U. S., Cambridge University Press, 1992：273 - 300.

［71］ Barry Eichengreen. Did International Economic Forces Cause the Great Depression? ［C］. University of California at Berkeley, Economics Working Papers，No. 8751，1987.

［72］Antti Suvanto. Foreign Exchange Dealing：Essays on the Microstructure of the Foreign Exchange Market ［C］. Sarja A 19 Series，Helsinki：Research Institute of the Finnish Economy （ETLA），1993.

［73］Benjamin J. Cohen. The Future of Money ［M］. Princeton and Oxford：Princeton University Press，2004.

［74］Jeffrey A. Frankel. Monetary Regime Choice for a Semi – open Country ［M］.//Capital Controls，Exchange Rates，and Monetary Policy in the World Economy，New York and Melbourne：Cambridge University Press，1995：35 – 69.

［75］Andrew D. Crockett. The Euro – Currency Market：An Attempt to Clarify Some Basic Issues ［C］. IMF Working Papers，Vol. 23，Issue 2，1976：375 – 386.

［76］Rainer Beckmann，Jurgen Born，Wim Kosters. The US Dollar，the Euro，and the Yen：An Evaluation of Their Present and Future Status as International Currencies ［C］. Globalization and Regional Dynamics：East Asia and the European Union from the Japanese and and the German Perspective，2002：51 – 79.

［77］George S. Tavlas. The International Use of Currencies ［J］. Finance and Development，Vol. 35，Issue 2，1998：46 – 49.

［78］Ewe – Ghee Lim. The Euro's Challenge to the Dollar：Different Views from Economists and Evidence from COFER （Currency Composition of Foreign Exchange Reserves） and Other Data ［C］. International Monetary Fund Working Papers，Vol. 153，2006：1 – 40.

［79］Martin Cihak，Sofia Bauducco，Ales Bulir. Talor Rule under Financial Instability ［C］. International Monetary Fund Working Papers，No. 18，2008：1 – 41.

［80］S. A. B. Page. Currency of Invoicing in Merchandise Trade ［J］. National Institute Economic Review，Issue 81，1977：77 – 81.

［81］Richard Friberg. In Which Currency Should Exporters Set Their Prices? ［J］. Journal of International Economics，Vol. 45，Issue 1，1998：59 – 76.

［82］Helene Rey. International Trade and Currency Exchange ［J］. Review of Economic Studies, Vol. 68, Issue 2, 2001: 443 – 464.

[83] Matteo Bobba, Andrew Powell, Giuseppe Della Corte. On the Determinants of International Currency Choice: Will the Euro Dominate the World? [C]. IDB Working Papers, No. 513, 2007.

[84] Paul Krugman. Vehicle Currencies and the Structure of International Exchange [J]. Journal of Money, Credit and Banking, Vol. 12, Issue 3, 1980: 513 – 526.

[85] Ronald I. McKinnon. Optimum Currency Areas and the European Experience [J]. Economics of Transition, Vol. 10, Issue 2, 2002: 343 – 364.

[86] Robert Mundell. The Case for the Euro – I [J]. Wall Street Journal – Eastern Edition, Vol. 231, Issue 57, 1998: A22.

[87] Friedrich A. Von Hayek. The Mirage of Social Justice [M]. London: Routledge & Kegan Paul, 1976.

[88] Roland Vaubel. Currency Competition versus Governmental Money Monopolies [J]. Cato Journal, Vol. 5, Issue 3, 1986: 927 – 942.

[89] George S. Tavlas. The Collapse of Exchange Rate Regimes: Causes, Consequences and Policy Responses [J]. Open Economics Review, Vol. 7, Supplement 1, 1996: 243.

[90] Benjamin J. Cohen. Toward the Leaderless Currency System [C]. The Future of the Dollar, Cornell Studies in Money, 2009: 142 – 163.

[91] Vitor Gaspar. Exchange Rate Policies on the Last Stretch: Comments [J]. Monetary Strategies for Joining the Euro, 2004: 41 – 73.

[92] Benjamin J. Cohen. Money in a Globalized World [J]. The Political Economy of Globalization, 2000: 77 – 106.

[93] Kevin Dowd, David Greenaway. Currency Competition, Network Externalities and Switching Costs: Towards an Alternative View of Optimum Currency Areas [J]. Economic Journal, Vol. 103, Issue 420, 1993: 1180 – 1189.

[94] Gabriele Galati, Philip Wooldridge. The Euro as a Reserve Currency: A Challenge to the Pre – eminence of the US Dollar? [C]. BIS Working Papers, Vol. 218, 2006: 1 – 35.

［95］姜波克，杨槐. 货币替代研究［M］. 上海：复旦大学出版社，1999：10.

［96］Marc A. Miles. Currency Substitution, Flexible Exchange Rates, and Monetary Independence［J］. American Economic Review, Vol. 68, Issue 3, 1978：428 –436.

［97］Micheal D. Bordo, Ehsan U. Choudhri. Currency Substitution and the Demand for Money：Some Evidence for Canada［J］. Journal of Money, Credit and Banking, Vol. 14, Issue 1, 1982：48 –57.

［98］Nissan Liviatan. Neutrality of Government Bonds Reconsidered［J］. Journal of Public Economics, Vol. 19, Issue 2, 1982：261 –270.

［99］Guillermo A. Calvo. Currency Substitution and the Real Exchange Rate：the Utility Maximization Approach［J］. Journal of International Money and Finance, Vol. 4, Issue 2, 1985：175 –188.

［100］Russell S. Boyer, Geoffrey H. Kingston. Currency Substitution under Finance Constraints［J］. Journal of International Money and Finance, Vol. 6, Issue 3, 1987：235 –250.

［101］Carlos A. Vegh. The Optimal Inflation Tax in the Presence of Currency Substitution［J］. Journal of Monetary Economics, Vol. 24, Issue 1, 1989：139 –146.

［102］David T. King, Bluford H. Putnam, D. Sykes Wilford. A Currency Portfolio Approach to Exchange Rate Determination：Exchange Rate Stability and the Independence of Monetary Police［M］.//The Monetary Approach to International Adjustment, Revised Edition, New York and London：Greenwood Press, Praeger, 1978：179 –196.

［103］Arturo Brillembourg, Susan M. Sohadler. A Model of Currency Substitution in Exchange Rate Determination, 1973 –78［C］. International Monetary Fund Staff Papers, Vol. 26, Issue 3, 1979：513 –542.

［104］Lance Girton, Don Roper. Theory and Implications of Currency Substitution［J］. Journal of Money, Credit and Banking, Vol. 13, Issue 1, 1981：12 –30.

［105］Jorge Braga de Macedo. Exchange Rate Behavior with Currency Inconvertibility ［J］. Journal of International Economics, Vol. 12, Issue 1/2, 1982: 65 - 81.

［106］Lee R. Thomas. Portfolio Theory and Currency Substitution ［J］. Journal of Money, Credit and Banking, Vol. 17, Issue 3, 1985: 347 - 357.

［107］Stephen S. Poloz. Currency Substitution and the Precautionary Demand for Money ［J］. Journal of International Money and Finance, Vol. 5, Issue 1, 1986: 115 - 124.

［108］Jeffrey D. Sachs. Alternative Approaches to Financial Crises in Emerging Markets ［M］.//Capital Flows and Financial Crises, Cornell University Press, 1998: 247 262.

［109］R. A. Mundell. A Theory of Optimum Currency Areas ［J］. American Economic Review, Vol. 51, 1961: 657 - 665.

［110］Ronald I. McKinnon. Optimum Currency Areas ［J］. American Economic Review, Vol. 53, Issue 4, 1963: 717 - 725.

［111］Peter B. Kenen. Round Table on Exchange Rate Policy ［J］. American Economic Review, Vol. 59, Issue 2, 1969: 362 - 364.

［112］Gottfried Haberler. The U. S. Balance of Payments: Freedom and Controls ［J］. Banca Nazionale del Lavoro Quarterly Review, Issue 92, 1970: 23 - 30.

［113］J. Marcus Fleming. On Exchange Rate Unification ［J］. Economic Journal, Vol. 81, Issue 323, 1971: 467 - 488.

［114］James C. Ingram. The Dollar and the International Monetary System: A Retrospective View ［J］. Southern Economic Journal, Vol. 40, Issue 4, 1974: 531 - 543.

［115］Richard James Sweeney, Edward Tower, Thomas D. Willett The Ranking of Alternative Tariff and Quota Policies in the Presence of Domestic Monopoly ［J］. Journal of International Economics, Vol. 7, Issue 4, 1977: 349 - 362.

［116］K. Hamada. The Political Economy of International Monetary Interdependence ［M］. Cambridge Mass: MIT Press, 1985: 31 - 54.

［117］Benjamin J. Cohen. Optimum Currency Area Theory: Bringing the Market Back In ［C］. International Trade and Finance: New Frontiers for Research: Essays in Honor of Peter B. Kenen, 1997: 216 – 244.

［118］L. Klimenko, S. Menshikov. Catastrophe Theory Applied to the Analysis of Long Waves ［J］. The Foundations of Long Wave Theory: Models and Methodology, Vol. 1, 1999: 551 – 564.

［119］Jeffrey A. Frankel, Andrew K. Rose. The Endogeneity of the Optimum Currency Area Criteria ［J］. Economic Journal, Vol. 108, Issue 449, 1998: 1009 – 1025.

［120］Paul Krugman. What's New about the New Economic Geography? ［J］. Oxford Review of Economic Policy, Vol. 14, Issue 2, 1998: 7 – 17.

［121］Barry Eichengreen, Tamim Bayoumi. Ever Closer to Heaven? An Optimum – Currency – Area Index for European Counties ［C］. Working Paper Series, Center for International and Development Economics Research, UC Berkeley, 1996: 1036.

［122］Tamim Bayoumi, Barry Eichengreen. Exchange Rate Volatility and Intervention: Implications of the Theory of Optimum Currency Areas ［J］. Journal of International Economics, Vol. 45. Issue 2, 1998: 191 – 209.

［123］Charles P. Kindleberger. The Aging Economy ［J］. Weltwirtschaftliches Archiv, Vol. 114, Issue 3, 1978: 407 – 421.

［124］Maurice Obstfeld. The Logic of Currency Crises ［C］. NBER Working Papers, No. 4640, 1994.

［125］Ronald I. McKinnon, Huw Pill. Exchange Rate Regime for Emerging Markets: Mortal Hazard and International Overborrowing ［J］. Oxford Review of Economical Policy, Vol. 15, Issue 3, 1999: 19 – 38.

［126］Paul Krugman. Currency Crises ［R］.//International Capital Flows, National Bureau of Economic Research Conference Report Series, Chicago and London: University of Chicago Press, 1999: 421 – 440.

［127］Paul Krugman. Balance Sheets, the Transfer Problem and Financial Crises ［J］. International Tax and Public Finance, Vol. 6, Issue 4, 1999: 459 – 472.

［128］Abhijit V. Banerjee. A Simple Model of Herd Behavior ［J］. Quarterly

Journal of Economics, Vol. 107, Issue 3, 1992: 797 - 817.

[129] Paul Masson. The Macroeconomics of International Currencies: Theory, Policy, and Evidence [J]. International Journal of Finance and Economics, Vol. 3, Issue 2, 1998: 193 - 194.

[130] 国际清算银行. 全球外汇调查报告 [EB/OL]. https://www.bis.org/, 2016.

[131] 国际货币基金组织. 汇兑安排与汇兑限制年报 (2017) [R]. 2018 - 09 - 30.

[132] 东盟与中日韩宏观经济研究办公室. 清迈倡议多边化互换协议 [R]. 2016 (2).

[133] 东盟经济共同体. 东盟统计年鉴 (2017/2018) [R]. 2018 (12).

[134] 推进"一带一路"建设工作领导小组. 共建"一带一路": 理念、实践与中国的贡献 [R]. 2017.

[135] 翟崑, 王继民. "一带一路"沿线国家五通指数报告 (2017) [M]. 北京: 商务印书馆, 2018: 68 - 89.

[136] 邹平座, 刘晓星, 霍东旭. 国际货币竞争力指数研究报告 [J]. 智库理论与实践, 2017, 2 (6): 93 - 119.

[137] 刘定平. 国际资本异动与国家经济安全 [J]. 中国经济信息, 2004 (6): 65 - 67.

[138] 刘仁伍. 国际短期资本流动监管 [M]. 北京: 社会科学文献出版社, 2008: 113 - 178.

[139] 中国人民银行. 2019 年第一季度中国货币政策执行报告 [R]. 2019.

[140] 国家外汇管理局. 2018 年中国国际收支报告 [R]. 2019.

[141] 邱兆祥, 粟勤. 货币竞争、货币替代与人民币区域化 [J]. 金融理论与实践, 2008 (2): 6 - 10.